浙江省高职院校"十四五"重点立项建设教材
浙江省职业教育在线精品课程《大学生创业与创新教育》配套教材
浙江省课程思政示范课程《大学生创业与创新教育》配套教材

大学生创业与创新

主　编　陈　庆　尚凤标　王晓明
副主编　王　蕾　王杭芳　楼仲平

北京理工大学出版社
BEIJING INSTITUTE OF TECHNOLOGY PRESS

内 容 提 要

本书根据高等职业院校人才培养方案和课程建设目标,针对高职高专院校学生与社会初次创业者特点而编写,是以培养创新创业能力、认知创业创新流程和特征、把握创业创新机会与规律为目标的通识课程教材。全书共分7个模块,共19个单元:模块一创业者与创业团队,包括创业者认知与创业团队组建与管理;模块二把握创业机会,包括创业机会识别与评价、创业计划书的编制;模块三开始创办企业,包括创业政策解读、创业流程管理与创业融资;模块四初创企业管理,包括初创企业的营销管理、财务管理、生产管理;模块五创业项目与环境,包括创业项目选择的因素分析与环境分析;模块六创新与创新思维,包括创新的核心与关键、创新能力的培养与创新思维特征及类型;模块七创意与创意思维,包括创意原理与创意思维方法。

本书可作为高等院校各专业的创业创新类课程教学用书,也可为初次创业者提供必要的知识、富有启发的创业创新案例,有效促进创业创新活动健康开展。

图书在版编目(CIP)数据

大学生创业与创新 / 陈庆,尚凤标,王晓明主编
. --北京:北京理工大学出版社,2023.8(2025.9重印)
ISBN 978-7-5763-2802-8

Ⅰ.①大… Ⅱ.①陈… ②尚… ③王… Ⅲ.①大学生
—创业 Ⅳ.①G647.38

中国国家版本馆CIP数据核字(2023)第162022号

责任编辑: 李 薇		**文案编辑:** 李 薇	
责任校对: 周瑞红		**责任印制:** 王美丽	

出版发行 / 北京理工大学出版社有限责任公司

社　　址 / 北京市丰台区四合庄路6号

邮　　编 / 100070

电　　话 / (010)68914026(教材售后服务热线)
　　　　　　 (010)63726648(课件资源服务热线)

网　　址 / http://www.bitpress.com.cn

版 印 次 / 2025年9月第1版第2次印刷

印　　刷 / 河北鑫彩博图印刷有限公司

开　　本 / 787 mm×1092 mm　1/16

印　　张 / 14

字　　数 / 302千字

定　　价 / 45.00元

FOREWORD 前言

　　党的二十大报告提出，"必须坚持创新是第一动力""坚持创新在我国现代化建设全局中的核心地位"。把握发展的时与势，有效应对前进道路上的重大挑战，提高发展的安全性，都需要将发展基点放在创新上。只有坚持创新是第一动力，才能推动我国实现高质量发展，塑造我国国际合作和竞争新优势。为此，要让创新贯穿党和国家的一切工作，让全面创新真正成为加快社会主义现代化建设、实现中华民族伟大复兴的强大动力。

　　本书是浙江省高职院校"十四五"重点教材建设成果，同时也是浙江省职业教育在线精品课程《大学生创业与创新教育》、浙江省课程思政示范课程《大学生创业与创新教育》的配套教材。本书坚持以习近平新时代中国特色社会主义思想为指导，贯彻落实党的二十大精神，以培养学生创新意识和创业精神为目标，从专业能力、社会能力和方法能力三个维度，采用"传授创新创业知识、培养创新创业精神、提升创新创业能力"的三层递进式设计思路，构建理论学习、案例分析、调查研究等教材内容，从创业者与创业团队、把握创业机会、开始创办企业、初创企业管理、创业项目与环境、创新与创新思维、创意与创意思维七个方面对大学生创业与创新活动进行详细分析，服务于培养高素质创新创业生力军。

　　本书内容体系以模块化设计为核心，突出创新与创业两大关键词，教学模块均力求理论和实践结合，注重操作性和指导性，充分体现"教学做"为一体的理念，实现教学资源与教学内容、学习过程与实践过程、课堂学习与拓展学习的有效对接。另外，本书立足高职教育特色，积极落实课程思政要求，将敢闯的素质、会创的本领和家国情怀融入创新创业教育中，并融合本校"尚德从文，创业立身"校训精神与本地"勤耕好学、刚正勇为、诚信包容"义乌精神内涵，坚持引导学生将个人命运、社会发展与国家命运紧密结合，将"心中有信念、肩上有责任、创新有方法、创业有本领"落实在创新创业行动中，真正体现"德技融通，思创融合"，将课程思政元素贯穿教材始终。

本书借助数字平台，致力于构建协作、动态、开放的数字化学习环境，以实现知识更新及时性、学习内容丰富性、学习环境可交互性，提升教材实用性与育人成效，主动服务于创业活动与双创竞赛。本书信息化程度高，数字化资源丰富，通过多平台的在线开放课程建设，涵盖微课、动画、名家讲座、案例、习题等一系列完整数字化资源。

本书编写队伍具有职称与专兼结构合理、高效精干、实践教学能力突出的特点，主讲教师都是长期在教学第一线并主讲创新创业课程的教师，部分教师还有电子商务创业实践能力与创业竞赛指导经验，是一支"岸上"能理论指导，"下水"能实践游泳的"双师多能"师资队伍。同时，课程团队成员开展了多轮的教学实践，已形成了一套切实可行的翻转课堂的教学组织、教学管理和教学评价的方法，教学效果得到师生的一致认可。

本书由义乌工商职业技术学院陈庆、尚凤标、王晓明担任主编，负责拟订全书的内容框架和体例；由王蕾、王杭芳、楼仲平担任副主编；姚慧、李婷婷、章靖毓参与本书的编写工作。具体编写分工为：模块一、四、五由陈庆编写；模块二由姚慧编写；模块三由王蕾编写；模块六由王杭芳编写；模块七由李婷婷编写；全书的练习项目与线上资源由章靖毓整理与管理；案例与拓展部分由楼仲平整理；全书由陈庆、尚凤标、王晓明、王杭芳统稿修改。

本书系浙江省高等学校访问工程师校企合作项目《教育生态理论视域下"政行企校生"五位一体产教融合模式构建与实践——以双童商学院建设为例》（项目编号：FG2022245）建设成果，编写过程中得到义乌市双童日用品有限公司李二桥总经理、周上等专家的支持与建议，同时程艳冉、葛佳佳、胡源珍、许晓芹、许馨苓、张朝阳、张思平等老师参与本书微课视频的拍摄。另外，本书参阅了很多相关著作和教材，在此一并表示衷心的感谢！

由于编者水平有限，书中难免存在一些不足，敬请广大读者批评指正。

编　者

CONTENTS 目录

模块一
创业者与创业团队

"一滴水只有放进大海里才永远不会干涸,一个人只有当他把自己和集体事业融合在一起的时候才能最有力量。"

——雷锋

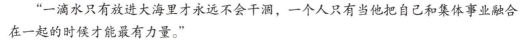学习目标

知识目标:

1. 熟悉创业者的知识和能力结构;
2. 掌握创业动机的种类与创业者分类;
3. 熟悉创业团队的作用与社会责任承担;
4. 掌握创业团队的组建步骤、原则、策略与管理方式。

能力目标:

1. 能够正确把握成功创业者应具有的能力与要素;
2. 能够准确辨别创业动机;
3. 能够掌握评价创业团队优劣的标准,并进行有效的团队测评。

素养目标:

1. 培养科学、理性、严谨的工作态度,树立团队协作意识;
2. 培养创新精神,坚定理想信念,树立伟大复兴的使命感与责任感;
3. 培养勇担社会责任的高尚品质,坚持爱国、敬业、诚信的社会主义核心价值观。

模块导入

《中国合伙人》——中国年轻人的创业故事

梦想是什么,梦想就是一种让你感到坚持就是幸福的东西。

——《中国合伙人》

《中国合伙人》讲述了三个年轻人一起打拼事业的励志故事。正是在"大众创业、万众创新"的大背景下,一大批的中国青年投身创业创新的大潮中并取得了成功。

故事一：三个来自不同地方的年轻人因瓜果蔬菜而相识，最终选择在江宁开启创业之路。张彪、张志林和魏舒培分别来自山西、云南和安徽，他们都是毕业于职业技术学院园艺专业的同学，毕业后又在江宁聚在一起，三名"95后"共同承包了15亩，共1万平方米的智能设施大棚，开启了"新农人"的创业生活。三人性格互补，在创业分工上也各有所长。张志林主抓技术生产，张彪侧重营销推广，魏舒培则担任内勤主管。大学生创业虽然辛苦，但可以操作很多自己的想法落地，"三兄弟"的想法也与江宁区"农业＋文旅"全面融合发展理念契合。目前，他们在谷里现代农业示范区通过立体栽培技术，主要种植江苏省西甜瓜自主创新优势品种"镇甜二号白富美"，已有数家高校、电商与他们长期合作。

故事二：南阳"中国合伙人"：三个男人卖鸡蛋，三年卖出9亿枚。吕天山有货源愁销路，吕建飞懂网店运营缺货源，吕增宝懂品牌缺渠道。因缘际会，三个男人最终相遇，决定一起将家乡的鸡蛋"上网"。三年来，三位白手起家的创业者，从三个人的团队扩充到固定团队120多人，平常还要聘请170多名临时工人。仓库也从当年的一个仓库扩充到市区两个合计6 000平方米的新仓库，新仓库将生产区域、成品仓、原材料仓区分开，还引入了半自动化的分拣流水线、工业冷风机、自动打包机，提升作业效率和竞争力。2021年，三个人的鸡蛋销售额突破3亿元大关。从开启电商之路到2021年年末，他们在网上售卖的鸡蛋达到近11亿枚，销售额预计超过7亿元。

故事三：滕智越，浙江金华人，义乌工商职业技术学院2020届市场营销专业毕业生。2018年创业初始，滕智越从单打独斗到三人小组，赤手空拳的他们充满斗志。在学校和政府的支持下，滕智越获得了位于"中国网店第一村"——义乌青岩刘的创业基地，在这里他成立了恋凝香线下体验店，旨在建立以客户为中心的经营价值链，向消费者传递"饮茶健康"的消费理念，促进消费和体验有机融合。之后他先后创办了金华沁悦茗茶叶有限公司、浙江恋凝香茶业有限公司，主营茉莉花茶及现代创新茶产品。2020年，产茶量超4 000吨，积累粉丝量100万＋，是当前茉莉花茶行业TOP1商家。同时，创业团队积极参加创新创业大赛，在2021年第七届中国国际"互联网＋"大学生创新创业大赛中荣获全国银奖。

📋 分析思考

党的二十大报告中指出"青年强，则国家强。当代中国青年生逢其时，施展才干的舞台无比广阔，实现梦想的前景无比光明。""广大青年要坚定不移听党话、跟党走，怀抱梦想又脚踏实地，敢想敢为又善作善成，立志做有理想、敢担当、能吃苦、肯奋斗的新时代好青年，让青春在全面建设社会主义现代化国家的火热实践中绽放绚丽之花。"

我国政府大力推进大众创业、万众创新，就是要通过结构性改革、体制机制创新，消除不利于创业创新发展的各种制度束缚和桎梏，支持各类主体，特别是广大青年，不断开办新企业、开发新产品、开拓新市场、培育新兴产业，打造新引擎、形成新动力。推进大众创业、万众创新，就是要通过加强全社会以创新为核心的创业教育，弘扬"敢为人先、追求创新、百折不挠"的创业精神，厚植创新文化，不断增强创业创新意识，使创业创新成为全社会共同的价值追求和行为习惯。

单元一　创业者

思维导图

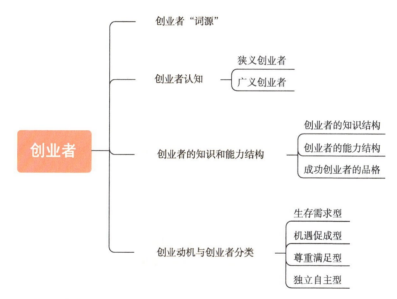

创业者是社会经济发展的推动者，也是企业繁荣发展的核心力量。创业者将个人、创业团队、资本等资源融合在一起，合理利用机会，创造社会财富和社会利益。由此可见，创业者是一个企业的创始者，或者一项事业的创造者，创业者在创业团队中起到创业领导者的作用。同时，创业者作为创新先锋，善于打破行业的传统经营模式，创造新的价值、市场和顾客。因此，创业者也是创新活动的领导者和主要倡导者。

一、创业者"词源"

创业者一词由法国经济学家坎蒂隆（Richard Cantillon，1680—1734年）于1755年首次引入经济学。1800年，法国经济学家萨伊（Jean-Baptiste Say，1767—1832年）首次指出，创业者是经济活动的代理人（或者中间人），致力于经济资源的有效配置，将有限的经济资源从低效率区域转向高效率区域。1934年，美国著名经济学家熊彼特（Joseph

Alois Schumpeter，1883—1950 年）认为创业者更应有创新素质，即具有发现和创新更好的产品、服务和过程的能力与品质。

自改革开放以来，我国基本经济制度的确立和完善，催生了一大批敢吃螃蟹的"弄潮儿"，出现了中华人民共和国成立以来第一批真正意义上的创业者。在这其中，任正非、宗庆后、史玉柱、褚时健等一批"创业明星"成为众多年轻人学习的榜样与追逐的目标，同时，也带动了我国社会经济的高速、稳定发展。

知识拓展

改革开放 40 年：我国基本经济制度的确立和完善

党的十一届三中全会后，我们党带领人民实行改革开放。为了快速发展生产力和商品经济，需要调整所有制结构，调动一切积极因素和各种生产资源。我们坚持公有制为主体、多种所有制经济共同发展，在思想不断解放、理论不断创新、实践不断推进的改革发展过程中确立了社会主义初级阶段基本经济制度。

在改革开放 40 年不断推进的理论与实践创新中，确立和完善社会主义初级阶段基本经济制度无疑是一项重大成就。正如习近平总书记所指出的，"坚持和完善公有制为主体、多种所有制经济共同发展的基本经济制度，关系巩固和发展中国特色社会主义制度的重要支柱。"不断发展和完善的基本经济制度，对坚持和发展中国特色社会主义、推动我国经济社会持续健康发展发挥着重要的作用。

改革开放 40 年来，我国经济社会发展取得的历史性成就表明，既不搞单一公有制也不搞私有化的中国特色社会主义取得巨大成功。当前，中国特色社会主义进入了新时代，我国社会主要矛盾已经转化为人民日益增长的美好生活需要和不平衡不充分的发展之间的矛盾。解决这一主要矛盾，仍然要坚持和完善社会主义初级阶段基本经济制度。

［资料来源：卫兴华.我国基本经济制度的确立和完善（纪念改革开放四十周年）］［N］.人民日报，2018-09-19.］

二、创业者认知

（一）狭义创业者

狭义创业者是对创业者的一般理解。创业者是具有敢于冒险的创业精神，主动研究与发掘机会，善于整合资源，提供市场新价值的事业催生者与推动者。

狭义创业者的特点：第一，创业者必须是市场机会的发现者，创业者凭借信息优势、知识积累和特殊因素，发现新的市场需求，通过生产产品或服务满足这些需求；第二，创业者通过开创企业或现有组织的人、财、物等要素资源，利用市场机会获得企业收益；第三，创业者要为机会价值判断的成败承担风险责任。

想一想

何为创业者？

创业者是企业的创造者；

创业者要善于把握合适的创业机会；

任何人都可以学习如何成为创业者；

创业者懂得如何运用知识去创造变革，成立新公司；

积极的创业活动来自对创业资本和智力资本的整合，推动生产力发展；

创业者通过合理的组织结构实现自己的目标。

请思考：你心目中的创业者应该是怎么样的？

（二）广义创业者

企业中具有创新、风险承担、超前行动、积极竞争等创业特征，负责经营和决策的领导者，以及参与创业活动的全部人员，就是广义创业者。广义创业者不仅包含从无到有的"起业家"或"创办人"，也泛指具有创新精神和创业行为的商业领导者（一般也常用"企业家"予以概述）、参与人员。随着新创企业的成长，创业者会逐渐转变为企业家，在这个转变过程中，创业者应坚持创新精神，不断使企业保持活力，赢得企业竞争。

我国普通高等学校的创业教育教学中的"创业者"，指的是广义创业者。此概念的外延包含参与创业活动的全部人员和参与创新性活动的所有人员。此概念下的高等学校学生都可以成为创业者，通过创业教育课程内容的学习，结合自身的未来人生发展规划与行业特征，为人生的创业规划和发展早日奠定成功基础。

三、创业者的知识和能力结构

"创业者"来自法语"entre"（意思是"中间"）与"per-ndre"（意思是"承担"）。因此，这个词可以解释为在买与卖中承担风险的人。发明家与创业者不同。发明家发明创造新事物，而创业者需要整合资源并不拘泥于当前资源约束，寻求机会并进行价值创造，从而将发明转化为可以存活的企业。

有研究表明，创业虽非难事，但是也远非一日之功的易事，要想获得创业成功，创业者除需要勇于担当的魄力和责任感外，还必须具备创业所需的知识和能力，同时，更应具备出众的人格魅力和创业个性特征。

（一）创业者的知识结构

商业竞争日趋激烈，创业者若想在竞争中获得优势，即使在最简单的创业活动中，也需要文化知识的力量支撑。需要注意的是，创业是务实的社会活动，并非学历越高，越容

易取得成功，需要创业者解决实际问题的能力和知识。这些知识包括常识性知识、经验性知识和专业性知识。

1. 常识性知识

创业成功者要合理地处理经济发展规律、商业活动特征、消费者市场需求与发展的关系，就必须掌握商业常识、社会常识和管理常识等常识性知识，以便把握经济发展规律，遵守商业活动规则，维护企业自身运营管理，生产满足消费者个性化需求的产品，行使好企业自身的社会责任，同时，理解和运用国家政策，维护自身权益。

2. 经验性知识

创业活动需要亲身实践所获得的经验。这比通过学习创业成功者的故事和理论等间接经验更加深刻，更有助于创业者的成功。这些知识包含社会经验、管理经验和商业经验。

3. 专业性知识

俗话说"做熟不做生"。其原因是创业过程需要根据所在行业的特殊规律，运用专业的行业经验和相关知识，优化生产流程、生产优质产品、提供良好服务，以获得企业竞争优势。

（二）创业者的能力结构

创业活动是创业者在识别创业商机的基础上，综合运用多种资源实现既定目标的过程。创业不仅要求创业者能随时解决创业过程中的技术问题，同时还要面对外部经济和社会的突发情况。因此，创业者不仅要有创业倾向心理的支持（愿意将毕生奉献给有意义的事业），同时还要具备解决各类问题的本领，即创业能力。

创业是一种工作态度。它可以扩散到创业团队以外的所有组织成员身上。众多的成长型企业努力将创业精神注入企业文化中，齐心协力朝着共同的目标迈进。例如，托马斯·阿尔瓦·爱迪生（Thomas Alva Edison，1847—1931）就是将新技术融入商务实践，从而构建新企业的成功例证。由此可见，创业能力的水平高低，影响着创业活动的效率高低。通常，成功的创业者应当具有敏锐的市场机会捕捉能力、风险决策能力、坚决执行能力、经营管理能力、组织人际交往和协调能力、创新能力、领导能力。

想一想

创业型企业家的基本能力要素

能够处理一系列的难题；

能够创造性地解决问题并使工作完美；

能够同时处理多项工作；

乐观面对挫折；

愿意努力工作，不寄希望于存在捷径；

得到良好开发的基于解决问题的技巧；

能够学习并掌握完成手中任务的本领。

请思考：创业型企业家的基本能力要素是否还有其他类型？是否可以按照重要性进行排序？

1. 市场机会捕捉能力

天生具备的一种能力，但是观察的角度与收获往往大相径庭。"浮光掠影，走马观花"与"见微知著，一叶知秋"，差之毫厘，谬以千里。前者看到的更多的是"浮云"，而后者敏锐的洞察能力却能发现"别有洞天"。

市场机会捕捉能力强调"有目的、有计划、有步骤"的感知活动，是积极主动运用观察方法，通过理性思维模式，抓住稍纵即逝的市场机会的关键环节。创业者要善于用敏锐眼光去看（观），用创新思维去想（察）。创业机会常隐迹于平凡生活中，一旦创业者用敏锐的眼光，抓住稍纵即逝的市场机会，便会带来滚滚财源。

2. 风险决策能力

要坚信创业者不是赌徒，高成就的创业者往往倾向于中性风险，他们在挑战不确定性时会理性分析各种可能发生的情况，做出有利于创业的事情，规避不必要的风险。创业者往往会采取相应政策，使他人在获得收益的同时分担企业的金融风险和商业风险。

风险决策能力集中体现在创业者的战略决策能力方面，创业者需要对新创企业经营外部（创业环境和内部经营能力）进行周密的调查和客观的、准确的分析，做出预见性判断，确定企业的发展目标、经营方针和经营战略。创业良机很多，但是，并非每个创业者都可付诸实现。鉴于资源、个人能力、行业经验的不同，创业者必须对创业商机进行分析判断、论证，客观判断、决策。

风险决策能力要求创业者要较高层次的认识和把握问题的核心、把准创业方向、把好正确的发展规律、把牢市场发展变化趋势，准确且及时地对创业机会与创业方案做出决策。判断是管理和决策的基础，面对复杂多变的环境制约因素，判断能力需要把握事物发展主流，分清主次矛盾，评估效益与风险。判断能力是风险控制与防范的基础。众所周知，决策者对风险有不同认知与偏好，但无论如何都应该认识到，风险与收益是并存的，并且是同向的。创业者均应对收益和风险做出判断，杜绝风险运作的盲目性。

3. 坚决执行能力

俗语常说"知易行难"，想法虽好，但"赢在执行"。高效的执行能力是转化创业意图为实际效果的重要能力，避免眼高手低带来的恶果，这也是创业者身体力行，将"务实作风"深刻融入企业文化，创造高效营运氛围的重要一环。

4. 经营管理能力

创业经营不仅是天赋、灵感与闪念的产物，更加依靠的是系统、科学的经营管理行为。创业者需要针对捕捉到的机会、自有的先进技术、科学管理，将企业资源与市场需要

紧密结合，高效转化创新成果为企业利润。创业经营管理能力一般包括战略管理、营销管理、资金管理、项目管理等方面的能力。

5. 组织人际交往和协调能力

成功的创业者在具备商业洞察力、必备技术知识和吃苦耐劳的毅力的基础上，在新企业初创期，更需要具备人际交往和协调能力，有效地与企业内外部成员沟通，解决员工、顾客、风险投资方、竞争对手等利益相关人可能面临的各类信息、利益问题。组织人际交往和协调能力主要包含社交技能与冲突管理技能两大类。社会感知、表达能力、形象管理、社会适应等社交技能会高效地提升创业者与他人的互动效果，成功实现其沟通意图。冲突管理技能便于建立创业者在他人心中的信任感，发挥团队的最大效能。

同时，创业者能够宽容失败。成功创业者往往将失败当作一种学习，理性地面对失败。更为优秀的创业者应善于在失败的困境中寻找新的机会，在失败中总结新的经验，在失败中获得新的知识与能力。

6. 创新能力

经营管理活动的竞争性要求成功的创业者必须具备创新能力，提高核心竞争力，用全新的视角、思想发现新的消费市场、商业模式、作业方式、技术、制度和流程方法，改变原有市场竞争格局和落后的经营模式，赢得竞争优势。另外，创业者的成功离不开超强的学习能力，能从不同的渠道（包括团队成员、顾问、员工、投资者、竞争对手等）中学习到知识与经验。他们在坚持自我的同时，还能主动吸收外界意见与行动反馈。创新能力不仅作为克服困难、避免挫折、取得成功的重要途径，还能将其转化为一种全新的模式、产品和流程。

7. 领导能力

领导能力指当形势发生巨大变化时，仍能够获得新的组织方法和才能。创业者创建公司融合了个人的谦逊和专业意愿，但是，创业型企业家最重要的能力就是培养和利用团队成员的才能。创业领导者的作用就是回应各种挑战和适应企业中极具个性的精英人才。组织面临挑战性问题时，需要组织成员共同承担责任、解决问题。表1-1是新企业领导面对常规工作及挑战性和适应性工作出现的问题时，可以选用的方式、方法。

表 1-1　常规工作及挑战性和适应性工作中的领导力

领导者常规的作用	常规工作	挑战性和适应性工作
指明方向	确定问题并给出可能的解决方案	确定挑战和问题
团队和个人责任	分清及界定角色和责任	讨论为适应不断变化的需求而确定角色和责任的必要性
冲突	恢复秩序和减少冲突	接受有用的建议和矛盾，利用它们定义新方法和战略
规范和价值观	加强规范和价值观念	重塑规范和价值观
教学和辅导	对现有员工进行培训和组织技术性学习	教育和辅导新员工

（三）成功创业者的品格

《创业理论与实践》一书中指出："经济环境很重要，市场条件很重要，融资很重要，甚至政府的帮助也很重要，但单凭任何一项也不能创建一个新的风险企业。因此，我们就需要这样一种人，他胸有成竹，他相信创业是可以实现的，并且他有动力坚持到成功的那一刻。"

微课：创业者素质

跨出创业的第一步是心理准备：是否具有执着且持续投入的激情和动力；是否能够乐观承受不可控的损失甚至失败；是不是一名乐观主义者；是否能忍受创业困境带来的各方面压力与打击等。第二步，创业者应该具备自信和勤奋的良好品格，这是超越大多经过良好教育、经历丰富实战、饱受市场磨炼企业家获得成功的不二法门。另外，诚实正直、精力充沛也是创业者不可或缺的品格。俗话说，"诚至金开"（王充《论衡·感虚篇》），诚信是商业活动的开路石，是商业关系的黏合剂，是商业信誉的保证书。诚信也是一种投资，将来可以带来可信赖的回报。最后，创业者整天忙于各项事务的处理、烦琐的工作及大量不确定的环境，使创业者长期面临巨大的压力，这要求创业者必须具备强健的体魄和充沛的精力。

素养培育

具有使命感的创业者——社会创业者

"社会创业者"（Social Entrepreneur）和一般意义的创业者，在许多方面是类似的，他们为了一个想法废寝忘食，为实现自己的理想赴汤蹈火，他们组织团队、设定里程碑、融资、开发项目、追求效益来改变世界。但是，他们各自的创业目的略有不同，前者为了解决社会问题，获取人类生态的"更高价值"，后者是为了赚取商业利润。

社会创业者是那些具有使命感的创业者，他们将具有前瞻性的愿景与现实问题相结合，对目标群体富有高度的责任感，并在社会、经济和政治等环境下持续通过社会创业来创造社会价值。越来越多的社会创业者在用盈利实体的方式运营非营利机构。对于他们来说，商业盈利是达到目标的手段，而非目标本身。他们是最具感染力的企业家。他们拥有高尚的精神境界，以及敏锐的洞察力，同时拥有宽厚仁慈之心，以及服务大众的潜意识，希望通过自己的努力解决更多的社会问题。

（资料来源：骆守俭.创业精神导论［M］.北京：高等教育出版社，2012.）

楼仲平与他的吸管"世界"

一件产品只赚 0.000 8 元，但是他一做就是 25 年，还做成了行业龙头。企业日均生产 1.7 亿个产品，占有国内四分之三的市场份额，全球市场份额超过三成，拥有行业三分之二的专利。这个产品就是吸管。门槛低、技术低、起点低、利润低，在常人眼里不足道哉的产品，谁又能想到，出生于义乌一个贫困家庭的楼仲平竟能创造一个吸管"世界"。同时，他还隐含另外一个身份——电视剧《鸡毛飞上天》主人公的原型，不仅体现出义乌商人的精明能干，更生动地体现了"勤耕好学、刚正勇为、诚信包容"的义乌精神。

楼仲平通过"鸡毛换糖"开拓了商业视野，塑造了敏锐的商人嗅觉，在市场发生变化时果断转型，成为义乌"贸工联动"的第一批企业，借助改革开放的东风，开启了他的吸管"世界"。从抓住建立品牌商机，注册"双童"商标，到凭借互联网"出海"，占领外贸市场，再到创新引领、标准先行，双童不断转型，路越走越宽，直至现在构建双童创业共享平台，激活企业内部创新动力，楼仲平一直通过自己的创业经历，赋予企业、员工、青年成长的空间。

楼仲平说，企业创业者可以做的事情其实很简单，通过机制的设立释放出"隐含"和"空间"，给予经理人无限的想象空间，继而形成三个"信"——信号、信任和信心，形成这种人文环境后释放出人性巨大的活力，使创业者与创业团队得到更快的成长！

（资料来源：杨洁，楼仲平.一根吸管里的全球贸易［N］.新民晚报，2021-11-04.）

四、创业动机与创业者分类

创业的目标不只是创造社会财富，创业的核心目的在于创建勇于承担社会责任，并主动服务社会，积极促进社会经济发展的社会组织与经济实体。创业型企业家创建的是能够展现成就、领导力、声望和长久生命力的优秀企业。但是，众所周知，创业者并非天生英才，在由普通职业从业者转变成创业者的过程中，个人动机、环境与机遇等条件起着巨大的作用，这些不同因素决定创业者生成的不同机制。概括来说，创业者的分类主要有生存需求型、机遇促成型、尊重满足型和独立自主型等典型类型。

（一）生存需求型

创业者往往因为求职受阻或职业收入难以维系生活和家庭开销，必须通过创业改善经济状况而走上创业之路。生存需求型创业者的创业项目普遍偏小、科技含量不高、创业决策与计划并不完善。因此，导致创业过程通常更为艰难，面临更多风险，更需要社会和政府给予更多的关怀、支持和帮助。

（二）机遇促成型

部分创业者既非出于生存需求的驱动，也非自我价值实现梦想的诱惑，而是无意间的机遇促使其走上创业之路。机遇促成型创业并非偶然，创业机会处处都有，但机会只垂青于有准备的大脑，这是基于善于观察、有思维、有基础的创业者。鸡尾酒、麦片、碳酸饮料等产品传奇的诞生故事，均是机遇促成型创业者的很好例证。

（三）尊重满足型

现实中人的需求是多样的。根据马斯洛需求层次理论的分析与解释，生理需求解决的是生存的需要，为最低需求层次。而尊重需求与自我实现需求是高层次的终极目标，反映人们的一种精神性欲望，这揭示了众多尊重满足型创业动机的根本原因。诸多的创业者往往是在曾经的职业发展过程中，怀才不遇，理想、抱负难以实现，为了得到应有的尊重和承认，毅然踏上创业征程。

不满足现状是一种前进动力，尊重满足型创业者往往来源于企业不满足现状的管理人员，从"为别人打工"思维方式跳出来，转向建立自己的企业，成为"老板"。他们具备知识、能力、商业经验和激情，希望对环境产生影响，留下持久的行业成就，最大限度地施展、发展自身管理才能。尊重满足型创业者在行动前首先必须考虑"做什么"，如果没有适合的创业机会，没开发出一项创新利用这个创业机会，进行创业的愿望和能力就没有太大意义。同时，切忌只有理论知识，缺乏现实行业和生活经验，热情掩盖理智的盲目创业行为。

创业人物

"海归"高翔的使命感创业

高翔的第一份工作是在美国微软。工作两年多后，因为相信未来最伟大的事情都会在中国发生，高翔放弃了高薪、认股权和绿卡，开始创业，为回国打基础。

高翔不满足于舒适圈的生活，冒险特性在其性格上特别明显。这类人更倾向于投身创业活动。当年高翔二十四五岁，就已经在世界知名企业工作，薪资丰厚，但为什么要离开？高翔其实一直在想，十年以后自己会做什么？到最后高翔终于想清楚，他的理想就是要回到祖国干一番事业。

创业者应该思考，你创业是为了什么？这不是能力问题，而是世界观问题。有人为了赚钱，有人为了体验当老板的感觉，如果仅仅这么想，创业很难真正成功。如果创业者的逻辑是我能如何挣钱，仅想自己不想别人，这样基本不会成功。如果创业是

为了"他"或"他们"创造出价值，这个过程你会很开心，创业也往往容易成功。

不仅要知道"他"是谁，还要知道能为"他们"创造出什么价值，这是任何一个创业者都必须弄清楚的问题。可以想清楚以后凝聚成为企业的使命。没有使命，可能短期内能挣到钱，但最后一定会失败；有了使命，就有了努力的方向。

（资料来源：知行部落 https://www.xzbu.com/3/view-10596964.htm.）

（四）独立自主型

创业者注重通过自由与独立的工作方式来实现人生价值。此类创业者并不意味着创业与他人难以共同工作，或难以接受领导权威，而是出于其本身怀有拥有一家自己的企业的远大梦想，追求内心的那份对独立、自由向往的悸动。

单元二　创业团队

🙋 思维导图

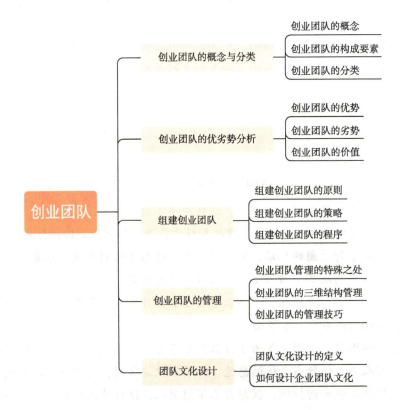

新创企业初始的形式有多种，可为个体展开，可由团队推动。通常的情形多为先由一人实施，在发展的过程中感觉到需要之后再招兵买马、组建团队，但专业的建议是："先组建创业团队，再谋创业"。优秀的创业团队能更好地规避创业的不确定性和减少创业风险，保证新企业快速成长，竞争中良性发展。

想一想

大雁南飞，团队力量

冬季，大雁南飞，飞行过程中，它们往往排成 V 字形，随着每只鸟翅膀的摆动，会有更多的鸟跟随他。V 字形飞行，根据研究表明，整个鸟群以比每只鸟单独飞行至少超过 71% 的速度飞行。只要有一只大雁飞离队伍，它就会感受到对这种试图独自飞行的行为的阻力，因而，迅速回到队列中，以便借助群体飞行的气流优势，轻松飞行。新创企业创业团队如果有共同方向的人合作，他们会更迅速、更轻松地到达他想要到达的地方。

请思考：个人与团队的关系是什么？

微课：创业团队
概述

一、创业团队的概念与分类

（一）创业团队的概念

创业团队是指为了实现创业目的而组建的集体。其成员关系不同于传统组织的管理关系，其特点在于行为上形成彼此交错与影响的交互作用，心理上形成彼此归属与支撑的感受和工作精神。

创业团队不同于一般意义上的团体组织。它是以企业的形态出现，是以共同目标为关系纽带而联合的正式组织。它的范围比创业搭档团队要大一些。优秀创业团队具有的基本因素：一个能胜任的团队带头人；彼此十分熟悉并能够合作互补的团队成员；创业活动所需的相关技能与能力。

创业团队有别于一般团队，表现在以下五个方面。

1. 团队成员的目的不同

初创时期的创业团队建设的目的是成功地创办新企业。随着企业成长，创业团队可能会发生成员的变化，新组建的高管团队是创业团队的延续，其目的是发展原来的企业或开拓新的事业领域。然而，一般团队的组建只是为了解决某类或某种特定问题。

2. 团队成员的职位层级不同

创业团队的成员往往处在企业的高层管理的位置，对企业重大问题产生影响，其决策甚至关系到企业的存亡。而一般团队的成员往往是由一群能解决特定问题的专家组成的，其绝大多数也并不处于企业高层管理位置。

3. 团队成员的权益分享不同

创业团队成员往往拥有公司股份，以便团队成员承担更高的责任；而一般团队未必要求成员拥有股份。

4. 团队成员关注的视角不同

创业团队成员关注的往往是企业全局性的、战略性的决策问题；而一般团队成员只关注战术性或执行层面的问题。

5. 成员对团队的组织承诺不同

创业团队成员对公司有一种浓厚的情感，其连续性承诺（由于成员对组织投入而产生的一种机会成本，足以让成员不离开组织的倾向）、情感性承诺（个体对组织的认同感）和规范性承诺（个人受社会规范影响而不离开组织的倾向）都较高；而一般团队成员的组织承诺并不高。

案例分享

京东团队的"执行效率"：最短的时间完成极致稳定的服务

自 2015 年腾讯开创了在春晚上摇红包的创新操作以来，已经 7 年过去了，京东终于抢到了一次给全国人民"发钱"的机会。京东在 2022 年春晚一共发出了 15 亿元红包，创历史新高。春晚期间，抢红包的累计互动次数达到了 691 亿次。在这些亮眼的数据背后，京东经历了一次惊心动魄的大考验，是对团队执行效率的极大考验。

时间紧：从京东拿到春晚红包赞助权（1 月 3 日）到春晚（1 月 31 日）只有 27 天，同比往年都是提前三个月开始准备，留给京东的时间是史上最短的。

任务重：估算春晚当天会有 6 亿人来抢红包，但京东一年的活跃用户数是 5.7 亿。这个流量也相当于京东"618 购物节"当天流量的 6 倍。

强度大：据京东云团队估算，他们至少需要在原有 2.5 万台服务器的基础上，再新增 1.5 万台服务器，才能勉强应对。

重任当前，京东团队创新策略方案，强调极致执行效率，"七借七还、极限腾挪"。努力得到回报，京东并没有在服务器上花费巨额的投入，通过精准计划编制、极致标准服务、聚焦效能增高，完成了一场艰苦而缜密的系统保卫战与计划执行战。

（资料来源：金融界资讯 https://xueqiu.com/S/JD/211038458.）

问题思考：京东的团队工作任务执行有什么特点？

事件启示：缜密的方案、有效的实施与监控，才能确保工作任务的执行效率与效果，以致构筑自己的强大竞争力，这些都离不开京东团队的持筹握算。

（二）创业团队的构成要素

创业团队的构成要素之间相互影响、相互作用、缺一不可。作为创业团队成员之间的关系应该是协作、互补、信任和共享目标的关系，以实现团队的长期成功和发展。

（1）优势互补：创业团队成员之间应该具备互补的专业背景和技能，各自擅长不同领域，以形成一个完整和高效的团队。例如，技术人员可以提供技术方面的专业知识，而营销人员可以提供市场推广方面的专业知识。由此，通过成员之间的优势互补，促使创业团队呈现1+1＞2的团队聚合效果。

（2）协作和沟通：创业团队成员之间应该建立良好的沟通与协作关系，以确保团队成员之间能够有效地交流和合作。这可以通过定期开会、共享信息和设立明确的沟通渠道来完成。

（3）共同的愿景和价值观：创业团队成员之间应该共享相似的愿景和价值观，相信团队的目标和使命，并愿意为之付出努力。这有助于增强团队的凝聚力和共同奋斗的动力。

（4）相互信任和尊重：创业团队成员之间应该建立相互信任和尊重的关系，相信彼此的能力和贡献，并愿意分享和接受意见和反馈。这有助于促进创造性思维和良好的团队氛围。

素养培育

创业团队组建的关键五要素（5P）

（1）目标（Purpose）。高效的创业团队的共性特征是要有一个既定且明确的目标，并坚信此目标的重大意义和价值。同时，目标为团队成员的行动导航，指引并激励团队成员将个人目标升华到群体目标。

团队成员在为创业团队发展目标做出承诺时，应该清晰地知道团队的最终目标，以及其在团队发展过程中的作用和位置、应承担的责任与工作内容。如果模糊或失去这个共同目标，创业团队也就失去了存在的价值与意义。在企业管理中，企业发展目标通常表现为企业的愿景与未来发展战略。

（2）人员（People）。团队成员是创业成功的关键因素，只有适合创业发展需要的成员，才能构成创业团队最核心的力量，保证新创企业的稳健经营。选择团队成员的方法，主要是根据团队的目标和定位，明确团队需要的技能、学识、经验及才华等，然后根据加入团队的目的、知识结构、性格、个性、兴趣、价值观念选择合适的人员。在创业团队中，成员的知识结构越合理，创业团队的发展越稳定，创业成功概率越高。

在一个纯粹以技术人员为主的创业企业，会形成以技术为核心，以产品为导向的经营理念，而逐步与市场脱节。因此，团队成员在选择上应充分考虑多样化的能力和专业背景，以便互相补充和协作。

在创业团队中，成员的价值观念和道德品质决定了未来企业文化的形成。一个人的价值观念很难改变，因此，在创业团队形成之前，必须对拟加入团队的人员进行深入的了解，只有价值观念相近的人组成结构化团队，才能真正激发团队活动，提升创业成功率。在任何的组织中，人力总是最活跃、最重要的资源。因此，摆在团队负责人面前的重要课题是如何将人力资源整合，进而转化为人力资本。

（3）坚持（Persistence）。坚持精神是取得成功的重要因素之一。在创业过程中将会面临许多挑战和困难，团队需要保持坚韧和毅力。这意味着团队成员要有高度的工作热情和持续的努力，愿意克服困难并迎接未来的挑战。坚持是一种精神状态，是个体或组织内在的品质和态度。在面对困难、挫折或压力时不放弃信念和目标，不断反思和总结经验，找到正确的方法和策略。

（4）权限（Power）。权限是在特定领域或组织中，个人或团队组织所拥有的特定权力或许可。它代表了可以进行的行动或拥有的权益范围。团队的权限范围，必须和他的定位、工作能力和所赋予的资源相一致。但是，权限往往是受到一定的约束和限制的。它必然要受到规则、法律、道德准则或其他外部因素的限制，以确保权力的合理行使和保护个人或组织的权益。

（5）计划（Plan）。创业团队需要有明确的商业计划和发展规划。这包括市场分析、竞争分析、商业模式设计、财务规划等。团队成员需要共同制订和执行这些规划，以确保团队朝着设定的目标前进。团队计划可以有以下两层含义：

1）目标的最终实现，需要一系列具体的行动方案，如团队需要多少成员、团队沟通的方式、评价和激励团队成员的方式等，此时可以将计划理解为达到目标的具体工作程序和行动方案。

2）只有按计划行动才能保证创业团队的进度顺利进行，以实现目标的达成，即强调创业团队工作的计划性，将计划作为最终实现创业团队目标的手段。

请思考：你现在处在一个什么样的团队中？通过5P来分析你所处的团队的关键发展要素现状。

（三）创业团队的分类

根据创业团队的组成者，创业团队可分为星状创业团队、网状创业团队和虚拟星状创业团队三种。

1. 星状创业团队

星状创业团队是一个管理科学新名词，主要是指围绕一个（或几个）核心主导人物构建，其他成员围绕核心团队或领导者进行工作和合作。星状创业团队的优势在于能够集中核心团队或领导者的经验和资源，促进组织的统一和协调。核心团队或领导者扮演了决策者和指导者的角色，能够提供明确的方向和战略，同时还能充分发挥团队成员的专业能力。然而，这种团队结构可能存在的挑战包括对核心团队或领导者依赖过高，团队成员的创新能力和独立性可能受到限制。

星状创业团队具有以下几个特点：

（1）领导核心：负责制定战略、决策，发挥着整合和协调团队资源的重要作用。

（2）管理层级：创业团队中存在明确的管理层级关系。

（3）分工合作：每个成员负责团队内的特定任务，共同推动项目的进展。

（4）决策权力：核心团队或领导者通常拥有更大的决策权力。

（5）沟通合作：核心团队或领导者需要与团队成员保持密切的沟通，并协调团队内外的关系，以便项目的顺利进行。

2. 网状创业团队

网状创业团队的灵感来自网状结构。与传统的创业团队或星状创业团队不同，网状创业团队中的成员之间相互连接、紧密合作，形成了更加复杂的关系网络。其优势在于最大程度地利用团队成员的专业能力和优势，促进知识和创新的分享，以便更好地应对挑战和机遇。这种团队结构也可能面临管理和协调的复杂性，需要很高的组织和协调能力。

网状创业团队具有以下几个特点：

（1）多方合作：网状创业团队中的成员之间存在多对多的合作关系。

（2）共享知识：团队成员之间有着广泛的知识和专业背景，通过共享知识和经验，网状创业团队可以获得更丰富的资源和创新的观点。

（3）弹性决策：网状创业团队中的成员都有决策的权力和责任。

（4）快速反应：网状创业团队具有高度的灵活性，可以快速响应市场的变化和挑战。

（5）软实力重要性：由于成员之间的关系是多对多的，网状创业团队在维系关系和团队协作方面需要更加注重软实力，例如有效的沟通、协商能力和团队合作能力。

3. 虚拟星状创业团队

虚拟星状创业团队是由星状创业团队与网状创业团队联合演化而来。在此团队中，拥有相对的核心成员，但核心成员是团队成员协商的结果。因此，核心人物大多扮演代言人的角色，并不拥有决定性的权力和地位，其行为也要充分考虑团队成员的看法与意见。

二、创业团队的优劣势分析

（一）创业团队的优势

"一个好汉三个帮"。几个人齐心协力，集合各自优势，所产生的能量会远远超过个体单独产生的能量。同理，一个由研发、技术、市场、财务、融资等各方面人才组成的可以进行优势互补的创业团队，是创业成功的法宝。团队创业会带来各方面的优势，至少包括以下几点。

1. 促进优势互补

无论一个人如何优秀，他都不可能具备所有的经营管理经验。同时，任何人都不可能在

知识、资源、能力、技术等方面具有同样的比较优势，特别是对于那些首次创业的人，他们往往缺乏对市场的判断力，缺乏对潜在市场的洞察力。创业团队的建立将会十分有效地解决这些问题。在一个团队中，不同的人掌握不同的社会资源，他们具备不同的知识、能力和经验，有的有客户关系、有的有政府关系、有的有理论、有的有经验、有的懂技术、有的擅长内务、有的擅长沟通……这种能力结构互补的组织模式能有效加强团队成员之间的彼此合作与协调。团队内成员的角色分布和能力结构越合理，创业成功的可能性也就越大。

2. 减少决策风险

一个新创企业在起步阶段总会遇到各种困难，如果创业者在遇到麻烦时完全亲自解决，不仅会花费大量的精力和时间，而且常常会由于解决问题能力有限增大决策风险。而当创业人员是一群人而非个体时，成败就变成了集体的事情，只要创业团队成员能够同甘共苦，发挥个人特长，就必定能提高解决问题的效率，增加成功解决问题的可能性。

3. 缓解融资问题

中小企业融资问题一直困扰着很多新创企业，究其原因，无非是因为银行贷款难度大，同时民间借贷利率偏高，这让许多中小企业难以负担。在外部融资极其困难的情况下，内部融资成了解决中小企业融资，特别是新创企业融资问题的办法。在经济不景气的大环境下，内部融资的作用尤其显著。

(二) 创业团队的劣势

创业团队虽然有诸多好处，但在现实生活中，组建了自己的创业团队并不一定能成功，其中的原因可能是经济萧条、竞争恶化、产品定位不合理等，但不可否认的是，团队创业并不一定是一种完美的创业模式，其至少具有以下几点劣势。

1. 思想冲突

新创企业团队一般由少数几个人组成，大多数成员都直接参与管理决策。而且因为都是企业的创始人，无论是否有经验，他们在企业中都担任要职，都发表"重要意见"，关于一个问题难免会出现不同的见解，提出不同的方法。在出资人出资比例相当的情况下，此种情况尤其严重，甚至会引发激烈争论，问题却迟迟得不到解决，一旦出现了问题，就可能互相指责、互相推诿。

2. 管理冲突

既是员工又是出资人的双重身份，往往使合伙人成为创业团队最难管理的人群。许多创业团队成员由于不能在企业中摆正自己的位置，常常认识不到自己也是企业的员工，也应该遵守企业的规章这一事实。在现实中，很多创业团队成员会自觉或不自觉地抬高自己的地位，越位发号施令，这会导致企业管理成本的增加。

3. 利益冲突

企业利润会随企业的壮大而增加，当企业规模壮大后，当初出资谨慎的企业合伙人常常由于原先出资过少而后悔，心态逐渐开始不平衡，工作量不少可分红时却少于其他人，容易产生"老板为老板打工"的心态；还有那些没有出资或出资较少的创业团队成员，他们掌握了企业的核心技术或无形资产，当这些知识投入没有被恰当地量化成货币时，会出现不平衡的心理。诸如此类的局面不能被合理化解，常常会瞬间激化合伙人之间的矛盾。

想一想

创业团队的能力要求

在产生机会的行业内有才干、知识和经验；

寻找有相当挑战性、能带来潜在价值回报的重要机会；

及时性，能够在短时间内对机会做出选择；

创造性地探索一种程序，以获得对解决问题或满足需求有价值的方案；

能够把机会转变成可操作的、有市场发展空间的企业；

渴望成功，以取得成就为目的；

能够适应非确定性和模糊性；

灵活处理多变的环境和竞争对手；

寻求评估并减少企业风险；

创造一种企业氛围，和员工、同盟者相处，善于沟通交流；

吸收、培训、留住有才能的员工，并使其变成拥有交叉学科知识的人；

能让他人认同自己，拥有一个广泛的潜在合作伙伴的关系网。

请思考：你能达到几项呢？

（三）创业团队的价值

一个优秀的创业团队，是企业不竭生命力的来源，也是新企业生存和发展的核心。新企业的运作，追根究底是人的运作，是创业团队成员的运作。创业团队组织新企业运作经营，整合新企业资源，带领着新企业不断向目标迈进。无论是初始资本的积累、新企业雇员招募，还是新企业的运营管理，都是创业团队在发挥作用。因此，创业团队的内部结构与合作模式、创业团队成员的素质水平是创新型企业获取资源、高效维持企业运作的关键因素。

优秀的创业团队具有以下价值。

1. 团队精神

团队创业的企业能够在企业内部塑造一种团队合作的精神，团队成员之间出于熟悉的默契配合和相互支持，对企业的工作氛围及团队士气都起到了很大作用。

2. 高效工作

组建团队就必然牵涉团队的管理，而团队管理恰恰促使管理者要进行战略大局的思考，正是这种高瞻远瞩的大局思维，能够使管理者从烦琐的细节监督中脱身，将权力下放到团队中，调动了团队成员的积极性，也使管理者决策更加灵活、快速和准确。

3. 优势互补

团队成员的数量通常也决定了团队成员的多元化和创意。由不同成长背景和不同经历的个人组成的团队，往往会比个体成员工作思考更加具有创意，也更加全面、周到。

三、组建创业团队

（一）组建创业团队的原则

微课：创业团队组建

1. 目标一致原则

团队成员应该有共同的目标和愿景，追求相同的事业，共同努力实现创业项目的成功。同时，目标也必须是合理且可实现的，这样才能真正实现激励目的。

2. 能力互补原则

团队成员应该具备不同的技能和专业知识，以互补的方式来提升整个团队的能力和竞争力。创业者之所以寻求团队合作，其深层次的目的就在于弥补创业目标与自身能力之间的差距。

3. 精简高效原则

初创期的项目低成本运行是常态，精简高效的工作机制是创业团队必备的制度化设计。在组建创业团队时，要遵循简明、高效的原则，以提高团队的协作效率和工作质量。

4. 开放共享原则

创业过程是一个充满不确定性的过程。因此，在组建创业团队时，应注意保持团队的动态性和开放性，使匹配的人员能被吸纳到创业团队中来。同时，团队成员应该秉持共享文化，分享资源、知识和经验，形成良好的团队合作和共同成长。

（二）组建创业团队的策略

组建创业团队的策略是要通过明确需求、招募优秀人才、形成互补团队、建立协作机制、激励和培养团队、建立合作伙伴关系、保持团队稳定等方式来建立一支高效、稳定和有竞争力的团队，以实现创业项目的成功。

（1）定义需求：明确创业项目需要哪些专业技能和能力，确定所需岗位和职责，并制定招聘策略。

（2）招募优秀人才：通过多种渠道寻找优秀的人才，如招聘网站、社交媒体、人脉关系等，并根据需求制定招聘标准和面试流程。

（3）评估团队适配性：在招募过程中，评估候选人与团队的配合度，包括技能、性格、价值观等因素。

（4）形成互补团队：确保团队成员的技能和经验相互补充，能够形成协同效应，提高整体团队的能力。

（5）建立团队协作机制：制定明确的沟通和协作机制，包括会议、工作流程、项目管理工具等，确保团队成员之间有效地交流和合作。

（6）激励和培养团队：建立激励机制，奖励团队的优秀表现和成果，同时提供培训和发展机会，帮助团队成员不断提升自己的能力和知识。

（7）建立合作伙伴关系：与其他公司或专业机构建立合作伙伴关系，分享资源、知识和经验，拓展市场和客户。

（8）保持团队稳定：关注团队成员的离职率和满意度，及时解决问题，保持团队的稳定性和凝聚力。

知识拓展

马斯洛需求层次理论

马斯洛需求层次理论（Maslow's Hierarchy of Needs）在现代行为科学中占有重要地位。马斯洛需求层次理论是管理心理学中人际关系理论、群体动力理论、权威理论、需要层次理论、社会测量理论的五大理论支柱之一。

1943 年，美国社会心理学家马斯洛（Abraham H. Maslow，1908—1970 年）指出人类需求的五级模型，通常被描绘成金字塔内的等级。从层次结构的底部向上，需求分别为生理需求（食物和衣服）、安全需求（工作保障）、归属需求（友谊）、尊重需求和自我实现（图 1-1）。这种模式可分为不足需求和增长需求。前四个级别通常被称为缺陷需求（D 需求），而最高级别称为增长需求（B 需求）。

图 1-1 马斯洛需求层次理论模型

除对成员的合适性进行分析外，组建创业团队时还应该考虑到团队的规模大小，任何团队的规模都有一定的限制，收益边际递减的原理告诉人们，并不是成员越多，公司效率就越高。一般一个创业团队的核心成员应控制在 3 ～ 5 人为宜，以便保证各项工作的效率与质量，帮助新创企业能在较短的时间内占据有利的市场地位。

（三）组建创业团队的程序

1. 明确创业项目的目标、愿景和核心价值观

明确创业项目的目标、愿景和核心价值观，清楚团队成员的期望和目标，以便吸引和筛选适合的人才。在明确创业项目的目标和愿景的过程中，可以进行市场调研、竞争分析和内部讨论，以便获得更准确和可行的目标和愿景。此外，目标和愿景也需具备可衡量性、可实现性和激励性，以便团队能够积极地朝着这些目标和愿景努力。

2. 确定团队需求和角色

分析创业项目所需的核心技能和专业知识，确定需要哪些角色才能顺利进行项目开发和管理。根据团队的核心需求，确定各个关键角色，例如营销专员、产品经理、技术开发人员、财务专家等，并明确他们的主要职责和任务。同时评估各个角色之间的依赖性和互补性，确保团队成员能够良好地合作和协调。

3. 招募与筛选人才

招募适合的人员是组建创业团队非常关键的一步。根据团队需求，在适合的招聘渠道发布招聘信息，并筛选出适合的候选人。招募与筛选人才的过程包括明确招聘需求、编写招聘信息、选择招聘渠道、应聘者筛选与面试、面试评估等。

在招募与筛选人才的过程中，建议与团队其他成员进行讨论和评估，遵循公平、公正和合规的原则，并及时与候选人沟通，提供反馈和决策结果。招聘与筛选人才的流程和步骤可以根据实际情况进行调整和改进，以确保招聘具备所需技能和适应公司文化的优秀人才加入创业团队。

4. 评估团队适配性

评估团队适配性是为了确保团队成员与创业项目的需求和文化相匹配，以促进团队的协作和成功。评估团队适配性需要综合考虑团队成员的技能、个性和动机，以及项目的需求和文化，确保团队能够紧密配合，共同推动创业项目的成功。

评估团队适配性的过程包括团队成员与项目需求符合性分析、团队成员的适应性评估、团队成员的动机和承诺确定、团队的人员结构和平衡分析、反馈和评估结果收集、调整和改进计划制定等。

5. 管理制度体系构建

管理制度体系构建是为了建立一套规范和有效的管理方法和流程，以确保企业的运作和组织的有序进行。管理制度体系构建应该根据企业实际情况和发展需求进行调整和定制，确保制度的合理性、实效性和适用性。同时，建立一种文化氛围和价值观，使员工自觉遵守和信任管理制度，使其成为企业顺利运作和发展的基础。管理制度体系构建的过程包括制度关键目标确定、业务流程和需求分析、制度结构和层级设计、核心制度和流程制定、制度文件和模板建立、培训与宣传、监督反馈和优化等。

6. 团队绩效评估与调整

团队绩效评估与调整是为了对团队成员和整个团队的工作表现进行评估，发现问题和优化，以提高团队的绩效和成果。团队绩效评估与调整是一个持续不断的过程，需要全员参与和持续关注。通过定期的评估与调整，帮助团队实现优化和提升，推动团队的协同和发展。

四、创业团队的管理

微课：创业团队
运行管理

（一）创业团队管理的特殊之处

创业团队管理与传统企业管理相比，存在较大的特殊性。创业团队管理需要对快速变化和不确定性做好准备，并具备敏捷、创新和协作的能力。管理者应该适应和引导创业团队的特殊需求，以促进团队的发展和创业项目的成功。创业团队管理的特殊性包括以下内容：

（1）快速变化和不确定性：创业环境常常充满变数和不确定性，市场需求、竞争态势等都可能在短时间内发生变化。因此，创业团队管理需要具备快速适应和灵活应对变化的能力。

（2）创业文化和价值观：创业团队通常具有开拓创新、敢于冒险的文化和价值观。管理者需要建立和推动一种积极创造、无畏失败、快速迭代的文化氛围，以促进团队成员的创造力和创新能力。

（3）多重角色和跨任务：在创业团队中，成员通常需要承担多种角色和跨越不同任务。管理者需要合理分工和资源配置，激励成员发挥多重能力和灵活应对不同任务的能力。

（4）激励和奖励机制：由于创业公司一般处于初期阶段，经济收益可能较低，因此激励和奖励机制需要更具创新性和灵活性。同时，给予其他非经济形式的激励，如股权激励、创业经验和成长机会等。

（5）高风险和高压力：创业过程中存在较大的风险和压力，管理者需要具备良好的抗压能力和决策能力，有效应对团队成员的焦虑和挑战，保持团队的积极性和动力。

（二）创业团队的三维结构管理

创业团队可以从知识结构、情感结构和动机结构三个方面入手来实施结构化管理。知识结构反映的是创业团队成功创业的能力素质；情感结构是创业团队维持凝聚力的重要手段；动机结构则是创业团队实现理念和价值观认同的关键因素。

1. 知识结构管理

知识结构管理的核心是建立以创业任务为核心的知识和技能的互补性，强调创业团队有完备的能力来完成创业相关任务。

想一想

《西游记》唐僧取经团队的管理

《西游记》中由唐僧率领的取经团队被公认为是一支"黄金组合"的创业团队。四个人的性格各不相同，却又同时有着不可替代的优势。例如，唐僧慈悲为怀，使命感很好，有组织设计能力，注重行为规范和工作标准，所以他担任团队的主管，是团队的核心；孙悟空武功高强，是取经路上的先行者，能迅速理解、完成任务，是团队业务的骨干和铁腕人物；猪八戒看似实力不强，又好吃懒做，但是他善于活跃工作气氛，使取经之旅不至于太郁闷；沙僧勤恳、踏实，平时默默无闻，关键时刻他能稳如泰山，稳定局面。

请思考：唐僧取经团队的管理优点是什么？

2. 情感结构管理

情感结构管理的重点是注重年龄、学历等不可控因素的适度差异。中国文化注重层级和面子关系，如果创业团队之间年龄和学历因素差距过大，成员之间在混沌状态下发生冲突和争辩，很容易出现彼此感觉丢面子的情况，从而演变为情感性冲突。一旦出现这种情况，创业团队将不得不把时间和精力浪费于沟通方式设计和内部矛盾化解，内耗大于建设，不利于创业成功。

3. 动机结构管理

动机结构管理的关键是注重创业团队成员理念和价值观的相似性。如果创业团队成员之间价值观不同，想做事业的成员可能不会过分关注短期收益，而怀揣赚钱动机的成员不会认同忽视短期收益的做法。相似的理念和价值观有助于创业团队保持愿景和方向的一致，有助于创业团队克服创业挑战而逐步成功。

值得一提的是，创业团队的结构管理是兼顾三个方面结构要素的平衡过程，短板效应非常明显。但是在现实中，人们往往过分重视知识结构的互补性，而对情感结构管理和动机结构管理重视程度不够，因此，引发的问题往往会随时间而强化，一旦创业出现困难和障碍，往往会演变为创业团队的内耗和冲突。

（三）创业团队的管理技巧

1. 健全管理制度

合理的制度规范是统一团队思想、让团队具有战斗力的有力保障，是使团队稳定发展的关键。规章制度的最大好处是团队中的每个人都处在相同的行为准则约束下，朝着共同的目标前进。企业从创办的第一天起，就要有明文的规章制度，用来约束成员的个人行为。创业团队的管理制度是创业经营理念和团队成员意志的体现，严格的管理制度能够极大地提高工作效率，促进目标完成。

2. 合理决策机制

要成为一个具有凝聚力的团队，团队核心人物（决策者）必须学会在没有完善的信息、团队成员之间没有统一的意见时做出决策，而且承担决策产生的后果。只要自己认为做得正确的事情，不可优柔寡断，必须付诸行动。

3. 坚定不移执行

有了决策，还需要严格地执行，执行力也是一种显著的生产力。在团队中，并不需要每个团队成员都拥有突出的综合能力。因为能力突出的人特别需要被人认可与尊重，自我意识浓厚。相反，优秀的团队更看重的是成员具有强烈的责任心和执行力，对于业务计划和目标，能够在理解、把握、吃透的基础上，细化、量化自己的工作，坚定不移地落实与贯彻，坚持工作细节和流程标准，将工作落到实处。

4. 凝聚成员力量

优秀的创业团队都具有很强的集体凝聚力。凝聚力是一个团队团结成员的纽带，是促使团队成员相互理解和团结协作的根基力量。不断实现价值创造是创业团队的主要目标，每个团队成员都应充分认识到个人利益的获取是以团队利益的实现为基础的，自觉将团队利益置于个人利益之上，团队的每位成员的价值都表现在他对于团队整体价值的贡献上。

5. 保持沟通顺畅

沟通是有效管理团队的最重要的内容之一。在企业经营管理过程中，团队成员对有关问题会形成不一致的意见、观点和看法，这种论事不论人的分歧成为认知性冲突。优秀的团队并不回避不同的意见，而是进行充分的沟通和交流，鼓励创造性的思维，提高团队决策质量。这也有助于推动团队成员对决策方案的理解和执行，提高组织绩效。

6. 有效的激励措施

有效的激励措施要求给予创业团队成员以合理的"利益补偿"，包括两种形式：一种是物质条件，如报酬、工作环境；另一种是心理收益，如创业成就感和地位，感受到尊重、承认和友爱等。常见的激励手段主要包括三种：一是团队文化的激励；二是经济利益的激励；三是权力与职位的激励。

五、团队文化设计

（一）团队文化设计的定义

团队文化是团队在发展的过程中所形成的工作方式、思维习惯和行为准则。高效团队源有有效的团队文化，团队文化一旦形成，便会强烈地支配着团队成员的思想和行为。

团队文化是由团队价值观、团队氛围、团队效率等基本要素组成。

1. 团队价值观

团队价值观是指团队成员共同认同和遵循的一套道德准则、行为规范和信念，用于指导团队成员的行为和决策。团队价值观通过共同认同和遵循，可以帮助团队成员更好地理

解彼此、协作、决策和处理冲突，提高团队的凝聚力和效能。

2. 团队氛围

团队氛围是指团队成员在工作环境中所感受到的整体气氛和相互关系的状态。一个积极、健康的团队氛围对于团队的凝聚力、合作能力和成员的满意度都非常重要。一个积极的团队氛围可以促进成员的互动和合作，提高工作效率和成果，增强团队的凝聚力和满意度，并且吸引更多优秀的成员加入团队。塑造积极团队氛围的关键要素包括：信任和尊重、开放的沟通、共同目标、协作和合作、公平和公正、共同成长、积极的反馈和认可、友好和乐观等。

3. 团队效率

团队效率是指团队在完成任务或达成目标时所展现的高效率和高产出的能力。高效的团队能够充分发挥各成员的专长并协同合作，以最小的资源和时间投入，达到最大的工作效果。通过优化影响团队效率的要素，并持续关注团队的工作流程和团队成员的发展，能够提高团队的效率并持续提升工作表现。提高团队效率的关键要素包括：清晰的目标和角色分配、协作和沟通能力、优化资源利用、激励和奖励机制、有效的领导和管理等。

（二）如何设计企业团队文化

设计企业团队文化是一项关乎组织成长和成功的重要任务。团队文化是组织中共同的价值观、信仰、行为准则和社会规范的集合，它对于塑造员工行为、提高团队凝聚力、促进创新和实现目标至关重要。下面将详细说明如何设计企业团队文化，以确保其积极影响组织的发展和员工的幸福。

（1）明确核心价值观和使命：团队文化的设计首先要明确组织的核心价值观和使命。价值观是组织共同认同的基本原则，而使命则是组织存在的目的和意义。在设计团队文化时，应该将这些核心元素贯穿于每个决策、行为和活动中，以引导团队成员朝着共同的目标努力。

（2）建立积极的工作环境：团队文化应该鼓励积极性、支持性和包容性的工作环境。建立开放的沟通渠道，使每个成员都能够畅所欲言，分享意见和想法。同时，营造友好、尊重和互助的氛围，使员工感到尊重和认可。

（3）培养团队协作和合作：团队文化应该强调协作和合作的重要性。组织可以倡导团队合作的价值观，通过团队项目、跨部门合作等方式培养成员之间的协作能力。同时，建立奖励机制，鼓励团队成员共同取得优异的成果。

（4）鼓励创新和学习：鼓励创新和学习是塑造积极团队文化的关键。组织可以设立创新奖励，鼓励成员提出新想法和解决方案。同时，提供持续学习的机会，帮助团队成员不断提升技能和知识。

（5）坚持透明和诚实：透明和诚实是团队文化的基石。建立透明的沟通渠道，及时分享重要信息和决策，避免谣言和猜测。团队成员应该被鼓励坦率地表达意见，同时也要尊重他人的观点。

（6）奖励和认可：设立奖励和认可机制，鼓励员工为团队的成长和成功做出贡献。奖励不仅可以是物质激励，还可以是口头表扬、荣誉或晋升机会，以增强员工的归属感和自豪感。

（7）坚持价值观的一致性：团队文化的设计需要确保各个层级和部门的一致性。每位领导者、团队成员都应该秉持相同的价值观，以示范和引领团队文化的落实。

（8）持续改进和反思：团队文化是一个持续发展的过程。定期进行文化评估和反思，了解团队文化的实际效果和存在的问题，不断进行调整和改进。

设计企业团队文化需要领导者的坚定信念和全体成员的共同努力。通过明确的核心价值观、积极的工作环境、协作和创新的推崇，企业可以建立一种积极、有活力的团队文化，推动组织不断前进。

❯ 模块小结

本模块主要介绍了狭义创业者与广义创业者的区别，什么样的人能成为创业者；创业成功者的知识结构、能力结构和人格特征；创业者的创业动机及基于创业动机的创业者分类。本模块聚焦优秀的创业团队应具有塑造团队精神、有助于工作效率的提高、优势互补等价值。同时关注组建创业团队的原则包括目标明确原则、能力互补原则、精简高效原则和动态开放原则。在创业团队管理中，可以从三个方面入手来实施结构化管理模式，分别是知识结构、情感结构和动机结构。

创业团队的管理技巧包括建立健全管理制度、建立合理的决策机制、全力以赴地去执行、凝聚成员的力量、保持沟通顺畅、营造相互信任的团队氛围、采用合理有效的激励措施。团队文化是团队在发展的过程中所形成的工作方式、思维习惯和行为准则。高效团队来自统一的团队文化，团队文化一旦形成，便会强烈地支配着团队成员的思想和行为。团队文化是由团队价值观、团队氛围、团队效率等要素综合在一起而形成的。

❯ 模块自测

一、单选题

1.具有敢于冒险的创业精神、主动研究与发掘机会、善于整合资源、提供市场新价值的事业催生者与推动者，我们称之为（　　　）。

　　A.狭义创业者　　　　　　　　　B.广义创业者

　　C.创新者　　　　　　　　　　　D.革新者

2.（　　）不属于创业型企业家的基本能力要素。

　　A.乐观面对挫折

　　B.愿意努力工作，同时希望于存在捷径

C. 能够学习并掌握完成手中任务的本领

D. 能够创造性地解决问题并使工作完美

3. 对于新创企业，员工工资结构中基本工资比例最好控制在（　　　）。

A. 30% 以下　　　　　　　　　　　　B. 40% 以下

C. 50% 以下　　　　　　　　　　　　D. 60% 以下

4. （　　　）不属于成功创业者的品格。

A. 精力充沛　　　　B. 勤奋　　　　C. 勇敢　　　　D. 自信

5. （　　　）不属于创业动机。

A. 生存需求型　　　　　　　　　　　B. 机遇促成型

C. 尊重满足型　　　　　　　　　　　D. 勤奋努力型

二、多选题

1. 创业团队组建的关键要素包括（　　　）。

A. 目标（Purpose）　　　　　　　　　B. 人员（People）

C. 定位（Place）　　　　　　　　　　D. 计划（Plan）

E. 权限（Power）

2. 创业团队组建的原则包括（　　　）。

A. 目标明确原则　　　　　　　　　　B. 能力互补原则

C. 精简高效原则　　　　　　　　　　D. 动态开放原则

E. 科学合理原则

3. 新创企业员工工资结构的设计内容包括（　　　）。

A. 基础工资　　　　　　　　　　　　B. 岗位工资

C. 工龄工资　　　　　　　　　　　　D. 奖金

E. 津贴

4. 下列属于有效团队的特征的是（　　　）。

A. 很好地理解任务和宗旨　　　　　　B. 反馈绩效是频繁的

C. 合作努力是规范的　　　　　　　　D. 成员互相依靠和相互负责

E. 成员不断学习并分享他们的学习所得

5. 组建创业团队需要注意（　　　）。

A. 创业团队规模　　　　　　　　　　B. 互补性

C. 渐进性　　　　　　　　　　　　　D. 动态性

E. 协调性

三、思考题

1. 什么样的人能够成为创业者？

2. 创业成功者通常具备什么样的人格特征、知识和能力结构？

3. 创业团队有什么作用？

4.创业团队的管理技巧有哪些?

5.创业团队文化有哪些内容?

综合实训

实训目的：团队是为了实现某一目标而相互协作的个体所组成的正式群体。对于创业企业而言，是由全体员工和管理层所组成的一个共同体，合理利用每个员工的知识和技能协同工作，解决问题，达到共同目标。团队是实现组织目标，完成组织任务的根本保证。本次实训的目的是运用团队建设的5P分析法，认真剖析团队结构，结合团队组成要素，总结团队建设的难点与障碍，并规划团队的未来发展。

实训步骤：1.选取一家本地初创企业，分析团队工作的内容；

2.通过人员分析，整理企业的团队结构图；

3.根据团队建设的5P分析法，完成团队建设分析；

4.总结团队建设的难点与障碍；

5.制订团队的未来发展计划。

实训成果：1.选取一家本地初创企业，完成一份创业团队的5P的分析报告（表1-2）；

2.结合之前的分析总结，对其创业团队建设提出建议与意见，并完成一份建设规划。

表1-2 团队建设的5P分析法

团队名称		
团队工作内容		
团队结构分析		
团队组成要素（5P）	目标	
	人员	
	定位	
	权限	
	计划	
团队建设的难点与障碍		
团队建设的未来发展规划		
编制人	团队成员	
编制时间		

模块二
把握创业机会

> "天不再与，时不久留，能不两工，事在当之。"
>
> ——《吕氏春秋·览·孝行览》

📝 学习目标

知识目标：

1. 了解创业机会、创业风险的含义；

2. 掌握创业机会的识别与评价、风险管理与处理的方法；

3. 熟悉创业计划书的基本结构；

4. 掌握编制创业计划书的方法和原则。

能力目标：

1. 能够自觉培养自己识别创业机会的眼光；

2. 能够敏锐察觉并评估创业风险；

3. 能够对创业风险进行有效规避与处理。

素养目标：

1. 培养正确的创业观；

2. 培养对创业机会的敏锐辨识；

3. 培养创业的风险意识。

👤 模块导入

"老干妈"陶华碧：把 5 元钱生意做到 25 亿元

1989 年，陶华碧在贵阳市南明区龙洞堡贵阳公干院的大门外侧，开了个专卖凉粉和冷面的"实惠饭店"，陶华碧用自己做的豆豉麻辣酱拌凉粉，很多客人吃完凉粉后，还要买一点麻辣酱带回去，甚至有人不吃凉粉专门来买她的麻辣酱。后来，奇怪的事情发生了，陶华碧的凉粉卖不动了，反而麻辣酱的生意却异常红火。陶华碧想弄清楚其中的原因，便关上店门去看个究竟。走了附近的十多家卖凉粉的餐馆和食摊，发现每家的生意都非常红火，陶华碧发现了这些餐厅生意红火的共同原因——都在使用她的麻辣酱。

1994年，贵阳修建环城公路，昔日偏僻的龙洞堡成为贵阳南环线的主干道，日益途经此处的货车司机成了"实惠饭店"的主要客源。陶华碧近乎本能的商业智慧第一次发挥出来，她开始向司机免费赠送自家制作的豆豉辣酱、香辣菜等小吃和调味品，大受欢迎。货车司机们的口头传播显然是最佳的广告形式，"龙洞堡老干妈辣椒"的名号在贵阳不胫而走，很多人甚至为了尝一尝她的辣椒酱，专程从市区开车来公干院大门外的"实惠饭店"购买辣椒酱。同年11月，"实惠饭店"更名为"贵阳南明陶氏风味食品店"，辣椒酱系列产品开始正常走上前台，成为这家店的明星主打产品。

刚刚成立的辣椒酱加工厂是一个简陋的手工作坊，只有40名员工，没有生产线，全部采用最原始的手工操作。作坊时代"老干妈"虽然产量不大，但光靠现有的凉粉店和货车司机已经消化不了，陶华碧必须另辟蹊径找新市场，她第一次感受到经营的压力。陶华碧用了一个"笨办法"：她用提篮装起辣椒酱，走出龙洞堡，向更远的单位食堂和商店推销。一开始，大家都不愿意接受这瓶名不见经传的辣椒酱，陶华碧跟商家协商将辣椒酱摆放在商店和食堂柜台，卖出去了再收钱，卖不出就退货，商家这才肯试销。

一段时间后，陶华碧接到大量的电话，让她加急送货。一下子陶华碧就拓宽了销售渠道，开始扩大生产。随着企业不断发展，"老干妈"品牌在本地广为人知，开始走向全国。

🧑‍💼 **分析思考**

陶华碧能够把5元钱的生意做到25亿元，最根本的原因是什么？给大学生创业者的启示是什么？

单元一 创业机会

思维导图

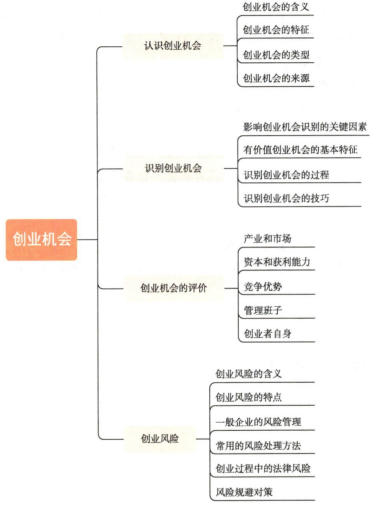

```
                              ┌─ 创业机会的含义
                              ├─ 创业机会的特征
                   认识创业机会 ┤
                              ├─ 创业机会的类型
                              └─ 创业机会的来源

                              ┌─ 影响创业机会识别的关键因素
                              ├─ 有价值创业机会的基本特征
                   识别创业机会 ┤
                              ├─ 识别创业机会的过程
                              └─ 识别创业机会的技巧

  创业机会                       ┌─ 产业和市场
                              ├─ 资本和获利能力
                   创业机会的评价 ┼─ 竞争优势
                              ├─ 管理班子
                              └─ 创业者自身

                              ┌─ 创业风险的含义
                              ├─ 创业风险的特点
                              ├─ 一般企业的风险管理
                   创业风险    ┼─ 常用的风险处理方法
                              ├─ 创业过程中的法律风险
                              └─ 风险规避对策
```

一、认识创业机会

微课：识别创业机会

（一）创业机会的含义

创业机会是指在市场经济条件下，社会的经济活动过程中形成和产生的一种有利于企业经营成功的因素，是一种带有偶然性并能被经营者认识和利用的契机。

当前，我国创业面临的现状是经济的迅速发展创造了很多创业机会，但是创业者具备的创业能力不足是当前存在的普遍问题。创业是一个识别、开发和利用创业机会的过程。

（二）创业机会的特征

1. 客观性

创业机会是客观存在的，不依赖于人的主观想象，无论创业企业是否意识到，它都会客观存在于一定的社会经济环境中，具有公平性和非独占性。

2. 潜在性

创业机会的潜在性是指一个商业理念或项目在市场上成功的可能性。创业机会的潜在性通常受到多种因素的影响，包括市场需求、竞争环境、创新性、可行性、可持续性等。创业者应该更准确地评估一个创业机会的潜在性，并做出相应的决策和计划。

3. 时效性

时效性是指创业机会必须在"机会窗口"存续的时间内被发现和利用。而"机会窗口"是指商业想法推广到市场上所花费的时间。创业者在"机会窗口"的哪个阶段进入市场，在很大程度上决定了创业的成败。

4. 行业吸引力

不同行业的利润空间、进入成本和资源要求不同，其行业吸引力也不同。一般来说，最具有吸引力的持续成长的行业，有不断增长的市场空间和长期利润的预期，对新进入者的限制较少。另外，当产品对消费者必不可少时，消费者对该产品存在刚性需求，如生活必需品，这也会提升行业吸引力。

5. 不确定性

创业机会在一定的条件下产生，条件改变了，结果往往也会随之而改变。创业者在发掘创业机会时，一般是根据已知条件进行，但结果可能会出乎意料，因为条件而改变，或者创业者利用机会的努力程度不够。

（三）创业机会的类型

创业机会的类型对创业过程有着重要的影响。创业机会的分类方法有很多种，阿迪切威利（Ardichvili）等人根据创业机会的来源和发展情况对创业机会进行了分类。在创业机会矩阵中有两个维度，纵轴以探寻到的价值（即机会的潜在市场价值）为坐标，这一维度代表着创业机会的潜在价值性是否已经较为明确；横轴以创业者的创造价值能力为坐标，这里的创造价值能力包括通常的人力资本、财务能力及各种必要的有形资产等，代表着创业者是否能够有效开发并利用这一创造机会，按照这两个维度，他们将不同的创业机会划分为四个类型，如图 2-1 所示。

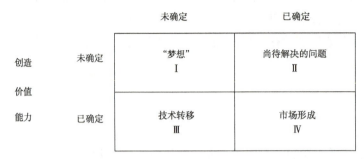

图 2-1　创业机会的四个类型

（四）创业机会的来源

对于创业机会的来源，业界有着众多的观点。美国凯斯西储大学的谢恩（Scott A.Shane）教授提出：创业机会主要来源于四种变革，分别是技术变革、政策和制度变革、社会和人口因素变革及产业结构变革。

1. 技术变革

技术变革将会带来新的商业机会，主要体现在新的技术创新与社会科技进步。通常，单个技术上的变化或多种技术的重新组合，都可能给创业者带来新的灵感与市场机会，具体表现在以下三个方面。

（1）新旧技术交替。新旧技术交替是指新技术的出现和逐渐取代旧技术的过程。这种交替通常是由于新技术的出现使得生产或业务流程更高效、更经济、更安全或更环保，从而引发了对旧技术的更新换代需求，这时新的市场空间就出现了。

（2）技术呈现新功能。技术的不断发展和创新使其具备了新的功能和特性。这些新功能可以改变人们的生活方式、工作方式和社会运行方式。

（3）新技术带来的新问题。多数技术的出现对人类都有利弊两面，尽管新技术能够改善人们的生活方式和工作方式，但也会引发一系列新问题，带来全新挑战，如隐私和数据安全问题、数字鸿沟问题等。这样为了解决新技术带来的问题，就会产生新的需求。

2. 政策和制度变革

随着经济发展、科技变革等，政府必然会不断调整自己的政策，而政治和制度的某些变革，就可能给创业者带来新的商业机会。政策和制度的变革能够带来创业机会，是因为它能够使创业者提出更多不同的想法，而这些想法可能在一个常规体制下面是无法实现的。政策的变革也清除了很多不利于创业的障碍，这些障碍的清除使创业者的创业成本大大降低，原来无利可图的创业项目变得有利可图。

3. 社会和人口因素变革

社会和人口因素的变革会产生创业机会。人的需求是变化的，不同时期的社会和人口因素的变革会产生不同的需求。随着现代社会发展的加快，这种变化中的需求更加明显。

大量女性人口加入就业领域，创造了家政服务业和快餐食品业的市场机会；人口寿命延长导致的老龄化问题，创造了老龄用品市场。

4. 产业结构变革

由其他企业或为主体顾客提供产品或服务的企业的消亡，或者企业重组等原因而引起的变革，进而改变行业中的竞争状态，产业结构变革将影响创业机会，当期市场供给缺陷也能产生新的商业机会。

知识拓展

我国产业结构不断优化转型升级成效显著

国家统计局发布报告称，党的十八大以来，我国各地区各部门坚持以供给侧结构性改革为主线，着力构建现代化经济体系，产业结构不断优化，第一产业基础地位不断稳固，第二产业创新驱动深入推进，第三产业重点领域蓬勃发展，转型升级成效显著，有力支撑国民经济持续健康发展。三次产业结构由 2012 年的 9.1∶45.4∶45.5 调整为 2021 年的 7.3∶39.4∶53.3。

第一产业保持平稳增长，粮食安全基础巩固。 在中央"三农"政策支持和"三农"工作推动下，第一产业生产布局不断优化，增加值稳步提高，粮食安全得到有力保障。2013—2021 年，我国粮食生产保持平稳，年均产量 6.6 亿吨，肉蛋奶、果菜茶品种丰富、供应充裕，第一产业增加值年均增速达到 4.0%，其中，农业、林业、畜牧业和渔业增加值年均增速分别为 4.3%、5.6%、2.6% 和 3.5%。随着全面实施乡村振兴，乡村基础建设持续强化，支农惠农政策不断优化调整，农业现代化取得长足进展。2013—2021 年，共新增耕地灌溉面积 713 万公顷。根据有关部门资料，2021 年，全国农业科技进步贡献率突破 60%，比 2012 年提高了 7.0 个百分点。

第二产业加快转型升级，创新驱动持续深化。 在供给侧结构性改革、创新驱动发展等国家重大战略措施推动下，第二产业由高速增长向高质量发展转变，装备制造业、高技术制造业迅速发展，成为第二产业的新生力量。2013—2021 年，第二产业增加值年均增长 6.0%；规模以上高技术制造业和装备制造业增加值年均增速分别达到 11.7% 和 9.2%，明显高于制造业增加值年均 6.4% 的增速。企业创新能力不断增强，2020 年，计算机、通信和其他电子设备制造业，医药制造业增加值占制造业增加值比重分别为 10.2% 和 3.8%，比 2012 年分别提高了 2.3 和 1.1 个百分点。

第三产业规模日益壮大，新兴产业蓬勃发展。 随着服务领域改革持续深化，第三产业发展质量不断提升，信息通信、互联网、大数据等新一代技术逐渐崛起，现代服务业、新兴服务业迅猛发展。2013—2021 年，第三产业增加值年均增速达到 7.4%，比国内生产总值（GDP）年均增速高 0.8 个百分点；对经济增长的年均贡献率达到 55.6%，比第二产业高 16.4 个百分点。2021 年，第三产业增加值占 GDP 的比重

为 53.3%，比 2012 年提高 7.8 个百分点，稳居国民经济第一大产业。新技术、新产业、新业态和新商业模式层出不穷，新兴服务业占 GDP 的比重明显提升。2021 年，信息传输、软件和信息技术服务业，租赁和商务服务业增加值占 GDP 的比重分别为 3.8% 和 3.1%，比 2012 年分别提高了 1.6 和 1.1 个百分点。实物商品网上零售额为 108 042 亿元，占社会消费品零售总额的比重为 24.5%，比 2014 年提高了 15.3 个百分点。

随着产业融合不断深化，新增长点不断涌现。2016—2021 年，规模以上战略性新兴服务业营业收入年均增长 13.5%，明显高于规模以上服务业营业收入增速。社会力量积极参与公共服务领域建设，旅游、文化、体育、健康、养老等幸福产业发展势头良好，有力推动民生改善。2020 年，旅游及相关产业、文化及相关产业、体育产业增加值分别为 40 628 亿元、44 945 亿元、10 735 亿元，占 GDP 的比重分别为 4.01%、4.43%、1.06%。

（资料来源：刘芃.我国产业结构不断优化转型升级成效显著［N］.中国经济网，2022-09-30.）

二、识别创业机会

（一）影响创业机会识别的关键因素

1. 个体因素

（1）创业警觉性。创业警觉性是指一种持续关注、注意未被发觉的机会的能力。创业警觉性是三个维度的整合体：敏锐预见是指敏感于机会的涌现，对商业前景做出前瞻性的预测；探求挖掘是指善于分析和挖掘商业情报及信息，从中分析出潜在的机会，以及隐含的利润；重构框架是指善于打破既定的范式，赋予既有资源以新的价值和用途。

（2）先验知识。先验知识包括特殊兴趣和产业知识两个维度。前者是指对某一领域及其相关知识的强烈兴趣，后者是创业者在多年工作中积累的知识和经验。每个个体都有自己独特的先前经验与先验知识，这就构成了其有别于他人的知识走廊，这种特异性就解释了为何有些人更容易发现一些特定的机会，而其他人则不能。

（3）创造力。创造力是指能够产生独特和有价值的想法、概念、产品或解决方案的能力。它涉及思维、想象、创新和表达等多个方面。创造力在个人和社会的可持续发展中具有重要作用。它能够推动科学技术的进步、艺术和文化的繁荣、商业和创业的成功等。创造力也是培养创新精神、培养个人潜力和实现个人成就的关键要素。

（4）社会关系网络。社会关系网络的深度和广度影响着机会识别。建立了大量社会与专家联系网络的人，比那些拥有少量网络的人容易得到更多的机会和创意。一项对 65 家初创企业的调查发现，半数以上创业者描述，他们通过社会联系得到了商业创意。一项类似的研究发现，网络型创业者比单独创业者识别出多得多的机会，但他们不大可能将自己描述为创业警觉性或有创造力的人。

2. 机会因素

在创业机会识别过程的分析中，大家普遍将关注的重点聚焦在创业者个体的差异上，即影响机会识别的个体因素。但在机会识别领域，现今的分析应将更多的注意力转移到机会本身，进而强调机会的差异在创业机会识别中的作用。隐形机会识别需要有敏锐的观察能力和开放的思维，同时也需要持续的努力和探索。与隐形机会相比，显性机会通常更为明显和明确，不需要过多的推理或深入的思考即可被察觉和识别。

3. 各因素的交互作用

识别创业机会是一个复杂的过程，其中涉及了多种因素的交互作用。这些因素可以相互影响，共同决定一个机会的可行性和潜力。对各影响因素交互作用的探讨已成为必然趋势。各种因素相互作用并共同决定了创业机会的出现和可行性。创业者需要密切关注和评估这些因素，进行全面而深入的分析和研究，以决策是否选择特定的创业机会。另外，经验丰富的创业者能从高密度外部因素中受益，识别到更具有创新性的机会。

（二）有价值创业机会的基本特征

1. 价值性

一个好的创业机会，必然具有特定的市场利益，专注于满足顾客需求，同时，能为顾客带来价值增值。客户应该能够从产品或服务的购买中得到利益，或可降低成本，或可获得较明显的、可衡量的和确定的价值。创业企业能带给顾客的价值越高，创业成功的机会也就越高。

2. 可行性

将机会变为现实是创业的关键一步，有价值的创业机会一定是现实可行的，具有可操作性。创业机会的可行性是指创业机会在技术、管理、财务资源及市场竞争等方面有现实基础，能为创业者带来经济效益和社会效益，并预期有好的发展前景。

3. 时效性

创业机会具有很强的时效性，如果时间迟滞，创业"机会之窗"就会关闭。"机会之窗"理论指出，创业者有可能把握住的创业机会，其"机会窗口"应该是敞开的而非关闭的，并且能保持足够长的敞开时间，以便加以利用。

4. 创业者能够获得创业机会所需的关键资源

创业资源是支持商机转变为发展潜力的一切东西。拥有一定的创业资源，是创业活动的基本前提。创业资源是创业的基础，它影响创业的类型和路径的选择，同时影响企业以后的成长。

（三）识别创业机会的过程

创业开始于创业者对创业机会的识别，创业者对这一机会持续开发的结果是创业的诞生。通过对潜在预期价值及创业者的自身能力反复权衡，创业者对创业机会的战略定位明确的过程，就是识别创业机会的过程。识别创业机会的一般过程包括以下几个步骤。

1. 产生创意

创意是机会识别的源头。在创意没有产生之前，机会的存在与否意义并不大，有价值潜力的创意一般会具有创新导向、机会导向和价值导向等特征，是成功创业的基石。这一阶段，创业者对整个经济系统中可能的创意展开搜索，如果创业者意识到某一创意可能是潜在的商业机会，具有潜在的发展价值，就将进入下一阶段。

2. 收集信息

收集信息是机会识别的核心。机会源自变化、变革、问题、缝隙等。实际上，机会存在的实质是变化、变革、问题等信息发生了变化，当创意产生后，搜索相关信息，获取有价值的信息变得尤为重要。

3. 市场测试

市场测试是机会识别的关键。市场测试是将部分产品或服务拿到真实的市场中进行检验，市场测试是一种比较特殊的市场调查，又不完全等同于市场调查，两者的区别是市场调查时询问消费者是否购买，市场测试是看消费者实际是否购买。

4. 评价与确定创业机会

机会评价伴随在整个机会识别的过程中。在机会识别的初始阶段，创业者可以非正式地调查市场需求，直到断定这个机会值得考虑或值得进一步深入开发；在机会开发的后期，主要集中于考察这些资源的特定组合是否能够创造出足够的商业价值，并论证商业模式的可行性。

(四) 识别创业机会的技巧

1. 着眼于问题把握机会

机会并不意味着无须代价就能获得，许多成功的企业是从解决问题起步的。需求方面的问题就是创业机会。例如，顾客需求在没有满足之前就是问题，而设法满足这一需求，就抓住了市场机会。

微课：把握创业机会

2. 利用市场环境变化把握机会

变化中常常蕴藏着商机，许多创业机会产生于不断变化的市场环境。环境变化将带来产业结构的调整、消费结构的升级、思想观念的转变、政府政策的变革、市场利率的波动等。人们透过这些变化，就会发现新的创业机会。

典型事件

2022 绿色制造名单公布，海尔低碳实践探索持续引领

2023 年 2 月 9 日，工信部公示了"2022 年度绿色制造名单"，海尔 5 家公司上榜，

其中，青岛海尔空调电子有限公司和青岛海尔（胶州）空调器有限公司分别入选绿色供应链管理企业，至此，海尔已有 4 家公司入选绿色供应链管理企业，位居行业首位。

随着我国绿色制造体系建设的推进，行业核心"链主"企业的引领价值也进一步凸显。在智能制造领域，产业"链主"海尔的探索实践频频获得认可，先后有绿色工厂、绿色供应链管理企业入选绿色制造名单。更值得一提的是，2022 年，海尔单位产值能耗下降 16%，二氧化碳减排 3.6 万吨，相当于节约传统能源发电 2.9 亿度。聚焦工业领域"降耗减排"，海尔打造了中国本土企业首座可持续灯塔工厂——天津海尔洗衣机互联工厂，实现能耗整体下降 35%，温室气体排放降低 36%，工厂废料降低59%，水消耗降低 54% 等成本节约。

2022 年 9 月 2 日，全球首座家电再循环互联工厂——海尔绿色再循环互联工厂正式投产，每年可拆解 300 万台废旧家电、改性造粒 3 万吨，为行业树立家电回收可持续循环样板。在积极践行自身绿色低碳发展实践的同时，海尔也在不断通过技术迭代助推用户、生态伙伴体验绿色升级。

（资料来源：中国工业报 https://new.qq.com/rain/a/20230228A05Y1E00.）

3. 捕捉政策变化把握机会

捕捉政策变化把握机会是创业者和企业家的重要能力之一。政策的变化可以带来新的商业机会，同时也可能改变既有的商业环境和规则。成功捕捉政策变化把握机会需要及时、全面地了解政策的内容和意图，并将其与自身的发展战略相匹配。及早地行动和灵活的反应能力是成功利用政策变化的关键。

4. 在市场夹缝中把握机会

市场夹缝是指市场中存在的一些未被充分满足的需求或存在的空白领域。创业者要克服从众心理，摆脱传统习惯思维的束缚，寻找市场空白点或市场缝隙，从行业或市场在矛盾发展中形成的空白地带把握机会。在市场夹缝中把握创业机会需要敏锐的洞察力、创新的思维方式和坚定的执行力。

5. 弥补对手缺陷把握机会

很多创业机会是源于竞争对手的失误而"意外"获得的。在竞争激烈的市场中，发现对手的缺陷并且能够及时弥补，可以成为把握创业机会的策略之一。需要注意的是，虽然发现对手的缺陷并弥补可以成为创业机会，但是也要警惕市场变化和竞争的风险。切勿过分依赖对手的缺陷，而忽视市场的整体需求和竞争态势。

6. 跟踪技术创新把握机会

世界产业发展的历史告诉人们，新兴产业的形成和发展，都是技术创新的结果。跟踪技术创新是发现和把握创业机会的重要途径之一，特别是在快速变化的科技创新领域。但要注意的是，任何产品或服务都有生命周期，会不断趋于饱和达到成熟甚至走向衰退。因此，成功的创业机会还需要与市场需求和用户体验相结合，形成有价值的解决方案。

7. 整合资源创造机会

创业者除要学会寻找机会外，还要懂得创造机会。每个人在成长的过程中都会学习一些知识，从事过一种或几种职业，有一些工作或生活中的朋友。另外，也许创业者还具备一些专业技能或特长，有特定行业的从业经验及过去的工作网络或销售渠道。所有这些无论是创业者自身具有的，还是存在于外界的，都是创业者的个人资源。从自己拥有的资源入手，通过分析与整合，也会产生创业的机会。

知识拓展

激发数字经济新动能

超市搬到网上，线上下单，线下配送；商超导购变身"网络主播"，介绍产品，图文并茂；旅游出行，车票、住宿、餐饮等都能通过手机预订……近年来，数字技术应用使人们的日常生活更加便利。数字应用融入生活，不断拓宽数字经济蓝海。从舌尖到指尖、从田间到车间、从地面到"云端"，伴随数字生活、数字生产而壮大的数字经济，正在为发展赋能、为生活添彩，助力经济提质增效、高质量发展。发展数字经济意义重大，是把握新一轮科技革命和产业变革新机遇的战略选择。这些年来，我国数字经济发展较快、成就显著。《数字中国发展报告（2022年）》显示，2022年我国数字经济规模达50.2万亿元，总量稳居世界第二，同比名义增长10.3%，占国内生产总值比重提升至41.5%。数字产业规模稳步增长，新业态、新模式不断涌现，在一定程度上说明，数字经济成为稳增长促转型的重要引擎。

数字经济既是新兴产业，也渗透到千行百业。把握数字化、网络化、智能化方向，推动制造业、服务业、农业等产业数字化，是大势所趋。数据为证：2022年，全国工业企业关键工序数控化率、数字化研发设计工具普及率分别增长至58.6%和77.0%；线上办公、互联网医疗用户规模分别增长15.1%、21.7%；基于北斗系统的农机自动驾驶系统超过10万台（套），覆盖深耕、插秧、播种、收获、秸秆处理等环节。一个个数字表明，制造业数字化转型提档升级，服务业数字化转型深入推进，农业数字化加快向全产业链延伸。这也启示我们，推动数字经济和实体经济融合发展，必须利用互联网新技术对传统产业进行全方位、全链条的改造，提高全要素生产率，发挥数字技术对经济发展的放大、叠加、倍增作用。

习近平总书记指出，"我们要乘势而上，加快数字经济、数字社会、数字政府建设，推动各领域数字化优化升级。"今年是全面贯彻党的二十大精神的开局之年，也是全面推进《数字中国建设整体布局规划》实施的起步之年。打通数字基础设施大动脉，畅通数据资源大循环，打造数字经济发展新引擎，必能为加快建设数字中国提供强大动能，为全面建设社会主义现代化国家提供有力支撑。

（资料来源：梁言品.激发数字经济新动能［N］.人民日报，2023-06-02.）

三、创业机会的评价

尽管发现了创业机会，但并不意味着要创业，更不意味着成功就在眼前。创业活动是创业者与创业机会的结合，并非所有的创业机会都有足够大的潜力来填补为把握机会所付出的成本，并非所有机会都适合每个人。尽管在整个创业过程中，评价创业机会非常短暂，但它非常重要，是创业者发现创业机会之后做出是否创业决策的重要依据。

微课：评价创业机会

创业机会的评价一般包括产业和市场、资本和获利能力、竞争优势、管理班子和创业者自身等方面。除创业者自身评价外，其余都可以作为创业者从第三人角度进行自我剖析的重要参考。

（一）产业和市场

1. 市场定位

一个好的创业机会，或者是一个具有较大潜力的企业必然具有特定的市场定位。专注于满足特定顾客的需求，同时，也能为顾客带来增值的效果。因此，评估创业机会时要考虑以下几项：

（1）市场定位是否明确，有没有做到：别人不做的，我做；别人没有的，我有；别人做不到的，我做得到。

（2）顾客需求分析是否清晰，是否从顾客需求或需求变化趋势着手，发现市场产品的问题、缺陷，寻找进入市场机会。

（3）顾客接触通道是否流畅，是否有效地建立了与顾客沟通的途径和方法，能及时寻找和发现有价值的市场营销机会。

（4）产品是否持续延伸，也就是说，产品能否从深度和广度上不断拓展，产品是否能有效地进行各类组合等。

从以上几个方面可以判断创业机会可能创造的市场价值，创业带给顾客的价值越高，创业成功的机会也会越大。

2. 市场结构

针对创业机会的市场结构可以进行以下分析：

（1）进入障碍。潜在竞争者进入细分市场，就会给行业增加新的生产能力，并且从中争取一定的重要资源和市场份额，形成新的竞争力量，降低市场吸引力。如果潜在竞争者进入行业的障碍较大，那么竞争者进入市场就比较困难。

（2）供应商。如果企业的供应商能够提价或降低产品和服务的质量，或减少供应数量，那么该企业所在的细分市场就没有吸引力。因此，与供应商建立良好关系和开拓多种供货渠道才是防御上策。

（3）用户。如果某个细分市场中，用户的讨价还价能力很强或正在加强，他们便会设

法压低价格，对产品或服务提出更多要求，并且使竞争者互相斗争，导致销售商的利润受到损失，所以要提供用户无法拒绝的优质产品和服务。

（4）替代性竞争产品的威胁。如果替代品数最多，质最好，或者用户的转换成本低，用户对价格的敏感性强，那么替代性产品生产者对本行业的压力就大，行业吸引力就会降低。

（5）市场内部竞争的激烈程度。如果某个细分市场已经有了众多强大的竞争者，行业增长缓慢，或该市场处于稳定或衰退期，撤出市场的壁垒过高，转换成本高，产品差异性不大，竞争者投资很大，则创业企业要参与竞争就必须付出高昂的代价。

3. 市场规模

市场规模又称为市场容量，主要研究目标产品和行业的整体规模。通过市场规模分析，可以准确地描述市场的产、销、存及进出口等情况。市场规模的大小通常反映了潜在的市场需求。一般来说，在大规模市场中，存在更多的细分市场、用户群体和需求，这为创业者提供了更多的创业机会。而在小规模市场中，虽然创业机会相对较少，但创业者可以通过专注于独特的领域或特定的用户群体来实现差异化竞争，从而获得市场份额。市场规模直接影响着创业机会的多样性、竞争压力、增长潜力和风险。创业者需要根据自身资源、背景、风险承受能力等因素，选择适合自己的市场规模，同时要充分了解市场的需求和趋势，以便在其中找到有价值的创业机会。

4. 市场渗透力

市场渗透力是指一家公司或产品在特定市场中获得市场份额的能力或程度。它衡量了公司或产品已经进入市场并吸引了多少潜在客户或用户。市场渗透力也可以认为是增长率。市场渗透力是一个动态的概念，它可以随着时间和市场条件的变化而变化。聪明的创业者知道选择在最佳时机进入市场。

5. 市场占有率

市场占有率是指一家公司在特定市场中的销售额或销售量占整个市场总体销售额或销售量的比例。市场占有率可作为评估创新公司在特定市场中的竞争地位和影响力的指标。较高的市场占有率通常表示创新项目在市场中具有较大的份额和影响力，可能意味着创新项目具有更高的市场渗透力、较强的品牌认知度和较多的潜在客户。同时，市场占有率也是企业与竞争对手进行比较和评估的指标，可以了解竞争对手在市场中的表现和地位。

6. 产品成本结构和产品生命周期

产品成本结构是指一个产品的成本在不同方面的分配和组成。它描述产品总成本是如何分解成不同的成本组成部分。产品成本结构对企业管理和决策非常重要。通过分析产品成本结构，企业可以了解不同成本组成部分的比例和影响因素，从而评估产品的盈利能力、制定定价策略、优化成本、提高效率和质量等方面进行管理和改进。产品生命周期是指产品的市场寿命。产品生命周期可分为进入期、成长期、成熟期和衰退期四个阶段。对于创业者来说，必须了解自己的项目处在产品生命周期的哪个阶段，以便做出决策。

（二）资本和获利能力

1. 毛利

毛利是会计和财务领域中的一个重要概念，通常用于衡量企业的盈利能力。它表示在销售商品或提供服务后，扣除与生产或提供相关的直接成本后所剩下的金额。毛利的数值可以用来评估企业的盈利能力和效率，以及产品定价的合理性。较高的毛利率通常意味着企业在销售中能够保留更多的金额作为盈利，而较低的毛利率则可能表示生产成本较高或者定价策略需要调整。对于创业机会来说，高额和持久的获取毛利的潜力十分重要。

2. 税后利润

税后利润是指企业在扣除所有费用、税金和利息等开支之后所剩下的盈余金额。这是企业在考虑了所有成本和费用后，实际获得的最终盈利数额。高税后利润意味着企业能够保持良好的盈利状况，而低税后利润可能表示企业的经营效率较低，承担过高的费用。

3. 损益平衡所需的时间

损益平衡所需的时间是指一个企业或项目从开始运营到达盈亏平衡点所需要的时间。在这个点上，企业的收入正好等于其所有的成本和费用，没有盈利也没有亏损。换而言之，这是企业开始实现盈利的时间。在商业活动中，通常会进行盈亏分析和现金流预测，以评估企业达到盈亏平衡所需的时间，并为经营决策提供依据。

4. 投资回报率

投资回报率（ROI）是一个用来衡量投资的盈利能力的指标。它表示投资所获得的利润与投资金额之间的比率，用来评估投资的效果和回报。合理的 ROI 在 25%。

5. 资本需求量

资本需求量是指在特定项目、企业或计划中所需要的资金总额。这个概念通常用来描述一个企业或项目所需的资金投入，以支持其运营、扩张或其他活动。在商业计划和投资决策中，准确估计资本需求量是至关重要的。这可以帮助企业或投资者规划和准备足够的资金，以确保项目的顺利运作和实现预期目标。不足的资本投入可能导致项目中断，而过多的资本投入可能会影响投资回报率。

6. 策略性价值

策略性价值是指某项行动、计划、决策或资源在实施过程中对于整体战略目标的贡献和影响。在商业和管理领域，策略性价值在制定业务战略、决策分析和资源分配方面可以更好地评估其是否值得执行，是一个辅助决策的重要概念。

7. 资本市场活力

资本市场活力是指资本市场中交易和投资活动的程度和动态性。活跃的资本市场意味着市场上存在着充足的买卖交易、投资活动频繁，以及市场参与者积极参与市场。资本市场活力通常被视为一个健康的金融体系的重要指标之一。一个活力充沛的资本市场包括资金配置的高效性、企业融资的渠道多样性、经济发展的支持性等。然而，过度的活力也可能伴随着市场波动性、投机行为等风险。因此，平衡资本市场的活力和稳定性非常重要。

（三）竞争优势

1. 可变成本和固定成本

成本优势是竞争优势的主要来源之一。固定成本和可变成本是会计和经济学中常用的两种不同类型的成本概念。可变成本是随着产量或销售数量的增加或减少而变化的成本，与生产规模直接相关。固定成本是不随产量或销售数量的变化而变化的成本，通常在短期内不会受到产量变化的影响。两者对于预测盈亏、制定决策和管理业务都具有重要意义。

2. 市场要素控制程度

市场要素控制程度是指市场中不同要素或参与者对市场行为和市场规则的控制程度。这些要素可以包括宏观要素（市场竞争、市场监管、市场信息透明度等）和微观要素（价格、成本、销售渠道等）。市场要素控制程度的高低对市场的运作和效率产生重要影响。市场要素控制程度是一个复杂的问题，各个市场的情况都不同。在评估市场要素控制程度时，还需要考虑客观因素，包括市场结构、法律法规、市场参与者的力量分布等。合理的市场要素控制程度可以促进市场的健康发展和公平竞争。

3. 市场进入障碍

市场进入障碍是指在特定产业或市场中，新的企业或产品难以进入并获得成功的情况。其主要因素包括现有竞争状况、资本需求、专利和知识产权、品牌优势、供应链控制等。这些因素可能会限制新参与者的进入，从而保持市场竞争的程度较低，既有企业的地位较为稳固。而对于创业企业而言，了解这些市场进入障碍因素可以帮助新企业更好地规划他们的战略，以便在竞争激烈的市场中取得成功。

（四）管理班子

企业管理队伍的强大对于机会的吸引力是非常重要的。这支队伍一般应该具有互补性的专业技能，并具有在同样的技术、市场和服务领域赚钱和赔钱的经验。如果没有一个称职的管理班子或根本就没有管理班子，这种创业机会就没有吸引力。

（五）创业者自身

评价创业机会是一项创业者艺术才华和科学才能相结合的伟大工程。创业者需要利用自己的商业敏感做出主观判断，同时，也要利用一定的科学方法做出定量分析。将主观判断和客观分析相结合才能不失时机地识别创业机会。

识别创业机会的商业敏感与个人能力、天赋和决心直接相关。有些人确实具有天才型商业敏感能力，很大程度上商业敏感取决于个人天赋。但是，可以发现具备较高商业敏感能力的人有一些共同的特征。

1. 较强的信息处理能力

发现创业机会需要相对充分、准确、及时的信息，并能获取他人难以获取的有价值的信息。但是评价创业机会，需要较强的信息处理能力。较强的信息处理能力与一个人的认知能力和逻辑思维能力相关。

2. 良好的人际关系

良好的人际关系不但可以帮助创业者发现更多的创业机会，还可以帮助创业者识别创业机会。判断一个创业机会的价值，不同的人往往从不同的视角去分析。通常情况下，那些有着广泛社会关系网络的创业者会比拥有少量关系网络的创业者更容易从更多的角度去分析创业机会，能更清楚地认识创业机会，更为理性地识别创业机会。

3. 专注精神

判断一个事物，对其的认知程度决定了判断的准确性。而认知程度不是天生的，而是后天习得的。专注精神提高了一个人在某方面的认知程度。创业者往往比他人更容易发现本行业的创业机会，并且能更为快速、准确地判断创业机会的价值。

4. 自信乐观的心态

自信的人往往比较相信自己的判断，往往比较看好机会的前景而不是风险，在创业机会面前体现的是一种勇敢的精神，拥有敢于尝试的精神往往能在他人之前识别机会和抓住机会。

四、创业风险

(一) 创业风险的含义

微课：创业的机遇与挑战

创业风险是指创业投资行为给创业者带来某种经济损失的可能性。风险是一种概率，在未演化成威胁之前，并不会对创业活动造成直接的负面影响，所以，风险是一种对未来的影响趋势。风险与收益一般是成正比例关系，即风险越大，获利可能性越高。任何一家运营中的企业每天都会面临着一定的风险，新创企业自然也不例外。

(二) 创业风险的特点

1. 创业风险的客观存在性

创业风险是伴随着创业行为与创业项目的发展同时存在的。创业风险具有客观性，这意味着它是现实存在的，要求人们采取正确的态度承认和正视创业风险，并通过客观的方式来识别和测量，以便做出明智的决策并降低风险。

2. 创业风险的不确定性

创业风险的不确定性是指在创业过程中，创业者面临许多未知因素和难以预测的情况。这些不确定性可能涵盖各个方面，从市场需求到竞争环境，从财务状况到技术可行性。由于创业风险的不确定性，创业者通常需要保持灵活性和适应能力，不断地收集信息、分析数据，以便更好地理解市场和环境的变化，从而制定相应的应对策略。同时，创业者的决策和行动需要基于尽可能全面的信息和分析，以最大程度地减少不确定性带来的风险。

3. 创业风险的相关性

创业风险之间存在一定的相关性，这意味着一个方面的风险可以影响另一个方面的风险，并且风险之间可能互相关联。创业者需要全面考虑各个方面的风险，灵活适应和及时调整策略，以应对风险的相关性和变化。

4. 创业风险的可变性

创业风险具有可变性，这意味着它们可能在创业过程中遇到市场环境、技术进步、法律和法规等变化时发生的变化。同时，创业者的决策和行动也可能对风险产生影响，进而增强创业风险的可变性。

5. 创业风险的可测性与不准确性

创业风险具有一定的可测性，也就是说它们可以通过量化和定量的方法进行测量和评估。同时，创业者面临的许多风险是未知的或难以预测的，导致对风险的评估和预测并不完全准确。创业者应努力通过有效方式来保持灵活性以应对变化的风险情况。

6. 创业风险的双重性

创业风险的双重性是指创业有着成功或失败的两种可能性，创业风险具有盈利或亏损的两种不同结果。

（三）一般企业的风险管理

迄今为止，风险管理已经形成了一般的管理原则，成熟企业通常依此来管理其所面临的风险。风险管理的程序一般包括风险识别、风险评估、风险管理技术的选择和风险管理效果的评价等环节。

微课：初创企业的
风险管理与预防

1. 风险识别

风险识别是指在创业过程中确定和理解可能面临的各种风险，并意识到其潜在的影响和后果。风险识别通常需要对相关的市场、行业、技术、法务和财务等方面进行彻底的分析和评估。创业者可以采用各种方法，如 SWOT 分析、PEST 分析等，系统地识别和评估风险。此外，定期评估和监测风险情况，也是更好地应对风险的重要举措。

2. 风险评估

风险评估是指在风险识别的基础上，对各种风险进行更加详细和细致的分析和评估。这有助于创业者确定风险的严重程度、潜在影响和可能的控制措施。风险评估包括确定风险级别、评估风险概率、评估风险影响等。风险评估需要结合可用的数据、市场调研、专业意见和创业者的经验来进行。此外，与关键利益相关者（如投资者、合作伙伴、顾问）的讨论和反馈也可以提供有价值的信息。定期进行风险评估，并将其作为决策和规划的基础，有助于创业者有效地管理和应对风险。

3. 风险管理技术的选择

在风险评估的基础上，为实现风险管理的目标，选择最佳的风险管理技术是风险管理的实质性内容。风险管理技术可分为控制型与财务型两大类。前者的目标是降低损失的频率和减少损失的幅度，重点在于改变引起意外事故和扩大损失的各种条件；后者的目标是以提供基金的方式，消化发生损失的成本，即对无法控制的风险进行财务安排。在选择风险管理技术时，创业者应根据其创业项目的特点、风险状况、资源可用性和团队需求进行评估，并灵活调整和优化这些技术以适应变化的需求和风险。

4. 风险管理效果的评价

风险管理应该是一个持续的过程，对实施的效果进行评价是必要的。评价风险管理的效果是为了确定风险管理活动是否取得了预期的效果，并提供改进和优化的机会。评价风险管理效果可以使用定量和定性方法。这可能包括数据收集、指标分析、问卷调查、案例研究和利益相关者访谈等。此外，持续的监测和评估风险管理效果是评价的关键，以便创业者可以及时调整和改进风险管理活动，以保证具体管理方法与风险管理目标相一致，并使具体的方案具有可操作性和有效性。

(四) 常用的风险处理方法

风险处理是指创业者对已经识别和评估的风险进行应对和控制的过程。它涉及采取适当的措施来减轻或消除风险的潜在影响，并确保企业能够适应和应对风险。

1. 风险回避

风险回避是一种较消极的风险处理策略，创业者选择避免与潜在风险相关的活动或行为，以最大程度地减少风险的潜在影响。风险回避可能导致错过市场机会。因此，创业者需要权衡风险和回报，以做出符合企业利益和目标的决策。另外，风险回避不意味着完全消除风险，创业者还需要继续监测和评估风险环境，并根据需要调整和优化策略。

2. 风险控制

风险控制是指通过采取各种措施和策略来减轻风险潜在影响和发生概率。风险控制的目标是保护企业的利益，减少潜在的负面影响。尽管风险无法完全消除，但适当的风险控制可以降低风险的潜在影响，提高创业项目的成功概率。

3. 风险自留

风险自留是指创业者主动承担和管理风险的策略，而不是通过转移、规避或减轻风险的方法来处理风险。虽然风险自留可以带来回报和发展机会，但创业者需要权衡潜在的风险和回报，以确保风险可控且在可承受范围内。创业者可能需要采取相应的措施来减轻风险的潜在影响，例如制订应急计划、建立备用方案、加强内部控制等。定期评估和监测风险情况，并灵活调整和优化风险管理策略也是重要的。

4. 风险转嫁

风险转嫁是指创业者通过采取措施将部分或全部风险责任和财务后果转移给其他方的策略。这种转嫁可以帮助创业者减少自身承担的风险或分散风险的影响。需要注意的是，风险转嫁并非完全消除风险，而是将责任或影响范围分享给其他方。创业者仍然需要谨慎评估风险转嫁的可行性和效果，并选择适当的合作伙伴、保险方案或其他措施来确保风险得到有效转移和控制。此外，合法合规、合同规定和良好沟通也是风险转嫁的关键，以确保各方的责任和权益得到保护。

对创业企业而言，究竟选择哪种风险处理方式更合理，则需要根据对风险评估的结果和具体的环境进行选择。

（五）创业过程中的法律风险

在创业过程中，创业者可能会面临不少法律风险。这些法律风险可能涉及各个方面，主要有创业组织形式的选择、创业组织运行中的合同法律风险和知识产权法律风险、创业组织终止的法律风险等。创业组织经营过程中的法律风险类型较多，涉及领域广，下面仅针对经营过程中最常出现的几类法律风险进行分析。

（1）合同法律风险。以合同为机制的市场经济是建立在信用体系上的，是市场经济、契约和信用不可分割的一个体系。创业组织在经营活动中，所遇到最多的应该就是合同签订及履行过程中的法律风险。合同是双方或多方之间相互约定权利和义务的法律文件。它是平等主体之间具有法律约束力的文书，规定了各方在特定交易或协议下的权利、责任和义务。在合同订立过程中，创业组织需要关注的风险主要有以下几个方面：

1）缔约主体是否具有相应的缔约能力和资格；若为本人订立合同，应关注订立合同的当事人主体资格是否合法，是否具有履约能力；若为代理人订立合同，则应关注代理人是否具有代理资格，是否获得委托授权。

2）双方对合同内容的理解是否一致，意思表示是否真实，合同标的是否合法。创业者需要确保合同的合法性、清晰性和完整性，并与合同订立方达成合理的合同条款。

3）为防止对方当事人违约给自己造成损失，可以要求对方提供必要的担保；担保方式包括定金、保证人、抵押、质权等。

（2）知识产权法律风险。知识产权又称智慧财产权，是指对知识、创新和创造力的独占权利，包括专利、商标、版权、工业设计、商业秘密等。保护和管理知识产权是创业者取得竞争优势、保护创新成果和确保可持续发展的重要一环。创业者需要制定相关策略和措施，以减少知识产权风险并确保自身的知识产权得到适当保护。

（3）创业组织终止的法律风险。大学生组建的创业组织民事主体资格的灭失是创业组织终止的方式。该过程的风险主要体现在以下两个方面：

1）已终止自己的创业活动，但由于疏忽并未按照法定程序办理注销登记手续，不法分子借机冒用从事一些违法活动。

2）创业组织终止后的债务承担风险。创业组织终止后，创业组织原来的债务因组织形式的不同而最终的承担者也不同。如果创业组织是公司的形式，那么仅以公司的财产作为债务承担的担保债务。若为个体工商户、合伙企业、个人独资企业，则创业学生要对创业组织存在期间的债务承担无限连带责任。如果创业组织是合伙企业，则没有注册资本的要求，可以通过劳务出资成立，合伙人之间具有极强的人身信任。这决定了合伙人出资份额的转让要受到严格的限制，其中最大的风险在于合伙企业对外的债务需要合伙人承担无限清偿责任。在正常经营的情况下，一旦创业失败，对外承担的债务仅限于认缴的出资范围。因此，对于社会经验不足的大学生来说，选择以合伙企业的方式创业并不是一个好的选择。

大学生要避免创业失败，需要关注公司内部法人治理结构、知识产权的合理保护、合同风险控制等问题，创业并不是单纯依靠一腔热情就能成功，需要在点点滴滴的过程中将法律思维与管理行为相互融合。

素养培育

创业大学生自身风险识别

自主创业道路将成为大学生就业的一种趋势与时尚，创业行为不断地在大学生中被实践，在全国范围内掀起创业热潮。但是，创业大学生自身风险识别日趋成为社会关注的热点。

（1）狂热中缺乏理性。由于对某些创业神话的过分渲染与炒作，整个社会舆论对大学生创业寄予很大的希望，从而引发了大学生创业的狂热，在校大学生按捺不住创业的激情，对创业的期望值很高。然而，大学生在心理上没有做好创业的准备，普遍意识不到创业起步的困难和创业风险的压力，将创业想象化、简单化，缺乏理性。

（2）自信中缺乏耐心。大学生拥有知识技能，朝气蓬勃，对创业前景充满了信心，表现出一定的自信。但由于无创业经历，对于在创业过程中存在的诸多困难估计不足，做决策时全凭直觉，盲目选择，最终导致退缩或失败的结果。一旦面对失败，就缺乏耐心。

（3）创新中缺乏经验。优胜劣汰的社会竞争现实，使大学生在创业实践过程中必须求新求异，大学生的创新性特征在创业实践活动中不断提升，确实增加了创业实践活动的社会效益。但大学生缺少经验，对企业的运作规律、要求、技术、管理都不太熟悉。

（4）诚信中缺乏魄力。市场经济已进入诚信时代，诚信日益成为企业立足之本与发展的源泉，创业机会与风险并存。大学生想要在竞争激烈、机会稍纵即逝的商海中勇立潮头，除诚实可信外，还必须有魄力，敢于抓住商机，但部分大学生缺少胆量和能力，阻滞了创业向成功的方向发展。

（六）风险规避对策

创业具有较大的风险，同时也没有办法完全消除风险。但是通过制定明智的策略和积极的应对措施，可以最大程度地减少可能的负面影响，并增加创业成功的机会。

（1）加强内部规章制度的建设。招聘员工不仅是签署劳动合同这么简单，在明确主营方向和业务流程之后，需要建立起一套相对完善的内部岗位管理制度或员工管理手册，使管理有依据、行为有准则。

（2）创新成果的保护需要强化法律意识。创新性企业唯一的发展动力就是知识产权、技术研发成果，对于没有厂房、土地、大型设备的"轻资产"创业公司而言，及时申请专

利、商标、著作权，切勿先推广使用之后，在市场模仿竞争者来了才想起来要申请保护。

（3）在业务合同的签署过程中，一份不平等或苛刻条款的商业合同是缺乏可操作性的，将自己放在缺乏法律保障的市场竞争环境中，无疑是加大了创业的风险，一旦无法按时按质完成合同约定的条款，就可能面临违约赔偿的法律责任。准备创业的大学生在创业前应做好充分准备，留心实践过程中可能产生的法律风险，查阅学习相关法律知识，熟悉大学生创业的各个环节，思考如何有效防范法律风险的方法和解决途径，培养自己的风险意识，熟悉国家对于大学生创业的既有扶持政策，努力做好法律风险的事前防范。

单元二　创业计划书

思维导图

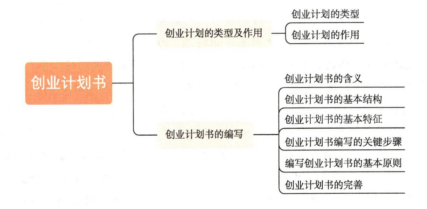

一、创业计划的类型及作用

（一）创业计划的类型

根据不同的分类标准，创业计划可分为以下几类。

1. 按照创业计划的内容分类

（1）综合创业计划。综合创业计划是指一个包含多个方面和要素的全面性计划，旨在帮助创业者规划、实施和管理他们的创业项目。这种计划涵盖了从初始构想到商业运营，从市场营销到财务管理，从团队组建到风险管理，以及其他涉及创业活动的方方面面。

（2）专项创业计划。专项创业计划是一种针对特定领域、市场或目标的创业计划。与综合创业计划涵盖各个方面的创业活动不同，专项创业计划更加专注、关注于一个特定的创业项目或领域。这种计划通常在特定的市场机会内，提供更详细的战略和执行方案。

2. 按照创业计划的目标分类

（1）吸引风险投资的创业计划。吸引风险投资的创业计划主要面向风险投资者，目的是向风险投资者募集资金。一个吸引风险投资的创业计划需要清晰、有逻辑性、有数据支持，并能够表达创业愿景和商业潜力。定期更新和优化计划，以反映市场变化和实际运营情况，以便在与潜在投资者的沟通中持续展示项目的价值。

（2）吸引创业伙伴的创业计划。吸引创业伙伴的创业计划是为了吸引创业团队的新成员及有特定意义的关键员工。这种类型的创业计划需要阐明"企业的商业模式"和"未来的发展规划"，更要对创业伙伴的利益分配和权限进行清晰的说明。

（3）获取政府支持的创业计划。获取政府支持的创业计划需要确保创业计划符合政府的要求和政策，能够清晰地展示项目的可行性和潜力。获取政府支持的创业计划应当强调"新企业的项目投资可行性"，尤其要着重关注"新企业的社会收益和社会成本"。

（二）创业计划的作用

创业计划又称"商业计划"，就是创业打算如何付诸实施。将创业计划显性地形成文字的材料，就是创业计划书。创业计划书不仅是团队内部思想的沉淀，而且是与投资人沟通的主要载体。创业计划具有以下三个方面的作用。

1. 创业计划是创业者把握企业发展的总纲领

创业者应该首先确立明确的目标，包括经营策略与步骤、市场调查与分析、企业管理与前景展望等。创业计划的写作过程也是一个不断调整思路与策略的过程。在这一过程中，创业者或改变销售策略，或更新经营思路，或认识到某一方面的错误与不足，甚至改变了总目标下的某一分支，这都有利于企业良性发展。总之，对创业者来说，创业计划无异于总纲领和总路线。

2. 创业计划是帮助创业者凝聚人心的重要依据

一份完美的创业计划可以增强创业者的自信，使创业者明显感到对经营更有把握；提供了企业全部的现状和未来发展的方向，也为企业提供了良好的效益评价体系和管理监控指标，使创业者在创业实践中有章可循。

创业计划通过描绘新创企业的发展前景和成长潜力，使管理层和员工对企业及个人的未来充满信心，并明确要从事什么项目和活动，从而使大家了解将要充当什么角色，完成什么工作，以及自己是否可以胜任这些工作。因此，创业计划对于创业者吸引所需要的人力资源具有重要的作用。

3. 创业计划是投资者决定是否投资的重要参考

从融资角度来看，创业计划通常被喻为"敲门砖"。一份详细的创业计划，往往包含了投资者所需要的信息：该企业的实现业绩和发展远景，市场竞争力和优势、劣势，企业资金需求现状和偿还能力，以及创业者与其团队的能力和阵容等。这些是投资者衡量企业实力和潜力的依据，并以此作为是否对企业投资的重要参考。即便创业者无意寻求外部融

资，仍需要一份有侧重点的创业计划，这样可以避免创业初期的散乱局面，减缓创业者的茫然情绪。

二、创业计划书的编写

微课：创业计划书概述

（一）创业计划书的含义

创业计划书（简称计划书）就是将创业构想用书面语言表达出来的一种文字形式。创业计划书也是包含整个项目产生的过程、决策依据、实现路径、存在问题及问题的解决途径、财务分析和预测、风险预估和对策、加盟和退出条件等一系列内容的说明文件。创业计划书是一份全方位的商业计划。其主要用途是递交给投资者，以便他们能对企业或项目做出评判，从而使企业获得融资。

（二）创业计划书的基本结构

创业计划书通常没有固定的结构。它包括创业者的创业目的、对创业企业和环境的描述、创业团队的组成、创业项目的风险和回报分析等重要内容。创业计划书可以为潜在的投资者描绘一个创业企业完整的蓝图，并帮助创业者进一步深化对创业企业经营的思考。

微课：创业计划书的基本格式

创业计划书的结构与内容主要包括以下几个方面。

1. 标题页

含有一个合适标题页的创业计划，往往会给人留下良好的第一印象，显示出创业者对计划的重视。

2. 目录

计划的目的是征求公司所有者的建议，并寻求资金支持。把计划含有的若干部分以目录的形式体现，易于检索。如果计划需要保密，可在目录的末尾显著位置写明保密声明。

3. 创意纲要

创意纲要是对计划书的高度概括，通常是在创业计划书完成后编写此部分，这部分内容的主要作用是引起投资者的兴趣。这一部分不需要展开，只要建立一个结构框架，1～2页篇幅即可。

4. 执行概要

执行概要的作用是向投资者提供公司的概览。执行概要应力求简明扼要，篇幅最好不要超过一页，主要说明以下内容：企业的表述，说明企业的类型（零售业、批发业、服务业、生产业），介绍企业提供什么样的产品或服务，企业的远景目标；所涉及的主要方面，写出直接参与企业的所有者、主管人或经理的全名；公司的目的；要做的事情同现存的有哪些不同，为什么会成功；项目所需资金及预计从何处获取。

5. 业务概览

创业计划书中的业务概览部分是对创业项目进行总体介绍的内容，以便投资者判断这个想法的新颖程度；商业理念：清楚地说明商业理念，以及项目核心目标和愿景；商业模式：如何将产品或服务提供给目标市场，并如何获得收益，包括收费策略、销售渠道和分销策略等；目标市场：明确目标市场，包括潜在客户群体；竞争分析：评估目标市场中的竞争对手，强化项目的竞争优势；商业发展计划：详细阐述商业发展计划，包括产品或服务的改进、扩大目标市场、增加营销活动等具体措施。

业务概览部分在创业计划书中是非常重要的，通过清晰、详尽地描述商业理念、目标市场、竞争分析等内容，可以帮助潜在投资者、合作伙伴和其他利益相关者更好地了解和评估创业者的创业项目。

6. 经营计划

经营计划主要是介绍项目如何经营。不同行业对经营计划有不同的要求，具体如下：

（1）零售业。可以说明所选择的供货商、进货控制政策，同时确定对供货商和客户的信贷条件，还可以说明为了实现最佳的销售额对销售商店的布局所做的考虑。

（2）服务业。要考虑如何安排各项工作的时间及出现比预定的业务量更多的情况时将采取的措施。

（3）生产业。可以确定工厂的位置及生产过程的每个细节。

创业企业的经营计划是一个详细的规划，旨在指导企业的日常经营活动和实现商业目标，其是创业企业成功经营的重要依据。它提供了明确的方向和行动计划，帮助企业管理者有效地管理和决策，实现商业目标并不断成长。

7. 销售计划

销售计划用于指导企业的销售活动和实现销售目标，帮助企业确定目标、制定策略，并确保销售团队有一个明确的方向。其主要包括以下内容：

（1）确定目标市场，希望参与企业并与企业订立长期合同的客户的详细情况，促销及广告战略——表明本企业将在什么时候采取什么样的措施。

（2）有关现有市场的范围、人数、销售额及市场性质、形势的详细情况。

（3）对市场的调查与分析结果。

（4）对竞争对手情况的分析，包括有哪些竞争对手，竞争对手经营了多长时间，其市场占有率和产品内容。

（5）说明具备哪些竞争优势——为什么你和你的公司是最好的及如何利用这些优势。

（6）有关获得销售方式的详细情况。

（7）将提供哪些产品和服务。

（8）公司业务的周期性和季节性——这将揭示各种趋势和季节因素对公司业务的影响。

（9）公司的选址、费用情况及选址的原因，这一条对零售业公司尤为重要。

（10）举例说明价格政策。

（11）未来的市场走势及机遇。

8. 财务计划

财务计划的内容包括以下几个方面：

（1）所需固定资金、固定资产的详细情况。

（2）所需流动资金及计算资金数额的方法。

（3）向公司投入的经费。

（4）其他资金来源。

（5）资金周转预测。

（6）盈亏预测。

创业者应在创业计划中对以上内容做出评价，指出积极的方面，列出资金需求的证据，通过资金周转的情况分析证明自己有能力满足未来借款的偿还要求。另外，还应对企业的经营做收支平衡分析，这样可以证明已经考虑到了可能发生的最坏情况，能做出满足短期资金需求的计划。同本行业的平均水平进行比较，也可提高数据的可信度。在什么时候以何种方式对公司的财务情况进行监测和评价，所应付出的税金也应在财务计划中进行说明。

9. 法律要求

将国家、地方的有关法律要求及对许可证、注册和特别资格要求的相关文件的复印件附在计划后面。

10. 附录

计划中除以上主要内容外，还应有支持上述信息的资料。如管理层简历、销售手册、产品图纸等，或将其他可作为附录的参考资料列在后面，如有关经历、技能、简历及资格证书的复印件；意向书；保险报价；国家、地区有关本行业的政策法规；有关供货商的协议和条件；有关银行或其他渠道出具的贷款证明的信件；调查问卷的复印件及调查结果。

信息的准确性和计划内容的简洁性是制订企业计划时需要考虑的两个重要因素。企业计划的行文应当语言平实，避免使用过多的专业术语。在制订计划时，专业杂志、文献、图书和有关机构新闻的发布都可以提供本行业的最新情况，使计划准确、可信。

（三）创业计划书的基本特征

面对同样的创业机会，不同的创业者制订的创业计划也不同，但是成功的创业计划书却有一些相同的特征。

1. 清晰的结构

要想投资者能够在计划书中找到他们所关注的问题的答案及感兴趣的话题，这就要求创业计划书必须有一个清晰的结构，使投资者能够灵活地选择他们想要阅读的部分。说服投资者不仅是靠分析和数据的多少，还靠论点和基本论据的组织结构。因此，对任何投资者感兴趣的话题，都应该进行充分而准确的论证。一般情况下，创业计划书大约为 20 页。

2. 以客观性说理

一方面，在讲述创意时应该尽量使自己的语气比较客观，使投资者有机会仔细地权衡论据是否有说服力；另一方面，应当尽自己所能，提供最准确的数据。如果提到弱点或不足，那么一定要同时指出弥补的方法或措施。这并不是说创业者应当隐瞒重大的弱点或不足，而是说在制订计划时，就应当设计弥补这些不足的方案，并在计划中清楚地表达出来。

3. 让外行也能读懂

一些创业者试图用丰富的技术细节、精心制作的蓝图，以及详细的分析给投资者留下深刻的印象。但他们错了，只有极少数情况下，会有技术专家详细地评估这些数据。大多数情况下，简单的说明、草图和照片就足够了。如果计划书中必须包括产品的技术细节和生产流程，应当将它们放到附录中。

4. 前后写作风格一致

一般情况下，创业计划书会由几个人合作完成。最后，必须对这项工作进行整合，以避免整个计划书风格不同、分析的深度不同。

（四）创业计划书编写的关键步骤

1. 创业构想的探讨

在开始创业计划书编写之前，需要对创业构想进行思考。

微课：创业计划书的编写步骤

（1）明确想干什么。界定创业构想，是深思熟虑的过程，是一个需要思考和时间的过程。只有对创业构想有了本质、全面的理解之后，才能准确地界定自己的事业。

（2）要明确怎么干。从所有的资源和自身具备的素质入手，一步一步地思考和讨论创业能否进展下去，在这个过程中可能会遇到什么问题及如何解决这些问题。

（3）要明确如何干得更好。

2. 分析创业可能遇到的问题和困难

研讨创业构想的过程也是一个分析问题和困难的过程。在创业构想的初期，创业者往往更多地思考创业过程的优势或好的一方面，这与创业者不具备创业实践经验有关。而实际上，创业的过程是一个复杂艰辛的过程，在创业的过程中，可能会遇到各种各样的问题和困难，如资金问题、行业问题、团队问题、管理问题、产品问题和销售问题等。创业者要将这些可能会遇到的问题事先理清楚，并尽可能想好对策。

3. 凝练创业计划的执行概要

前文已阐述，执行概要主要为了吸引创业战略伙伴或投资者的注意。执行概要应涵盖计划的要点，简明扼要，条理清晰。创业者的创业背景、创业思路、发展目标及竞争优势等内容在这部分都应一一体现，以便投资者能在最短的时间内评审计划并做出判断。

4. 将创业构想变成文字方案

创业计划书的成功编写不是一蹴而就的事情，创业者需要做大量的前期准备工作，并在编写过程中遵循一定的步骤与原则。

（1）成功的创业计划书应有周详的前期准备与启动计划。由于创业计划涉及的内容较多，编写之前必须进行充分准备、周密安排。第一，通过文案调查或实地调查的方式，准备关于创业企业所在行业的发展趋势、同类企业组织机构状况、行业内同类企业报表等方面的资料；第二，确定计划的目的和宗旨；第三，组成专门的工作小组，制订创业计划书的编写计划，确定创业计划书的种类与总体框架，制订创业计划书编写的日程安排与人员分工。

（2）创业计划书初步草拟阶段。在这一阶段主要是全面编写创业计划书的各部分，包括对创业项目、创业企业、市场竞争、营销计划、组织与管理、技术与工艺、财务计划、融资方案及创业风险等内容进行分析，初步形成较为完整的创业计划方案。

（3）创业者应广泛征询各方面的意见，进一步补充、修改和完善草拟的创业计划，即创业计划书的完善阶段。在这一阶段要检查创业计划是否完整、务实、可操作；是否突出了创业项目的独特优势及竞争力，包括创业项目的市场容量和盈利能力；创业项目在技术、管理、生产、研究开发和营销等方面的独特性；创业者及其管理团队成功实施创业项目的能力和信心等。力求引起投资者的兴趣，并使之领会创业计划的内容，支持创业项目。

（4）创业计划书编写的最后阶段为定稿阶段。创业者在这一阶段定稿并印制成创业计划书的正式文本。

（五）编写创业计划书的基本原则

一份完美的创业计划书必须呈现竞争优势与投资者的利益，同时也要具体可行，并提出尽可能多的客观数据来加以佐证，不但会增强创业者的信心，还会增强风险投资家、合作伙伴、员工、供应商、分销商对创业者的信心。在编写过程中应该遵守以下原则。

1. 开门见山，突出主题

创业计划书的目的是获取资源，创业者应该避免编写与主题无关的内容，要开门见山，突出主题，不要浪费时间和精力来写一些与主题无关、对投资者来说毫无意义的内容。另外，编写创业计划书还要考虑阅读对象的因素。目标投资者不同，他们对创业计划书的要求和兴趣也不同，创业计划书的内容和侧重点也应不同。

2. 简明扼要，通俗易懂

创业者必须认识到，创业计划书不是文学作品，也不是学术论文，飞扬的文采、深奥的专业术语不仅不能打动目标投资者，反而不利于他们阅读和理解。因此，创业计划书的语言应该简单明了，尽量避免专业术语，只求能够表达清楚自己的观点，不要过分渲染。

3. 结构完整，内容规范

创业计划书是一种很正式的规范性文件，在结构和内容上都有要求。创业者在编写创业计划书时，最好有一份优秀的创业计划书作为模板进行参考。一方面，在结构上必须完整，创业计划书的各个部分都应该论述到；另一方面，在内容的表达上要做到规范化、科学化，财务分析最好采用图表描述，形象直观。

4. 观点客观，预测合理

创业计划书中的所有内容都应该实事求是，力求通过科学的分析和实地调查来表达观点和看法，尤其是市场分析、财务分析等部分不应该夸大吹嘘。对于市场占有率、销售收入、利润率等指标的预测要做到科学合理，数字尽量准确，最好不要做粗略估计。

5. 展现优势，注意保密

为了获得投资者的支持，创业计划书还应该尽量展现自身的优势，如先进的技术、良好的商业模式、高素质的创业团队等。但是，创业者还应该注意保护自己，对一些技术和商业机密进行保护是合理、必要的。在实际操作中，通常会在创业计划书中加一条保密条款来保护自己的利益。

6. 目标明确，风险可控

初创企业不会涉及过多的业务领域，创业计划书不但要目标明确，而且要把如何区分目标市场的情况描述清楚。创业不可能没有风险，创业计划书中涉及的关键风险是投资者、银行家及其他投资者最敏感、最关注的部分。在创业计划书中，一定要对可能出现的风险有充分的估计，同时，要将如何应对和管理这些风险阐述清楚，使投资者感受到这些风险是可控的。

（六）创业计划书的完善

创业计划书有很多形式，如 PPT 格式和 Word 文件格式。基于两者的不同特点，一般同时提供两种版本：一种是完整版本（Word 格式）；另一种是摘要式版本（PPT 格式）。创业计划书编制完成之后，创业企业还应对计划书进行检查和完善，以确保计划书能准确回答投资者的疑问，增强投资者对本企业的信心。通常，可以从以下几个方面对计划书加以检查和完善。

1. 创业计划书是否显示出创业者具有管理公司的经验

如果创业者缺乏管理公司的能力，那么一定要明确地说明，公司已经雇用了一位经营大师来管理公司。

2. 创业计划书是否显示了企业有能力偿还借款

要保证给预期的投资者提供一份完整的财务比率分析。

3. 创业计划书是否显示出企业已进行过完整的市场分析

要让投资者坚信创业计划书中阐明的产品需求量是确定的。

4. 创业计划书是否容易被投资者所领会

创业计划书应该备有索引和目录，以便投资者可以容易地查阅各个章节。另外，还应

保证目录中的信息流是有逻辑的和现实的。

5. 创业计划书是否在文法上全部正确

如果不能保证，那么最好请人帮忙检查。创业计划书的拼写错误和排印错误很可能会使企业丧失机会。

6. 创业计划书能否打消投资者对产品、服务的疑虑

如果需要，企业可以准备一件产品模型。

◆ 模块小结

创业机会是指在市场经济条件下，社会的经济活动过程中形成和产生的一种有利于企业经营成功的因素，是一种带有偶然性并能被经营者认识和利用的契机。创业机会的特征包括客观性、潜在性、时效性、行业吸引力、不确定性等。创业机会识别作为一种主动行为，带有浓厚的主观色彩，创业者的个体因素起到了重要作用。创业机会的评价一般包括产业和市场、资本和获利能力、竞争优势、管理班子等方面的衡量标准。

风险管理的程序一般包括风险识别、风险评估、风险管理技术的选择和风险管理效果的评价等环节。风险处理是指通过不同的措施和手段，用最低的成本达到最大安全保障的过程。风险处理的方式很多，但最常用的是风险回避、风险控制、风险自留和风险转嫁。

创业计划是一份对新建企业的内部环境、外部环境及企业的战略做出详细描述的书面文件。创业计划书是包含整个项目产生的过程、决策依据、实现路径、存在问题，以及问题的解决途径、财务分析和预测、风险预估和对策、加盟和退出条件等一系列内容的说明文件，是创业项目顺利进行的重要保障。

◆ 模块自测

一、单选题

1. （　　　）不是创业机会识别的关键因素。

　　A. 创业警觉性　　　　　　　　B. 先验知识

　　C. 创业渴望　　　　　　　　　D. 社会关系网络

2. 风险管理的程序一般包括（　　　）

　　A. 风险识别、风险评估、风险管理技术的选择、风险管理效果的评价

　　B. 风险评估、风险识别、风险管理技术的选择、风险管理效果的评价

　　C. 风险识别、风险管理技术的选择、风险评估、风险管理效果的评价

　　D. 风险评估、风险管理技术的选择、风险识别、风险管理效果的评价

3. 创业因机会而存在，而机会是具有（　　　）的有利情况。

　　A. 创新性　　　　　　　　　　B. 时间性

　　C. 公益性　　　　　　　　　　D. 盈利性

4.市场主体从事经济活动所面临的盈利或亏损的可能性和不确定性，这种风险是（　　）。

    A.技术风险　　　　　　　　　　B.市场风险

    C.资金风险　　　　　　　　　　D.管理风险

5."借助创业计划可以为新企业争取到那些向其提供服务或持续提供资源的潜在客户"，这说明了创业计划（　　）功能。

    A.为创业者提供创业蓝本

    B.为本企业员工提供指导

    C.为投资者提供一个详细的企业蓝图

    D.说服顾客和供应商的

二、多选题

1.创业机会的来源有（　　）。

    A.技术变革　　　　　　　　　　B.政策变化

    C.社会和人口变革　　　　　　　D.产业结构变革

2.创业机会的评价一般包括（　　）。

    A.产业和市场　　　　　　　　　B.资本和获利能力

    C.竞争优势　　　　　　　　　　D.管理班子

3.创业机会的特征有（　　）。

    A.吸引性　　　　　　　　　　　B.可行性

    C.时效性　　　　　　　　　　　D.可能性

4.编制创业计划书的基本原则有（　　）。

    A.开门见山，突出主题　　　　　B.简明扼要，通俗易懂

    C.结构完整，内容规范　　　　　D.观点客观，预测合理

    E.展现优势，注意保密　　　　　F.目标明确，风险可控

三、思考题

1.有价值的创业机会的基本特征有哪些？

2.创业风险具有哪些特点？

3.影响创业项目选择的因素有哪些？

4.选择创业项目应遵循的原则有哪些？

5.创业项目微观分析包括哪些内容？

▶综合实训

实训目的： 创业计划是创业者叩响投资者大门的"敲门砖"，是创业者计划创立的业务的书面摘要，一份优秀的创业计划书往往会使创业者达到事半功倍的效果。本次实训的目的在于用创业计划描述与拟创办企业相关的内外部环境条件和要素特点，结合市场营

大学生创业与创新

销、财务、生产、人力资源等职能计划的综合分析，为业务的发展提供指示图和衡量业务进展情况的标准。

实训步骤：1.分组进行创业机会识别；

2.选定一个创业项目；

3.围绕创业项目进行创业计划书的编写；

4.完善创业计划；

5.制订未来的发展规划。

实训成果：1.完成创业机会识别与评估；

2.形成一份完整的创业计划书。

模块三
开始创办企业

"要坚持问题导向，解放思想，通过全面深化改革开放，给创新创业创造以更好的环境，着力解决影响创新创业创造的突出体制机制问题，营造鼓励创新创业创造的社会氛围，特别是要为中小企业、年轻人发展提供有利条件，为高技术企业成长建立加速机制。"

——习近平总书记参加十三届全国人大二次会议福建代表团审议时的讲话（2019年3月10日）

学习目标

知识目标：

1. 熟悉我国现行创业普惠政策；
2. 掌握创业组织载体和创业平台载体；
3. 掌握创办企业的法定流程；
4. 熟悉创办企业融资渠道和融资方式。

能力目标：

1. 能够理论联系实践，选择、应用创业政策创办企业；
2. 能够把握创办企业的法定流程与关键步骤；
3. 能够结合项目特征，科学规划经营模式。

素养目标：

1. 培养创业法律思维，提升创业统筹能力；
2. 引导理性创业，遵纪守法，科学经营；
3. 领会国家对"双创"的鼎力支持，精益创业。

模块导入

八部门：启动实施重点群体创业推进行动

2022年12月，人力资源和社会保障部等八部门印发《关于实施重点群体创业推进行动的通知》，出台"八项计划"，纵深推进大众创业、万众创新，激发创业创新主

体活力，催生更多市场主体，更好地发挥创业带动就业的倍增效应。

实施"创业环境优化"计划。优化市场主体登记办理流程，提高市场主体登记效率，推行当场办结、一次办结、限时办结等制度，实现集中办理、就近办理、网上办理、异地可办，提升市场主体登记便利程度。

实施"创业主体培育"计划。支持高校毕业生创业，开展创业训练营、创业实训等活动，促进高校毕业生等青年创意设计成果落地转化。组织开展好中国国际"互联网＋"大学生创新创业大赛等赛事活动，发掘一批创新型企业和项目，培育一批创业主体。

实施"创业服务护航"计划。建立公共创业服务标准，加快构建创业信息发布、业务咨询、能力培养、指导帮扶、孵化服务、融资支持等一体化服务机制。强化人力资源对接服务，面向各类创业项目人才引进和招聘用工需求，为重点群体创业提供人力资源支撑。

实施"创业培训赋能"计划。针对重点群体创业需求，广泛开展创业培训，对符合条件的创业者按规定给予补贴。深入实施"马兰花"创业培训行动，针对不同创业阶段，开展"创办你的企业""改善你的企业""扩大你的企业"等培训，提升劳动者创业能力。

实施"创业政策扶持"计划。加快落实创业担保贷款政策，支持有条件的地方加快推行电子化审批，实行全程线上办理，提升创业担保贷款申领便利度。提升创业担保贷款担保基金效能，简化担保手续。

实施"金融产品助力"计划。发挥好普惠小微贷款支持工具作用，鼓励金融机构稳定普惠小微贷款存量，扩大增量。用好再贷款再贴现政策，引导金融机构重点支持小微企业，特别是加大对劳动密集型企业的政策倾斜。

实施"创业载体筑巢"计划。政府投资的创业孵化基地、创业园区等载体用作创业项目使用的场地，要优先向重点群体免费提供。加强各类创业载体交流合作，共享发布创业项目、孵化场地、仪器设备等信息，为重点群体与创业资源搭建资源整合平台。

实施"灵活就业支持"计划。完善落实零工市场建设支持举措，鼓励有条件的地方因地制宜地改造、利用闲置建筑，搭建必要的服务设施，科学规划、布局场地设施。加强灵活就业人员权益维护，提供维权"绿色通道"和法律援助服务。

🔶 分析思考

近年来，大众创业、万众创新持续推进，激发了市场活力和社会创造力，创业带动就业的倍增效应日益凸显。创新创业热潮还促进了新动能快速成长，带动了不同业态融合发展，对经济发展起到了重要推动作用。许多创业项目体现了创新性、时代感和生命力，具有较高的经济价值和社会价值。因此，最大限度地释放重点群体创业活力有着深远的意义。

这些年，我国创业环境总体稳步向好，双创与"放管服"改革互促共进，培育壮大了众多市场主体，截至 2022 年，市场主体已达 1.6 亿多户，比 10 年前增加近 2 倍，形成支撑我国市场经济的庞大基础。高校毕业生、农民工等重点群体既是就业主力军，也是创业者重要组成部分。创业者需要稳定、良好的经济环境，需要从顶层设计、制度建设源头持续深化"放管服"改革，梳理营商环境中存在的痛点、堵点，需要推动政务服务简易办、效率办、便捷办、规范办，需要进一步降低重点群体创业门槛，推动形成敢闯、敢创的良好创业生态。

上述八部门的"启动实施重点群体创业推进行动"无疑为创业者开办企业、开创事业带来了新一波的政策福利。当然，政策"福利""优惠"还远不止这些。本单元将系统梳理、归纳、学习这些创业支持政策，阐释如何结合自身项目行业特征科学利用这些政策，在政策赋能下创办理想企业。

单元一　创业政策

📋 思维导图

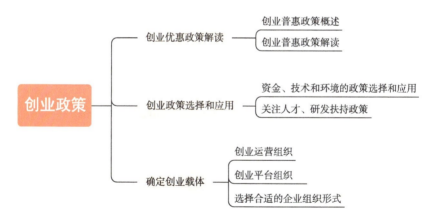

"大众创业、万众创新"是国家层面的战略。大众创业是增加和扩大就业的重要途径。鼓励劳动者自主创办经营实体，以创业带动就业，有利于增加居民收入、促进就业。万众创新是实现经济转型升级的重要途径。当前必须造就扶持创业创新的体制机制，统筹各部门形成支持创新创业的政策合力，以信息技术、数字技术为驱动推进我国经济社会创新发展，改造传统引擎增强发展后劲，充分发挥金融的扶持作用，为推动"大众创业、万众创新"提供政策支持，打造经济发展新引擎。

一、创业优惠政策解读

（一）创业普惠政策概述

1. 创业普惠政策清单

微课：创业政策

近年国务院和各部门创业普惠政策清单见表 3-1、表 3-2。

表 3-1　近年国务院创业普惠政策清单

国办发〔2022〕13 号	关于进一步做好高校毕业生等青年就业创业工作的通知
国办发〔2021〕35 号	关于进一步支持大学生创新创业的指导意见
国办发〔2020〕26 号	关于提升大众创业万众创新示范基地带动作用进一步促改革稳就业强动能的实施意见
国办发〔2020〕51 号	关于建设第三批大众创业万众创新示范基地的通知

表 3-2　近年各部门创业普惠政策清单

人力资源社会保障部（2023）	关于开展 2023 年高校毕业生等青年就业创业推进计划的通知
人力资源社会保障部等多部门（2022）	关于进一步支持农民工就业创业的实施意见
财政部、税务总局（2022）	关于延续执行创业投资企业和天使投资个人投资初创科技型企业有关政策条件的公告
国家发展改革委等多部门（2022）	关于深入实施创业带动就业示范行动力促高校毕业生创业就业的通知
人力资源社会保障部等多部门（2021）	关于支持港澳青年在粤港澳大湾区就业创业的实施意见
国家发展改革委办公厅（2021）	关于推广支持农民工等人员返乡创业试点经验的通知
国家发展改革委等多部门（2021）	关于依托现有各类园区加强返乡入乡创业园建设的意见
国家发展改革委办公厅等多部门办公厅（2021）	关于深入组织实施创业带动就业示范行动的通知
退役军人事务部等多部门（2021）	关于促进退役军人到开发区就业创业的意见
人力资源和社会保障部等多部门（2020）	关于做好当前农民工就业创业工作的意见
科技部（2020）	关于开展"科技创业带动高质量就业行动"的通知

想一想

近年来，本省在扶持大学生等重点人群创业创新方面出台了哪些普惠政策？

2. 鼓励创新创业、出台普惠政策的意义

（1）应对内外部压力的重要途径：当前国家仍面临较严峻的经济下行压力，中国科技产业在一定程度上受到冲击，而且中国科技产业本身在国际市场还有需要提升的空间，所以此时鼓励"双创"，出台政策，无论应对内部或外部压力，都是重要的解决办法和手段。

（2）迈向高质量发展的必然要求：中国经济已迈向高质量发展阶段，需要存量产业转型升级与新兴战略型产业共同发力，"双创"正是有效的支持手段；同时，鼓励"双创"，促进中国经济从要素驱动转向创新驱动，有利于应对外部诸多不确定因素。

（3）破除"双创"路径制度障碍：针对制约"双创"发展的体制机制瓶颈，在商事制度、信用体系建设、知识产权保护、人员自由流动、科技成果转移转化等方面不断改革创新；推进"互联网＋政务服务"，研究制定互联网市场准入负面清单，努力营造更加公平的市场环境和体制环境。

（4）倒逼传统企业转型升级：在中国经济转向高质量发展的当下，"双创"实质上是一个改革。"双创"不仅是推动大众参与创新创业，也是建设众创空间等平台，更是对已有体制机制、文化氛围的系列变革和重塑。在推进"双创"的过程中，离不开打破制度藩篱，对结构调整具有促进作用，倒逼传统企业转型升级。

创业人物

赵宏丽：大学生创新创业　走出靓丽风景线

2018 年，赵宏丽入读中南大学湘雅医学院药学专业，恰逢国务院下发《关于推动创新创业高质量发展打造"双创"升级版的意见》，进一步激发"双创"热潮。赵宏丽积极加入"新型干粉吸入剂载体花形乳糖的研究及产业化"创新研究团队，并带着相关创新成果多次参加大学生创新创业大赛。

在专业学习中，赵宏丽还接触到单冲压片机，这是一种制备药物固体制剂、生产片剂的重要设备。传统单冲压片机上料时免不了少许料体浪费，下料时又容易造成片料破损。在抱怨之余，赵宏丽尝试对单冲压片机进行技术改良。

从产生想法到项目萌芽、做出雏形、不断试验与探索……赵宏丽自主研发的"一种改良的单冲压片机"核心技术获国家知识产权局专利。随着创新项目日渐成熟，2020 年刚升入大三的赵宏丽正式创业，湖南致雅生物科技有限公司应运而生，获得市场投资青睐。

大学生是"大众创业、万众创新"的生力军，支持大学生创新创业具有重要的意义。大学生具有知识优势，是智力和活力都相对密集的群体，他们享受了专业领域的分工，具有较强的专业能力。大学生具有活力优势，刚进入社会的大学生年轻有活力，勇于拼搏，无太重负担，具有较强的社会适应能力，对自己认准的事物会有激情去体

验。大学生具有创意优势，有较强的领悟力，自主学习知识的能力强，善于接受新事物，思路活跃，创意新颖，能将所学的知识很快内化为能力，外化为创造。大学生还具有策划、组织、领导、管理、公关等方面的潜在特质，经过创业的体验，这些能力都将产生很强的外部性。因此，大学生在新的理念、模式、产业形态和新的技术应用方面都活跃在时代前沿，是最具活力，也是创新创业成功概率最大的群体。

（资料来源：华声在线 https://baijiahao.baidu.com/s?id=1713927413930122783&wfr= spider&for=pc.）

（二）创业普惠政策解读

1. 创业能力培育政策

（1）建立以创新创业为导向的新型人才培养模式。健全校内、校企、校地、校所协同的创新创业人才培养机制，打造一批创新创业教育特色示范课程；支持高校毕业生创业，深化高校创新创业教育改革，构建创新创业课程、创新训练、创业实践有机衔接的创新创业教育体系，扩大创新创业教育普及率和覆盖面。

（2）探索实施驻校企业家制度。扩大校外双创导师规模，鼓励驻校企业家和校外双创导师定期组织大学生创新创业团体开展创意沙龙、项目路演和创业实训，提供创新创业分类指导咨询，对接校外政策、资金及市场资源等创业服务。

（3）打造一批创新创业培训活动品牌。开展创业指导进校园活动，支持各级各类创新创业大赛单设在校大学生赛道，给予单列奖励指标政策倾斜。毕业年度高校毕业生、离校5年内未就业高校毕业生及非毕业年度全日制在校大学生参加创业培训的，对符合条件的按规定给予职业培训补贴。

2. 创业环境优化政策

（1）降低大学生创新创业门槛。鼓励各类孵化器面向大学生创新创业团队开放一定比例的免费孵化空间，并将开放情况纳入国家级科技企业孵化器考核评价，降低大学生创新创业团队入驻条件。政府投资开发的孵化器等创业载体应安排30%左右的场地，免费提供给高校毕业生。

（2）便利化服务大学生创新创业。各地区、各高校和科研院所的实验室，以及科研仪器、设施等科技创新资源可以面向大学生开放共享，提供低价、优质的专业服务；支持行业企业面向大学生发布企业需求清单，引导大学生精准创新创业。

（3）落实大学生创新创业保障政策。鼓励有条件的地方探索建立大学生创业风险救助机制，可采取创业风险补贴、商业险保费补助等方式予以支持，积极研究更加精准、有效的帮扶措施，及时总结经验、适时推广。

3. 创业财税扶持政策

（1）继续加大对高校创新创业教育的支持力度。在现有基础上，加大教育部中央彩票公益金大学生创新创业教育发展资金支持力度。加大中央高校教育教学改革专项资金支持力度，将创新创业教育和大学生创新创业情况作为资金分配重要因素。

（2）落实落细个体经济减税降费政策。高校毕业生在毕业年度内从事个体经营，符合规定条件的，在3年内按一定限额依次扣减其当年实际应缴纳的增值税、城市维护建设税、教育费附加、地方教育附加和个人所得税；对月销售额15万元以下的小规模纳税人免征增值税，对小微企业和个体工商户按规定减免所得税。

（3）落实落细资金源头减税降费政策。对创业投资企业、天使投资人投资于未上市的中小高新技术企业及种子期、初创期科技型企业的投资额，按规定抵扣所得税应纳税所得额。对国家级、省级科技企业孵化器和大学科技园及国家备案众创空间，按规定免征增值税、房产税、城镇土地使用税。

4. 创业金融赋能政策

（1）落实普惠金融政策。落实创业担保贷款政策及贴息政策，将高校毕业生个人最高贷款额度提高至20万元，对10万元以下贷款、获得设区的市级以上荣誉的高校毕业生创业者免除反担保要求；对高校毕业生设立的符合条件的小微企业，最高贷款额度提高至300万元；降低贷款利率，简化贷款流程，提高贷款便利性，支持符合条件的高校毕业生创新创业。

（2）引导社会资本支持大学生创新创业。充分发挥社会资本作用，以市场化机制促进社会资源与大学生创新创业需求更好对接，引导创新创业平台投资基金和社会资本参与大学生创业项目早期投资与投智，助力大学生创新创业项目健康成长。加快发展天使投资，培育一批天使投资人和创业投资机构。

5. 创业信息服务完善政策

（1）建立大学生创新创业信息服务平台。汇集创新创业帮扶政策、产业激励政策和全国创新创业教育优质资源，加强信息资源整合，做好国家和地方的政策发布、解读等工作。及时收集国家、区域、行业需求，为大学生精准推送行业和市场动向等信息。

（2）加强宣传引导。大力宣传加强高校创新创业教育、促进大学生创新创业的必要性、重要性。及时总结推广各地区、各高校的好经验、好做法，选树大学生创新创业成功典型，丰富宣传形式，形成支持大学生创新创业的社会氛围。

练一练

最近，身边有一些大学生在申报创业项目。有同学提出了疑问：在校大学生创业靠谱吗？大家来探讨这个话题（表3-3）。

表3-3　大学生创业的预准备

问题	解答
大学生创业有什么前景？	
大学生创业能获得哪些支持？	

续表

问题	解答
如何选择适合的创业机会？	
如何选对靠谱的团队成员？	

二、创业政策选择和应用

微课：选择与应用
创业政策

"十四五"是全面推进乡村振兴的关键期，返乡大学生已经成为一支生力军。新时代的乡村将以更好的生产生活条件，为"引资""引智"、创新创业提供更坚实的基础。本部分将以乡村振兴中大学生创业为例，分析大学生创业如何进行政策选择和应用。

（一）资金、技术和环境的政策选择和应用

1. 创业资金

（1）创业初期资金少，筹资难度大。解决这个难题，需要政府、高校、金融机构等共同发力。政府设立的大学生创业基金，给予返乡创业者一定额度的资金支持，例如，海南省给高校毕业生发放 1 万元创业补贴，对返乡创业大学生"扶上马，送一程"。

（2）高校可以发挥桥梁作用，做好有返乡创业意愿的大学生和创投机构、创业孵化器的对接。金融机构面向返乡创业大学生，提供优惠性贷款，降低贷款门槛。同时，还可以出台政策，鼓励大企业、风投基金等设立专项投资资金，对接有前景的创业项目入股。

2. 创业技术

（1）乡村的数字技术等硬件短板较多，同时大学生在创业中得到农业、互联网、管理、财务等知识和技术"充电"的机会和便捷度也不如大城市。在硬件建设上，《乡村建设行动实施方案》明确"实施数字乡村建设发展工程""实施农村基本公共服务提升行动"等，出台了建立农业农村大数据体系、推动"互联网＋"服务向农村延伸覆盖等一系列实招。

（2）地方政府也应主动作为，根据本地资源禀赋、创业领域等实际情况，为返乡创业大学生提供精准服务和支持，引导大学生利用新技术、新模式，主动解决制约乡村发展的问题，如农产品销售、农业机械化和智能化，鼓励大学生将电商直播、云种植、无人机、智能农机、冷链物流等引入乡村，打造科技含量、生产效率更高的新型农业产业。

3. 创业环境

（1）回到家乡的大学毕业生，既会感受到乡亲的情谊，也会体会到传统人情社会与现代市场经济在一些方面的不适应、不匹配。这就需要大学毕业生正确认识人情，发挥其对沟通、理解、共情的正面作用，积极恢复和拓展社会关系，为创业营造良好环境。同时应对"遇事看亲疏"等负面作用保持清醒，守住市场规则，坚持依法办事、守法经营，在创业经营中彰显科学经营和现代管理的价值，一旦发生市场纠纷、矛盾冲突，要坚持通过合法途径解决。

（2）乡镇政府、村两委等应该成为创业者的坚强后盾，破解办事找关系、托人情等陋习，支持创业者的合理诉求、合理维权，并借机普及市场规则，通过探索建立乡村仲裁制度等，重构乡村人际关系体系，通过弘扬优秀传统文化、传递现代文明理念，促进乡村文化振兴。

（二）关注人才、研发扶持政策

《国家创新驱动发展战略纲要》（以下简称《纲要》）的基本原则就是要"强化激励""运用扶持或奖励政策激发各类人才的积极性和创造性"，故最近几年各地对人才的抢夺日趋激烈，对研发资金的投入日趋扩大。所以，创业者团队特别是科技型创业团队需要科学利用政府人才、研发扶持政策。

1. 获得人才扶持政策的关键和技巧

（1）如果创始人团队中已经有人获得人才认定证书，获得人才补贴需要关注的关键条件：一是人才认定证书处于有效期内；二是人才已经在当地落户（在当地工作）；三是人才认定证书属于当地人才政策补贴奖励的范围。

（2）科技型创业企业一定要逐条对照人才政策，认真研究申报人才政策的时间、条件、资料要求，按照要求梳理和整合所有资料，然后进行人才补贴申报，才会有较大机会成功获得人才补贴。

（3）如果创始人团队中没有人才认定证书，但是团队中又有一些比较优秀的人才，例如，创始人中有人获得某些领域的荣誉，或具有负责过国际级、国家级重大基金（科研）项目等的经历，也可以先尽快申请当地的人才认定。新申请的人才认定一旦通过审核，后续就会给人才发放相关资金奖励或补贴。

2. 关注研发投入（费用）扶持政策

（1）获得研发投入（费用）补贴或奖励需要关注的关键条件：一是科技型创业企业有一定的研发投入（费用）；二是科技型创业企业按照研发加计扣除政策流程享受了相关税收优惠，有一定的研发加计扣除额；三是科技型创业企业研发投入（费用）与营业收入的比例超过了5%。

（2）科技型创业企业要梳理研发加计扣除政策，不仅可以享受税收优惠，还能够获得政府对研发投入（费用）的奖励和补贴。部分地方对研发投入（费用）奖励政策只是按照科技型创业企业研发投入（费用）的某种比例进行奖励或补贴。

（3）科技型创业企业需要对当地规定的应当计入研发费用会计科目的费用清楚了解，在后期的申报研发投入（费用）奖励扶持才会有良好的结果，如果企业填写的研发投入（费用）与审核出的实际研发投入（费用）相差太大，有可能会降低获得的研发投入（费用）奖励金额。

三、确定创业载体

创业载体是指为满足大众创业需求，以促进成果转化、培育企业和企业家精神为宗旨的现代市场运营组织，以及提供低成本、便利化、全要素

微课：选择企业类型

的开放式平台和专业化服务的科技创业服务机构。前者包括公司、合伙和个人独资企业；后者是指科技企业孵化器、众创空间及产业园等。

（一）创业运营组织

1. 公司创业载体特征

（1）依照《中华人民共和国公司法》（以下简称《公司法》）在中国境内设立的是以营利为目的的企业法人，包括有限责任公司和股份有限公司。有限责任公司是在我国境内依法设立的，股东以其认缴的出资额为限对公司承担责任，公司以其全部资产为限对公司的债务承担责任的企业法人。股份有限公司是依法设立，其全部股本分为等额股份，股东以其所持股份为限对公司承担责任，公司以其全部资产对公司的债务承担责任的企业法人。

（2）有限责任公司的特点：普通型有限责任公司出资人2～50人，一人有限责任公司出资人1人；普通型有限责任公司无最低注册资本，一人有限责任公司最低注册资本10万元；有限责任公司不能公开募集股份，不能发行股票；股东对公司的债务承担有限责任，倘若公司破产清算，股东的损失以其对公司的投资额为限。

（3）股份有限公司的特点：分为普通股份公司和上市公司；应有2人以上200人以下的发起人，半数以上在中国境内有住所；全部资本分成若干等额股份，股东以其所认购的股份数额对公司承担责任，并确定其权利；公司以其全部资产为限对公司的债务承担责任；公司股份体现为股票形式，股票是一种有价证券，可以自由交易，可以在股票市场上发行和流通；公司具有较为严密的内部组织结构，包括股东大会、董事会、监事会等。

练一练

请自行查阅我国《公司法》，并完成表3-4的填写。

表3-4　股东会的职责职权

公司形式		有限责任公司股东会	股份有限公司股东会
股东会组成		全体股东	
股东会性质			
股东会职权		10项职权	
召集	定期会议	公司章程规定	
	临时会议的有权提议者		有下列情形的，2个月内召开： （1）董事人数不足《公司法》规定人数或者公司章程所定人数的2/3时； （2）公司未弥补的亏损达实收股本总额1/3时； （3）单独或者合计持有公司10%以上股份的股东请求时； （4）董事会认为必要时； （5）监事会提议召开时； （6）公司章程规定的其他情形

续表

公司形式		有限责任公司股东会	股份有限公司股东会
召集主持		（1）董事会—董事长主持； （2）监事会； （3）代表1/10以上表决权的股东（首次由出资最多的股东召集）	
决议规则	表决权计算		股东所持每一股份有一表决权
	普通决议规则		
	特别决议事项	（1）增资、减资； （2）公司合并、分立、解散； （3）变更公司形式； （4）修改公司章程	（1）增资、减资； （2）公司合并、分立、解散； （3）变更公司形式； （4）修改公司章程
	特别决议规则		

2. 合伙创业载体特征

（1）合伙制企业是指由两人或两人以上按照协议投资，共同经营、共负盈亏的企业。合伙制企业财产由全体合伙人共有，共同经营，合伙人对企业债务承担连带无限清偿责任。

（2）合伙制企业分为普通合伙企业和有限合伙企业。普通合伙企业中的合伙人对企业债务承担无限连带责任；有限合伙企业中的普通合伙人对企业债务承担无限连带责任，有限合伙人以其出资为限承担有限责任且不参与经营管理。

（3）合伙制企业典型特征是出资人（普通合伙人）能够以"劳务"出资，是一种以人与人之间的信用建立起来的企业，较适用于刚刚进入社会、无资金有技术的创业者创办企业；企业财产具有封闭性，合伙人的产权不可以自由出售或转让，必须经过其他合伙人的同意才可以实施；合伙制企业不缴纳企业所得税，其收益直接分配给合伙人。

3. 个人独资企业创业载体特征

（1）个人独资企业是指在中国境内设立，由一个自然人投资，财产为投资人个人所有，投资人以其个人财产对企业债务承担无限责任的经营实体；股东身份为具有完全民事行为能力的自然人，个人承担经营风险和享有全部经营收益；独资企业不作为企业所得税的纳税主体，其收益纳入所有者的其他收益一并计算缴纳个人所得税。

（2）个人独资企业为非法人组织，没有法人资格，不具备独立承担民事责任的能力，所以，业主对企业的债务承担无限责任；当企业的资产不足以清偿其债务时，业主以其个人财产偿付企业债务，当然如果是以家庭共有资产出资的，就要以家庭共有资产承担无限责任。

（3）个人独资企业的经营范围一般无严格限制，但是由于个人独资企业是由自然人投资设立的，在实务中常见的经营项目主要为企业管理咨询，会议会展服务，建筑设计规划

服务，市场营销策划服务，广告的设计、制作、代理、发布，中介服务等，生产经营类和销售类的较少。

（二）创业平台组织

1. 科技企业孵化器

（1）孵化器本义是指人工孵化禽蛋的专门设备。后来引入经济服务，科技企业孵化器在中国也称为高新技术创业服务中心，它通过为新创办的科技型中小企业提供物理空间和基础设施，提供一系列的服务支持，进而降低创业者的创业风险和创业成本，提高创业成功率，促进科技成果转化，培养成功的企业和企业家。

（2）最初的孵化器大都是国有的，通过孵化器可以将国有的一些政策优惠措施下发给入驻孵化器的企业，提供的帮扶手段基本依赖政策红利，如注册、税收、补贴、人才等，多数来源于政策。而且一般进入孵化器的企业，成活率大概在90%。后期的孵化器就有一些民营资本进入，他们能提供初创企业的帮扶主要在于：企业战略制定、创业培训、创业人才、产品包装和宣传、融资（相比国有政策补贴，融资额可能还会更高）等。

（3）孵化器的盈利主要是租金、服务类收入，政府补贴、投资或股权收益等。

2. 众创空间

（1）众创空间是顺应网络时代创新创业特点和需求，通过市场化机制、专业化服务和资本化途径构建的低成本、便利化、全要素、开放式的新型创业服务平台的统称。众创空间本质上是孵化器的延伸。

（2）众创空间没有固定的物理设施，更多体现的是一种虚拟化和共享式的创业；孵化器能提供优质的办公条件，能够模拟整个创业公司的环境。众创空间主要定位于互联网，为互联网创业者提供帮助；孵化器主要定位于传统行业，如制造业，因为传统行业对服务的需求更加系统化、专业化和多元化，孵化成长有其周期性，存在一个发展过程。众创空间针对"创客"，即所有具有创新意识和新点子的人；孵化器内部具有严格的项目审核机制，只有通过认可才能得到服务。

（3）创新创业有新产业引领、多技术方向创业试错、产业跨界、爆发式增长四个特征。众创空间可以创新生态形成，推动经济出现爆发式成长。众创空间的本质就是多方向的试错，以创客为代表的创新2.0模式，试图构建以用户为中心、面向应用的融合，从创意、设计到制造的用户创新、开放创新、大众创新和协同创新全元素的"双创"系统。

知识拓展

浙江打造省级示范性青创空间，助力青年创业梦想

青年是国家的未来，也是世界的未来。共青团浙江省委公布了2022年度省级示范性青年之家·众创空间认定名单，确定了30家省级示范性青创空间，助力青年创业梦想。其中，义乌市创意园（图3-1）上榜！

图 3-1　义乌市创意园

义乌市创意园坐落于义乌工商职业技术学院内，是全国首个以"小商品创新设计"为主要研发方向的创意设计园区。园区依托国家旅游商品研发中心和国家林产品创意研发中心两个国家级平台，以园区内"孚梦空间""省级双创人才培养示范基地"等为载体，从人才、服务、平台、投资、共享、联盟等多维度整合资源，形成了集设计研发、打样制作、传播推广全产业链的创意设计产教融合综合体，充分满足了设计创新创业企业的多元化和个性化需求，已打造成一个创意产业和创意人才集聚的浙中小商品创新高地。

义乌市创意园根据青创企业成长需求，实行为青创团队、初创型企业提供完备的创业场地（图 3-2）、创业辅导、创业培训、信息网络、人才引进、资源对接等服务，并在实践中不断完善青创空间服务体系，形成独有的青创服务运营机制模式。目前，园区入驻文创设计机构、产品研发科技型企业 50 余家，师生共创工作室 10 余家，是中国美术学院、韩国桂园艺术大学等 150 余所知名高校的设计学子实践基地，每年安排接待实习实训师生 2 000 余人次。园区年均累计服务生产企业 3 000 家以上，创意产值累计近 4 亿元。

图 3-2　创业场地

（资料来源：义乌共青团 https://mp.weixin.qq.com/s/emC4GAIJmZZuMXO8VLP_pw.）

3. 产业园

（1）产业园是指由政府或企业为实现产业发展目标而创立的特殊区位环境，是区域经济发展、产业调整升级的重要空间聚集形式，担负着聚集创新资源、培育新兴产业、推动城市化建设等一系列的重要使命。

（2）产业园为加快产业发展，集聚了很多规模企业，形成规模经济的科技产业集群，带动关联产业发展，对区域产业的发展有辐射作用，可以推进特定领域产业上、中、下游产业链的形成，促进一些特定领域产业的技术整合，形成区域优势产业。

（3）产业园可分为特色产业园区、产业开发区及其他园区。特色产业园区是专门为从事某种产业的企业而设计的园区，园区的产业定位明确；产业开发区是指政府或企业在没有切实产业基础的地区征用土地完善基础设施，然后运营相关成熟模式来形成园区，加上优惠政策招商引资，吸引企业进驻，所谓的"筑巢引凤"，可以称为先建园区后引产业的发展模式；另外，还有物流园区、科技园区、文化创意园区、总部基地、生态农业园区等。

（4）产业园偏向为园内企业提供管理、协调服务。相比孵化器而言，吸纳的企业规模量级不同，孵化器更多可能针对初创、小规模的企业，产业园则是针对规模及以上企业为主。产业园的盈利主要靠土地运营、模式输出、增值服务、投资、园区运营收入、税收收益等。

（三）选择合适的企业组织形式

创业伊始，创业者不但需要了解我国现有的企业组织形式有哪些，更应了解每种组织形式的优劣，从而选择一种最合适的企业组织形式。通常，选择组织形式需要考虑以下五个方面的因素。

1. 拟投资的行业

法律并没有规定哪种行业必须采取哪种组织形式，但相关法律责任和主体的制度设计使某些特殊行业偏向采取特殊的组织形式。如律师事务所、会计师事务所初创阶段可采用合伙形式而不能采用公司形式；对于银行、保险等行业，采用公司制。因此，根据拟投资的行业选择企业的组织形式是首要考虑的因素。近年来非常热门的私募股权基金，法律允许选择公司制和合伙制，越来越多的私募股权基金选择了有限合伙制的组织形式。

2. 创业者的风险承担能力

创业者的风险承担能力是创业者必须考虑的因素之一，企业组织形式与创业者日后承担的风险息息相关。公司制企业股东仅以出资额为限承担责任，普通合伙企业投资人、个人独资企业投资人都要承担无限责任。选择后两种企业组织形式，创业者要承担较大的风险。

3. 税务因素

由于不同的企业组织形式所缴纳的税不同，因此，选择企业组织形式必须考虑税务问题。根据我国税法规定，个人独资企业和合伙制企业的生产经营所得计征个人所得税，公司制企业既要缴纳企业所得税，又要在向股东分配利润时为股东代扣代缴个人所得税。因此，从税负筹划的角度，选择个人独资企业和合伙制企业税负更低。

4. 未来融资需要

如果创业者资金充足，拟投资的事业资金需求也不大，则采用合伙制和有限责任公司制均可，如果日后发展业务所需资金规模非常大，建议采取股份有限公司组织形式。

5. 关于经营期限的考虑

对于个人独资企业，一旦投资人死亡且无继承人或继承人决定放弃继承，则企业必须解散。合伙制企业由合伙人组成，一旦合伙人死亡，除非不断吸收新的合伙人，否则合伙制企业寿命也是有限的。因此，合伙制企业和个人独资企业经营期限都不会很长，很难持续发展下去。但公司则不同，除出现法定解散事由或股东决议解散外，原则上公司可以长期存在。

当然，除上述因素外，还可以从投资权益的自由流通和经营管理需要等多个方面就企业组织形式的优劣进行分析比较，进而选择最合适的组织形式。

素养培育

中国革命和建设事业的创业精神

近年来，在"大众创业、万众创新"的浪潮下，"创业"二字早已成为人们司空见惯的字眼。在2020年全国大众创业、万众创新活动周上，李克强总理指出，"双创"以鼎新推动革故，促进了"放管服"等改革，成为提升创新效率和能力的重要抓手。

"你可以不创业，但一定要有创业精神！"立足过去，中华人民共和国的建设是一种创业；面向未来，实现中华民族伟大复兴的中国梦也是一种创业。北大荒精神、红旗渠精神、大庆精神等（图3-3），在重重困难中涌现出的无数奋斗者，他们身上勇于牺牲、敢于创新、胸怀全局、矢志不渝、顽强拼搏的精神让我们看到了一代代中国人如何从零开始，白手起家。这就是创业，创新中国的业；这就是创业精神，由无数人用血汗凝铸与传承的中华民族的创业精神。

北大荒精神
不畏艰险、顽强拼搏的艰苦奋斗精神
解放思想、敢闯新中的勇于开拓精神
胸怀全局、富国强民的顾全大局精神
不计得失、勇于牺牲的无私奉献精神

红旗渠精神
自力更生、艰苦创业
团结协作、无私奉献

图3-3 创业精神

"大众创业、万众创新"的本质是人人都要有创业精神。不是每个人都适合创业，但是人人都要有创业精神。企业的诞生与发展需要创业精神，国家的建设更需要千千万万人民的创业精神，时代需要，生活在这个时代的每个个体都需要。

单元二　创业流程

思维导图

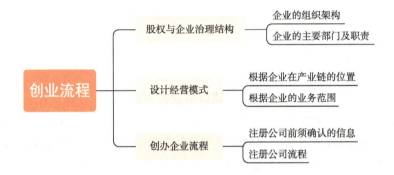

一、股权与企业治理结构

（一）企业的组织架构

1. 直线制组织架构

直线制组织架构是一种简单、传统的组织结构形式（图3-4）。其特点是由领导者或高层管理者（通常是创始人或首席执行官）直接掌控和管理下属的各个部门或团队。这种结构通常在小型企业或初创企业中采用。管理层级中不另设职能机构。

微课：股权与公司治理结构

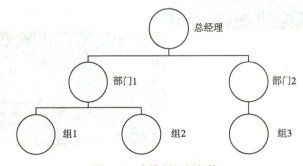

图 3-4　直线制组织架构

2. 职能制组织架构

职能制组织架构将企业的各个职能部门按照其专业性或功能划分为不同的部门，每个部门都负责特定的职能或任务。职能制组织架构适用于那些需要在不同职能领域中实现专业分工和协作的企业。它可以提供明确的职责和责任，以及高效的专业支持和服务。然而，职能制组织架构也可能导致集权化、部门壁垒和协调困难等问题。因此，在实施职能制组织架构时，需要平衡和协调各个部门之间的合作与协调。

3. 直线—职能制组织架构

直线—职能制组织架构也称为生产区域制组织架构或直线参谋制组织架构，是将直线制和职能制两种组织架构形式结合的一种形式（图3-5）。在这种组织架构中，企业按照职能划分部门，每个部门有各自的职能专长，负责特定的任务和职责。同时，每个部门都向中央领导者或高层管理者报告工作，并从中获得指导和决策支持。直线—职能制组织架构能够更好地发挥职能划分和专业化的优势，同时保持单一领导者的权威性和指导性。目前绝大多数企业都采用这种组织架构形式。直线—职能制组织架构需要兼顾特定职能的支持和整体协调。然而，如其他组织架构形式一样，也需要留意沟通与协调的挑战，并及时做出适应性的调整。

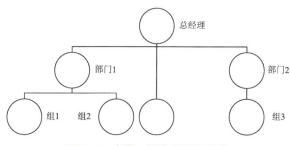

图3-5　直线—职能制组织架构

4. 事业部制组织架构

事业部制组织架构也称"斯隆模型"，是一种将企业按照不同的产品线、地理区域或目标市场划分为独立的事业部的组织架构形式。每个事业部被赋予一定的自主权和责任，负责管理和运营相应的产品线、地区或市场，并具有一定的决策权。事业部制组织架构通常在大型企业中应用广泛，强调提高企业的灵活性、专业化和市场反应能力。

5. 矩阵制组织架构

矩阵制组织架构是一种将企业按照不同的职能和项目进行交叉组合的组织架构形式。其既有按职能划分的垂直领导系统，又有按产品（项目）划分的横向领导关系的架构。其允许组织内的员工同时报告给多个管理者，以便在不同的项目或任务中合作和协调。矩阵制组织架构通常在大型企业或复杂的项目中应用广泛，特别是横向协作和攻关项目。矩阵制组织架构适用于那些需要同时管理多个项目和职能的企业。它可以提高协作和灵活性，促进跨部门和跨职能的合作，提高项目执行效率。然而，矩阵制组织架构也可能导致权责不清、决策权纠纷和沟通复杂性等问题。因此，在实施矩阵制组织架构时，需要明确角色和责任，并建立有效的沟通和协调机制。

做一做

请试着画出"职能制""事业部制""矩阵制"的架构图。

1. 职能制架构图

2. 事业部制架构图

3. 矩阵制架构图

（二）企业的主要部门及职责

无论企业是什么组织架构，营销部、采购部、制造部、财务部、人力资源部、信息部和技术部是最基本和最重要的部门。这些部门职能的完成情况和它们之间的相互协作情况基本上决定了整个企业的绩效。

1. 营销部

营销部负责实施销售和客户服务活动，旨在提供产品或服务并满足客户需求。营销部通常是公司内部销售和客户关系的关键部门之一。营销部在企业中起着关键作用，通过销售与客户关系管理，直接与市场和客户接触，推动企业的增长和发展。他们是公司与外部市场之间的桥梁，通过积极销售和优质的客户服务，实现销售目标和客户满意度。

2. 采购部

采购是企业运作的重要环节。采购部即负责为企业获取和管理所需的物品和服务，以支持企业的运营和生产活动。采购部在企业中扮演着重要的角色，通过有效的供应链管理和成本控制，确保企业获得所需的物品和服务，并在市场竞争中取得优势。他们与供应商合作，保证供应链上的顺畅运作，并为企业提供所需的资源以支持运营和生产活动。现代采购管理从职能管理转向流程管理，从采购管理转向供应管理，从企业之间交易性管理转向关系性管理，从零和竞争转向多赢竞争，从简单的多元化经营转向核心竞争力管理。供应链管理成了采购管理职能的重要内容。

3. 制造部

制造部是一个负责企业生产产品的部门或组织，负责将原材料或半成品转化为最终产品。生产制造是企业价值创造的主要承担者，承担着企业产品形成的功能，是企业生产活动的核心和关键部门。通过创新生产管理、优化生产流程、控制生产质量和成本，ERP、JIT、全面质量管理等在生产管理中推广应用，制造部为企业提供高质量的产品，并确保生产过程的安全、高效和环保。

4. 财务部

财务部是企业财务管理和决策的核心部门，为企业提供战略性的财务指导和决策支持。

5. 人力资源部

人力资源部是企业管理和组织发展的重要支持部门，确保企业拥有适合且高效的人力资源。其致力于维持员工满意度和劳动关系稳定，支持员工和组织的共同成长和发展。

6. 信息部

信息部是一个企业内部负责信息技术和信息管理的部门。它涵盖了管理和维护企业信息系统、网络基础设施及处理和保护企业信息的各个方面。信息部是企业信息化和数字化转型的关键部门，确保企业在信息技术领域保持竞争力。

7. 技术部

技术部负责管理和支持企业的技术基础设施、应用程序和技术服务。其促进企业技术创新和改进，并确保企业在技术领域保持竞争力。

二、设计经营模式

微课：设计经营模式

经营模式是企业如何组织资源、进行价值创造并获取利润的方式和方法。它涉及企业的价值主张、市场定位、利润来源、运营方式等方面。每个企业可以根据其特定的定位、竞争环境和目标市场选择适合的经营模式。灵活和创新的经营模式可以帮助企业在激烈市场竞争中脱颖而出，并有效地实现盈利和可持续发展。

经营模式的内涵包含三个方面的内容：一是确定企业实现什么样的价值，也就是在产业链中的位置；二是企业的业务范围；三是企业如何来实现价值，采取什么样的手段。

（一）根据企业在产业链的位置

1. 生产代工型（纺锤型）经营模式

（1）特点：作为产业链中下游企业的供应商，一般根据客户的订单加工产品。在市场上，贴上其他企业的标牌进行销售，企业仅仅负责某一产业中某种或几种产品或零件的生产，对于产品的销售和产品的设计不做过多干涉。

（2）适用：对于选取这种经营模式的企业，要求企业有很强的制造能力，相对于产业链中这个节点上的企业要有相当的竞争优势。其中，最重要的要素有两个：一个是质量；另一个是成本。其他需要考虑的因素包括如交货期、制造的柔性能力等。

2. 设计＋销售型（哑铃型）经营模式

（1）特点：企业不涉及生产领域的任何业务，只负责设计和销售，企业设计出市场上客户所需求的产品和服务，然后寻找相应的生产代工，它要求企业具有很强的设计能力和销售能力及拥有自己的知名品牌。

（2）适用：这类企业和市场的联系非常密切，对于市场动态和顾客的需求非常敏感，是市场最快的响应者。

3. 生产＋销售型经营模式

（1）特点：模仿，对于行业内领导者的行为非常敏感，一旦市场领导者推出新的产品，这种类型的企业就会马上进行模仿，并进行改制和改善。

（2）适用：企业涉及业务流程中的生产和销售两个部分，这种类型的经营模式要求企业的生产制造柔性比较好，能够适应产品的变化。

4. 设计＋生产＋销售型经营模式

（1）特点：企业具备一定的新产品开发能力，企业根据市场上的需求，开发出市场上需要的产品，同时对以往的产品进行改造。

（2）适用：在制造方面，企业具有一定的制造能力，制造设备的柔性能力比较好，开发出来的新产品能够通过现有的设备进行生产或有足够的资金进行新的生产线的建设，且对于自己生产的产品通过自己的营销体系建立自己的客户群体。

5. 信息服务型经营模式

（1）特点：信息服务类企业较典型的是咨询公司。这种类型的企业或公司，不涉及制造的一切活动，但是在很大程度上与制造业有着密切的联系；如何为企业提供信息服务和决策咨询，如何帮助企业进行管理的变革和软件的实施，如何帮助企业为员工进行培训和教育等是其提供服务的主要内容。

（2）适用：对于只管销售的这类公司和企业大多数被称为经销商或分销商或代理商；对于只管设计的这类企业，一般为科研单位或专门从事创意工作的组织。

（二）根据企业的业务范围

1. 单一化经营模式

单一化经营模式是指企业专注于单一产品、服务或市场的经营模式。在这种模式下，企业将所有资源、战略和运营重点集中在一个核心产品、服务或市场上。单一化经营模式可以使企业在特定领域取得专业化、高效和市场影响力，但也需要企业对市场风险和依赖性风险保持警觉，并持续进行创新和适应变化的能力。

2. 多元化经营模式

（1）集中多元化经营模式是指企业在一个核心业务的基础上，通过一系列相关业务和行业的扩展，实施多元化经营。在这种模式中，企业保持着核心业务的集中和专注，同时在相关领域寻求增长和机会。集中多元化经营模式需要企业必须具备足够的管理能力和适应能力，以在不同领域中成功运营。

（2）横向多元化经营模式主张通过进入与现有业务竞争对手相同或类似的市场，来扩展企业的产品线或服务范围。横向多元化经营模式的核心思想是通过进入相似的市场来利用企业已有的竞争优势和资源，以实现增长、增加市场份额和降低竞争风险。

（3）混合多元化经营模式是指企业在经营管理中同时采取集中经营和多元化经营的策略。这种经营模式可以通过在核心业务领域内集中精力，同时在相关或不相关的领域进行多元化扩展来实现多重经营的目标。混合多元化经营模式的优势在于能够同时实现集中经营和多元化的利益，进而降低风险、提高企业的竞争力和创造新的增长机会。

三、创办企业流程

微课：创办企业
流程

企业有个人独资、合伙和公司三种类型。在现代市场经济，公司是市场运营主体，本部分以公司的注册为例展示创办企业的流程。

（一）注册公司前须确认的信息

1. 公司名称

注册公司前，首先要确认公司名称。起名规范：城市＋字号＋行业＋形式。注册公司的查明规则：同行业中，公司名称不能同名也不能同音，多个字号的，需拆开来查名，因此需要提交多个公司名称进行查名。

2. 股东信息

按照新的规定，公司成立时最少要有两人，即一位股东和一位监事人。

3. 经营范围

注册公司时，经营范围必须明确，以后的业务范围不能超出公司经营范围。可以将现在要做的或以后可能要做的业务写进经营范围。注意：这一项需要慎重考虑，因为会影响到公司后续经营税务问题。

4. 注册地址

注册地址基本要求：真实有效，一址一证，有实际的经营场所。如果没有实际办公地址，那么可以找靠谱的代理机构挂靠地址。

5. 注册资金

注册资金是展现一个公司实力的标准。其可分为认缴制和实缴制，一般选择 10 ～ 50 万认缴制。

（二）注册公司流程

注册公司流程如图 3-6 所示。

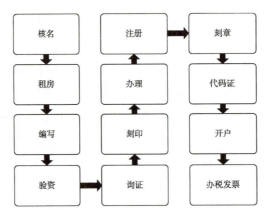

图 3-6　注册公司流程

1. 核名

到工商局企业注册登记窗口领取一张"企业（字号）名称预先核准申请表"，填写你准备创办的公司名称，由工商局上网检索是否有重名，如果没有重名，就可以使用这个名称，然后核发一张"企业（字号）名称预先核准通知书"。

2. 租房

首先，需要确定新设公司的租房需求，包括位置、面积、设施等要求，并制定相应的预算；在确定需求和预算后，可以通过多种渠道寻找适合的房源，包括房产中介、在线房屋租赁平台、公司合作伙伴的推荐等；对于找到的潜在房源，应该安排实地考察，以确保其符合公司的需求和要求；确定选择的房源后，与房东或房产中介会商谈租赁条款，并签署租赁合同。合同中应明确房租、租期、押金、维护责任等重要条款。

3. 编写

可以在工商局网站下载"公司章程"的样本，根据新创设企业的实际情况制定本公司的章程草案，经第一次股东会议通过后由所有股东签名。

4. 验资

去银行开立公司验资户。所有股东带上自己入股的那一部分钱到银行，带上公司章程、工商局发的核名通知、法人代表的私章、身份证、用于验资的钱、空白询征函表格，到银行开立公司账户，告知银行是开验资户。开立好公司账户后，各个股东按自己出资额向公司账户中存入相应的钱。银行会发给每个股东缴款单，并在询征函上盖银行的章。

5. 询证

到会计师事务所领取"银行询征函"（必须是原件，会计师事务所盖章）。

6. 刻印

刻印私人章。

7. 办理验资报告

拿着银行出具的股东缴款单、银行盖章后的询征函，以及公司章程、核名通知、房租合同、房产证复印件，到会计师事务所办理验资报告。一般费用为 500 元左右（50 万元以下注册资金）。

8. 注册公司

到工商局领取公司设立登记的各种表格，包括设立登记申请表、股东（发起人）名单、董事经理监理情况、法人代表登记表、指定代表或委托代理人登记表。填写完成后，连同核名通知、公司章程、房租合同、房产证复印件、验资报告一起交给工商局。约 3 个工作日后便可领取执照。

9. 刻公章

凭营业执照到公安局指定的刻章处，去刻公章、财务章。后面步骤中，均需要用到公章或财务章。

10. 办理企业组织机构代码证

凭营业执照到技术监督局办理组织机构代码证，费用是 80 元，时间需要半个月，技术监督局会首先发一个预先受理代码证明文件，凭这个文件就可以办理后面的税务登记证、银行基本户开户手续。

11. 去银行开基本户

凭营业执照、组织机构代码证到银行开立基本账号。建议到办理验资报告时的那个银行去办理。

12. 办理税务登记

领取营业执照后，30 日内到当地税务局申请领取税务登记证。一般的公司需要办理两种税务登记证，即国税和地税。

13. 申请领购发票

如果公司是销售商品的，应该到国税去申领发票；如果是服务性质的公司，则到地税申领发票。

知识拓展

企业取名攻略

（1）法律规定：企业名称一般由四部分组成——企业所在地行政区划名称、字号（商号）、行业（或经营）特点、组织形式，如中国东海化工股份有限公司。企业名称必须带有"合伙""有限""股份""独资"字样。

（2）企业取名注重充分传达企业理念，体现企业精神、行业特征。

（3）企业取名充分注重个性化，突出民族特征、爱国爱民。

（4）企业取名追求简洁明快，体现一定的艺术性，追求词意，读音吉祥、健康，易记，利于传播。

单元三　创业融资

思维导图

对创业者来说，能否快速、高效地筹集资金，是创业企业站稳脚跟的关键，更是实现二次创业的动力。很多创业者缺乏融资的专业知识与经验，认为目前国内创业者的融资渠道较为单一，主要依靠银行等金融机构。而实际上，风险投资、民间资本、创业融资、融资租赁等都是不错的创业融资渠道。这些融资渠道大致分为两类，即债权融资与股权融资。债权融资的主要途径：银行贷款、典当融资、融资租赁等；股权融资的主要途径：风险投资、私募融资等。本单元将介绍不同的融资渠道，创业者需要根据自身创业路径选择、搭配不同的渠道筹措资金。

一、创业债权融资渠道

（一）银行贷款融资渠道

微课：大学生创业融资

想一想

当自筹资金遇到困难时，对于创业者来说，首选的应该是向银行贷款或通过信用担保体系融资。为什么这么说呢？

银行贷款是银行根据国家政策以一定利率将资金放贷给资金需要者，并约定期限归还的一种经济行为。根据贷款担保条件不同，一般可分为抵押／质押贷款和信用贷款。针对初创者"贷款难"问题，专设"创业担保贷款"，为信用贷款形式之一。抵押／质押贷款的特征是贷款金额较高，且贷款利率低；贷款门槛高，需要不动产／动产抵押；程序复杂，放款周期较长；存在抵押物被没收的风险；一般针对大型企业或政府项目。而信用贷款是以贷款者信誉为基础的贷款，一般无抵押，放款速度快。本部分将重点介绍创业担保贷款。

1. 何谓"创业担保贷款"

创业担保贷款是指以具备规定条件的创业者个人或小微企业为借款人，通过地方政府出资设立创业贷款担保基金，由经办金融机构发放，政府给予一定贴息，用于支持个人创业和小微企业扩大就业的一项贷款业务。

2. 贷款申请条件

（1）小微企业贷款。符合《统计上大中小微型企业划分办法（2017）》（国统字〔2017〕213号）文件规定的小微型企业，且当年（申请资格审核前或贷款发放前12个月内）新招用符合创业担保贷款申请条件的人员（城镇登记失业人员、就业困难人员、复员转业退役军人、刑满释放人员、高校毕业生、化解过剩产能企业失业人员、建档立卡贫困人口）数量达到企业现有在职职工人数15%（超过100人的企业达到8%）以上，并签订1年以上劳动合同的小微企业。

（2）个人创业贷款。法定劳动年龄内，符合范围的人员（深圳户籍、港澳居民，其他在深创业者），在深圳市行政区域内自主或合伙创业，持有营业执照（或民办非企业单位登记证书）或有实际创业项目。申请人及配偶有良好的个人信用，具有还贷能力。除助学贷款、扶贫贷款、住房贷款、购车贷款、10万元以下小额消费贷款（含信用卡消费）外，申请人提交创业担保贷款申请时，本人及其配偶应没有其他贷款。

3. 贷款额度、期限和贴息

（1）国家规定小微企业创业贷款额度不超过300万元，期限不超过2年；个人创业担保贷款额度不超过20万元，期限不超过3年。各地政府在国家规定的基础上可根据当地财政条件做适当调整。如在深圳，对符合条件的小微企业，贷款最高不超过300万元，符合条件的个人创业者可申请最高60万元的创业担保贷款。深圳户籍创业者贷款累计次数不超过3次，小微企业每次贷款期限一次最长不超过3年，个人创业每次贷款期限一次最长不超过3年。自2021年1月1日起，贷款利率不超过LPR+50个基点，新发放的创业担保贷款利息：LPR-150 BP以下部分，由借款企业承担，剩余部分财政给予贴息。

（2）示例与实例讲解。

【示例】

①申请人承担 =LPR-150BP。

②贴息 =R-LPR+150BP（R是指实际贷款利率）。

③注：因为政策要求"实际贷款利率不超过LPR+50BP"，即R-LPR≤50BP，所以，贴息 =R-LPR+150BP≤200BP，也就是说贷款贴息最高不超过2%。

【实例】

①如果某创业个人（企业）实际借款利率为4.35%，当月LPR为3.85%，那么政府贴息 =4.35%-3.85%+1.5%=2%。

②如果某创业个人（企业）实际借款利率为4.35%，当月LPR为3.85%，那么创业个人（企业）实际承担利息 =3.85%-1.5%=2.35%。

4. 贷款申请流程

（1）准备好贷款材料。在申请办理小额贷款时，提前准备好贷款材料对于顺利办理贷款是有很大帮助的。个人小额贷款的申请材料主要有二代身份证及复印件；近 3～6 个月的银行流水单；居住证明，一般为水、电、燃气账单。

（2）提前查询征信报告。由于个人小额贷款不需要借款人提供抵押物，因此对于借款人的个人资质是很看重的，其中最重要的是个人信用记录。银行一般只看最近两年的信用状况，普遍对逾期的限定是，近三个月内不能有两次，近半年内不能有三次，一年内不能有四次。

（3）选择正规的贷款机构。由于申请办理个人小额贷款的借款人越来越多，因此现在可供选择的贷款机构也变得多种多样。

（二）债权融资其他渠道

1. 典当融资

典当融资是指企业或个人将有价值的资产（如珠宝、艺术品、房产等）抵押给典当行、银行或其他金融机构，以获取贷款资金的一种融资方式。典当融资通常适用于短期资金需求紧迫的情况下，而且有可抵押的有价资产可用。典当融资的优点在于：

（1）典当融资可以帮助企业或个人快速获取资金，因为只需担当有价资产作为抵押就能获得贷款。相较于传统的贷款方式，典当融资通常具有更简化、快捷的审批流程。

（2）典当融资相对于高风险贷款方式（如债券或股权融资），利率通常相对较低。

（3）典当融资相对于其他贷款方式更加灵活，借款人可以根据自身需求和资产的价值选择贷款金额。此外，贷款利率和期限也可以根据实际情况灵活调整。

（4）客户向银行借款时，贷款的用途不能超越银行指定的范围，而典当行则不问贷款的用途，资金使用起来相对自由。

【案例】周先生是一位通信设备代理商，前段时间争取到了一款品牌新手机的代理权，但需要在三天内付清货款才能拿货，而他的资金投资在另一商业项目上，他可不甘心失去这得来不易的代理权。周先生脑子转到了自己的那辆"宝马"车上，于是，他马上开车来到典当行。业务员了解情况后告诉他：当天就可以办理典当拿到资金。周先生大喜过望，立即着手办理典当手续，交纳相关证件、填表、把车开到指定仓库、签合同、领当金。不出半天的工夫，他就拿到了急需的 50 万元，一个月后来赎当，这笔当金帮他赚了近10 万元。

2. 融资租赁

融资租赁是指企业或个人通过租赁方式来获取所需资产，并在租期内支付租金以及其他费用的一种融资方式。在融资租赁中，资产由租赁公司或金融机构购买，并租借给租赁方使用，租赁期限内租赁方支付租金作为融资费用。

（1）租赁物由承租人决定，出租人出资购买并租赁给承租人使用，承租人负责检查验收制造商所提供的租赁物。

（2）出租人保留租赁物的所有权，承租人在租赁期间支付租金而享有使用权，并负责租赁物的管理、维修和保养。

（3）租赁合同一经签订，在租赁期间任何一方均无权单方面撤销合同；租期结束后，承租人对租赁物可选择续租、退租或留购。

【案例】B企业拥有某生产设备原值6 000万元。现企业为增加流动性，将该设备所有权转让给金融租赁公司，再按照原值的6折回租，租赁金额为3 600万元，期限为3年。B企业仍然拥有设备的使用权，并获得了3 600万元的流动资金，在3年内按季归还，每次只需归还300万元本金及相应租息，对B企业的未来现金流并不造成较大压力。

3. 民间借贷

民间借贷是指个人、家庭、小企业等之间进行的非银行机构或非金融机构之间的借贷活动。这种借贷活动是在市场经济中常见的一种非官方的融资方式。需要注意的是，民间借贷具有较高的风险，特别是在没有明确的法律保护和监管的情况下。

（1）利息规定：根据《中华人民共和国民法典》及相关法律规定，自然人之间的借款合同约定支付利息的，借款的利率不得违反国家有关限制借款利率的规定；民间借贷的利率可以适当高于银行的利率，但最高不得超过银行同类贷款利率的四倍（包含利率本数）；如果公民之间的借款没有约定利息，贷款方就无权收取利息。

（2）借款期限：如果公民之间的借贷没有约定还款日期，借款方可以随时还款，贷款方可以随时要求还款。

（3）诉讼时效：我国法律对借款纠纷规定了2年的诉讼时效，但这里所指的2年并不是简单地从借款日起计算，而是从知道或应当知道权利被侵害起计算。

二、创业股权融资渠道

（一）风险投资融资渠道

风险投资（Venture Capital，VC）又称创业投资，源于20世纪40年代的美国硅谷，在我国也已经有较长时间的引进及成长期，在政策制度和操作方面，应该说是较为成熟的一种中小企业融资方式。广义的风险投资泛指一切具有高风险、高潜在收益，以获得投资对象股权的投资；狭义的风险投资是指向创业企业进行股权投资，以期所投资创业企业发育成熟或相对成熟后主要通过转让股权获得资本增值收益的投资方式。

1. 风险投资的特征

（1）风险投资在市场中起到一个金融中介的作用，它从投资者那里汇集资金并投资到目标公司中。风险投资可以是一项单独的投资行为，也可以作为某个投资组合的一部分。

（2）风险投资的对象通常是非上市中小型企业。在投资行为发生后，风险投资家获得公司的股权，但是该股权不能在公开市场上发售和转让，欠缺流动性。

（3）风险投资对于被投资公司除在资金上的支持外，在公司管理等领域也会发挥作用。

（4）目前多数的风险投资依然是公司首次公开募股（Initial Public Offerings，IPO），即以首次公开上市的形式来退出公司，并实现投资收益的最大化。

2. 风险投资的五要素

（1）投资方式。风险资本是指由专业投资人提供的快速成长并且具有很大升值潜力的新创企业的一种资本，一般通过购买股权、提供贷款或既购买股权又提供贷款的方式进入这些新创企业。

（2）投资分类。风险投资者大体可分为四类，分别是风险资本家、风险投资公司、产业附属投资公司和天使投资人。

（3）投资对象。风险投资关注的产业通常是高新技术产业。

（4）投资期限。虽然风险投资者可以帮助新企业成长，但是为了获得高收益，他们需要寻求渠道实现资本撤退，以获得高回报。风险资本从投入到撤出所间隔的时间长短通常称为风险投资的投资期限。作为股权投资的一种，风险投资的期限一般较长。

（5）投资目的。风险投资的目的是通过对新兴或初创企业进行资本投资，以期获得高回报，实现资本的快速增值。风险投资致力于支持创新和技术发展，通过向初创企业投资，以促进新技术、新产品或服务的研发和商业化。同时，他们期待通过合适的市场时机或合并收购等方式，将其持有的股权转售或实现退出。

创业人物

天使投资人王利杰

　　出身华为的天使投资人王利杰，将天使投资也划分了阶段，他要做的则是天使投资的"早期投资"，又称"早期天使"模式，每笔的投资额仅为5万元、10万元，获得创业公司2%、3%的股权，由于投资额小，因此在业内有"最穷天使投资人"之称。王利杰的做法并没有得到所有人的理解，有的人曾私信他称"没钱做什么投资！"但这样的早期天使模式却得到薛蛮子、蔡文胜、松禾资本等天使投资人和机构的肯定，资助王利杰3 000万元成立一支新基金——PreAngel，目前已经参与70余家移动互联网公司的创建，包括乐蛙科技、巨鹿移动等。

（二）创业股权融资轮次

　　股权融资是指企业通过出售股权（股份）来获取资金的一种融资方式。在创业企业的股权融资中，投资者购买企业的股份，成为股东，从而为企业提供资金，并获得相应的股权份额和权益。对创业者来说清晰掌握股权融资各轮次的要点是首要任务。

1. 初创期天使轮融资阶段

（1）天使轮作为股权融资的起始阶段，一般来说处在此阶段的项目还仅局限于"蓝图",因此需要投入一定的资金才能正式启动项目,将概念中的产品转变为实际产品。

(2)天使轮的融资额度一般介于50万到1 500万元人民币之间。更早的天使轮是"种子轮",融资额度一般介于10万元到100万元人民币之间。

(3)天使轮企业的估值因没有往期经营模式、利润指标等信息可以参照,故大多数天使投资都是在投"人"、投团队。例如真格基金徐小平于2009年8月投资聚美优品,在4年内投资价值由38万美元升值为3.4亿美元。

2. 初创期A轮融资阶段

(1)A轮一般是指首次正式引入战略投资者的融资环节,融资额度一般在1 500万元到1.5亿元人民币之间。在天使轮与A轮之间还有一个Pre-A轮。Pre-A轮的融资额度一般介于500万元到1 500万元人民币之间。

(2)A轮融资引入的是战略投资者,因此投资者已经不再是天使轮阶段的个人天使投资人,而主要是风险投资、创业投资等机构投资者。

(3)A轮阶段的公司主要靠用户和企业的成长空间进行估值,但也不全是采用市盈率(P/E)进行估值,具体要看领投机构的估值方法。

3. 成长期B轮融资阶段

(1)B轮的融资额度一般在2亿元人民币以上。企业在B轮的融资来源主要包括A轮投资机构的跟进投资与其他私募股权投资机构的新进投资。

(2)B轮投资的关注点之一在于估值的方法,有的投资机构按照市盈率(P/E)进行估值,有的投资机构按照单用户贡献(P/MAU)进行估值,有的机构按照市销率(P/S)进行估值。

(3)B轮投资的关注点之二在于前期的估值金额。部分初创公司在A轮融资的金额过大,在B轮就无法进行进一步的融资。

4. 成长期C轮融资阶段

(1)C轮的融资额度一般为5亿元人民币左右,完成这一阶段的融资后,有的企业已经可以称为"独角兽"。

(2)企业C轮融资的商业逻辑应已经十分清晰,企业所拥有的可供参照经营数据、财务数据也越来越多,对企业估值能给出的可比公司也是越来越多。

(3)越来越多的投资机构选择在C轮融资中"抱团取暖",大量资金扎堆投向前景已然明朗的优质明星项目,以抵御风险。

5. 成熟期Pre-IPO轮融资阶段

(1)Pre-IPO轮的投资对象是拟上市的优质项目,参与这一部分投资的操盘手以私募股权投资居多。发展到该阶段的企业称为"独角兽"企业。

(2)Pre-IPO轮采取的估值方法包括收益法、市场法、成本法等,但主要还是通过收益法,以市盈率进行估值。

(3)由于这一轮的融资会推高上市前的估值,造成炒作,上市后会因为估值偏高而收益缩水;另外,随着IPO监管趋严,监管"红线"增多,上市的不确定性极大地增加。

知识拓展

创办企业的融资轮次见表3-5。

表3-5 创办企业的融资轮次

种子轮	团队、想法、产品
天使轮	产品可视、商业模式清晰
Pre A 轮	有一定规模、市场前列
A 轮	以产品及数据支撑的商业模式、业内领先地位，初具规模
B 轮	得到验证的商业模式、新业务与新领域扩展，比较强的竞争优势
C 轮	得到验证的商业模式、新业务与新领域扩展
D 轮、E 轮、F 轮	本质是 C 轮的升级版

天使投资人主要投 A 轮之前；VC 主要投 A、B、C、D 轮，一般会要求 5 倍以上的成长；私募股权融资 PE 主要是做上市前成熟企业的投资

素养培育

让创新的动能更澎湃（人民时评）

全面建设社会主义现代化国家，实现第二个百年奋斗目标，创新是一个决定性因素。习近平总书记在党的二十大报告中强调："坚持创新在我国现代化建设全局中的核心地位。"惟创新者进，惟创新者强，惟创新者胜。坚持科技是第一生产力、人才是第一资源、创新是第一动力，深入实施科教兴国战略、人才强国战略、创新驱动发展战略，才能开辟发展新领域、新赛道，不断塑造发展新动能新优势。

习近平总书记强调："高质量发展要靠创新"。回望新时代这十年，智能机器人、增材制造等技术加快突破，有力推动制造业升级发展；超级计算、人工智能、大数据、区块链等新兴技术加快应用，推动数字经济等新产业新业态蓬勃发展；深海油气、煤炭清洁高效利用，新型核电技术为国家能源安全提供了有力保障……十年来，科技创新有力支撑了高质量发展，产业链和创新链融合更深、更高效，经济发展的新领域、新赛道不断开辟，科技创新让发展的质量更高了、发展的赛道更多了、发展的活力更足了。实践深刻启示我们，抓创新就是抓发展，谋创新就是谋未来，抓住了科技创新就抓住了牵动我国发展全局的"牛鼻子"。

科技兴则民族兴，科技强则国家强。当前，新一轮科技革命和产业变革深入发展，正在深刻影响世界发展格局，深刻改变人类生产、生活方式。我国经济社会发展比过去任何时候都更加需要科学技术解决方案，更加需要增强创新这个第一动力。坚持创新在我国现代化建设全局中的核心地位，把科技自立自强作为国家发展的战略支撑，完善科技创新体系，加快实施创新驱动发展战略，深入实施人才强国战略，高质量发展的动能必将更加澎湃有力，我们定能在新征程上赢得优势、赢得主动、赢得未来。

模块小结

本模块从创业优惠政策解读出发，理解鼓励创新创业、出台普惠政策的意义，并深入学习创业能力培育、创业环境优化、创业财税扶持、创业金融赋能、创业信息服务完善等政策，从而掌握创业政策选择和应用的能力。

创业活动应确定创业载体，选择低成本、便利化、全要素的开放式平台和专业化服务的科技创业服务机构，明确选择合适的企业组织形式，采用正确的股权与企业治理结构，设计合适的经营模式。

对创业者来说，能否快速、高效地筹集资金，是创业企业站稳脚跟的关键。在创业过程中，认知风险投资、民间资本、创业融资、融资租赁等都是不错的创业融资渠道。创业者需要根据自身创业路径选择、搭配不同的渠道筹措资金。

模块自测

一、单选题

1. 国家规定小微企业创业贷款额度不超过（　　）万元。

A.300　　　　　　　B.200　　　　　　　C.100　　　　　　　D.50

2. 国家规定小微企业创业贷款额度期限不超过（　　）年。

A.5　　　　　　　　B.4　　　　　　　　C.3　　　　　　　　D.2

3. 个人小额贷款的申请材料需要（　　）个月银行流水单。

A.1～3　　　　　　B.3～6　　　　　　C.6～9　　　　　　D.12

4. 我国法律对借款纠纷规定了（　　）年的诉讼时效。

A.5　　　　　　　　B.4　　　　　　　　C.3　　　　　　　　D.2

5. 民间借贷的利率可以适当高于银行的利率，但最高不得超过银行同类贷款利率的（　　）倍（包含利率本数）。

A.5　　　　　　　　B.4　　　　　　　　C.3　　　　　　　　D.2

二、多选题

1. 选择组织形式需要考虑（　　）因素。

A. 拟投资的行业　　　B. 风险承担能力　　　C. 税务因素

D. 未来融资需要　　　E. 经营期限

2. 企业的组织架构主要分为（　　）。

A. 直线制　　　　　　B. 职能制　　　　　　C. 直线－职能制

D. 事业部制　　　　　E. 矩阵制

3. 企业最基本和最重要的部门有（　　）。

A. 营销部　　　　　　B. 采购部　　　　　　C. 制造部

D. 财务部　　　　　　E. 人力资源部

4. 企业有（　　　）类型。

    A. 个人独资　　　　　　　B. 集团　　　　　　　　C. 合伙

    D. 公司　　　　　　　　　E. 跨国企业

5. 在企业实现 IPO 之前，要经历数个不同的股权融资阶段，一般分为（　　　）。

    A. 天使轮　　　　　　　　B. A 轮　　　　　　　　C. B 轮

    D. C 轮　　　　　　　　　E. Pre-IPO 轮

三、思考题

1. 我国创业普惠政策分为几种类型？

2. 独资企业、合伙企业、公司制企业有何区别？

3. 鼓励创新创业、出台普惠政策的意义有哪些？

4. 经营模式的内涵包含什么？

5. 注册公司流程主要包括哪些程序？

◆综合实训

    2021 年 3 月，大学生甲、乙、丙、丁按照《中华人民共和国合伙企业法》的规定，共同投资设立一家从事商品流通的有限合伙企业。合伙协议约定了以下事项：（1）甲以现金 5 万元出资，乙以房屋作价 8 万元出资，丙以劳务作价 4 万元出资且另外以商标权作价 5 万元出资，丁以现金 10 万元出资；（2）丁为普通合伙人，甲、乙、丙均为有限合伙人；（3）各合伙人按相同比例分配盈利、分担亏损；（4）合伙企业的事务由丙和丁执行，甲和乙不执行合伙企业事务，也不对外代表合伙企业；（5）普通合伙人向合伙人以外的人转让财产份额的，不需要经过其他合伙人同意；（6）合伙企业名称为"稳信物流合伙企业"。

    根据以上事实，回答下列问题，并分别说明理由。

（1）合伙人丙以劳务作价出资的做法是否符合规定？

（2）合伙企业事务执行方式是否符合规定？

（3）关于合伙人转让出资的约定是否符合法律规定？

（4）合伙企业名称是否符合规定？

（5）各合伙人按照相同比例分配盈利、分担亏损的约定是否符合规定？

模块四
初创企业管理

"青年有着大好机遇，关键是要迈稳步子、夯实根基、久久为功。心浮气躁，朝三暮四，学一门丢一门，干一行弃一行，无论为学还是创业，都是最忌讳的。"

——习近平在北京大学师生座谈会上讲话（2014 年 5 月 4 日）

学习目标

知识目标：

1. 熟悉企业成长的概念；
2. 掌握成长期企业运作的原则；
3. 掌握初创企业的营销管理；
4. 掌握初创企业的财务管理、生产管理等方法。

能力目标：

1. 能够及时应对瞬息变化的市场做出决策；
2. 能够科学安排企业生产管理；
3. 能够准确树立企业的核心竞争力。

素养目标：

1. 培养大学生的责任担当意识；
2. 培养勇于创新、敢为人先的首创精神；
3. 培养以改革创新为核心的时代精神。

模块导入

初创企业数量增速全球第一，中国人才与经济的"再造"希望

中国初创企业数量超过 161 万家，自 2010 年来每年以将近 100% 的速度增长，排在全球第一。这一速度"赶英超美"，几乎是排在第二名的英国的两倍，更远高于美国。这组最新出炉的数字，让全球目光再次聚焦中国。虽然，目前中国整体经济增长

放缓的"寒风"仍然在持续，但是国内创业的热情高涨到发烫的程度，一股新经济的活力已在酝酿之中。

人才"再造"，从保守求稳到勇敢创新；经济"再造"，从野蛮生长到科技引领

对于浩浩荡荡的创业大军，有关专家表示，并不是每个人都适合创业，其中难免有一些泡沫成分，80%以上的创业项目最终可能以失败告终。但是，大浪淘沙留下来的，必然是最有生命力的创新人才，他们在失败和挫折之后会越走越远，并成为新一代的经济脊梁。"创业纵然出现泡沫，毕竟不像炒股炒房泡沫之后的情况，创业者素质经过历练，整个社会人才素质提高本身也会促进经济发展。"

（资料来源：https://www.gov.cn/zhengce/2015-12/14/content_5023515.html.）

分析思考

在这一场"大众创业、万众创新"的浪潮中，中国经济也在经历一场升级换代的"再造"。高耗能、高污染的落后产能，将逐步退居台后；而代表更先进生产力的科技企业、创新企业将成为未来中国经济舞台的真正主角。

单元一 初创企业的营销管理

思维导图

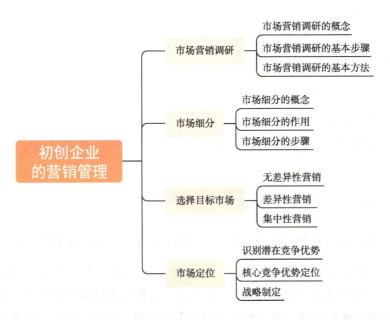

　　成熟企业往往设有专门的营销费用，可以承受高额的广告费、赞助费等，而且在市场中已经有了一些知名度，做营销相对容易。而新企业做营销是比较困难的，主要是因为新企业资源有限，营销资源更是有限。那么，初创企业怎样做营销呢？关键就是要"准"。精准的市场定位能够有效弥补新企业在营销资源上的短板，并且有助于企业快速抓住市场机会。

一、市场营销调研

　　市场营销是组织或个人根据市场需求和消费者行为，通过产品、价格、推广和分销等市场活动来实现产品或服务的销售过程。最简短的理解是"有利益地满足需求"。

　　企业要实现利润，首先必须满足顾客的需求。企业对目标市场的顾客越了解，提供的产品或服务就越能满足他们的需求。因此，从创业的第一天开始，创业者就必须不停地思考以下问题：

（1）谁是我们的顾客？

（2）我们的市场由哪些顾客组成？

（3）市场是如何细分的？

（4）我们通过什么方式吸引顾客？

（5）顾客为什么选择我们的产品而不是竞争对手的产品？

（6）竞争对手是谁以及怎样才能使竞争更有成效？

（7）真正的市场营销人员所采取的第一个步骤，就是要调查研究，即市场营销调研。

（一）市场营销调研的概念

　　市场营销调研是指通过采集、分析和解释市场信息，以了解消费者、市场和竞争环境等关键要素的一项活动。它是市场营销策略制定的重要基础，能够为企业提供有关市场需求、目标消费者、竞争对手和市场趋势等方面的详细信息。

（二）市场营销调研的基本步骤

　　市场营销调研的任务就是为管理和决策部门提供相关的、准确的、可靠的、有效的信息。正确的决策不是通过直觉和猜测得到的，缺乏充分依据的信息很可能导致错误的决策。那么，该如何开展市场营销调研呢？营销人员可以按照以下五个步骤展开市场营销调研（图4-1）。

图 4-1　市场营销调研的步骤

1. 确定问题和调研目标

市场营销调研的第一个步骤是确定所要调研的问题及调研工作所要达到的目标。在任何一个问题上都存在许多可以进行调研的内容。例如，当某企业需要了解某种新型化妆品有多大市场时，可以提出如下问题："消费者喜欢什么样的化妆品""消费者使用化妆品的目的是什么""消费者愿意花多少钱购买化妆品"等，市场营销调研的侧重点可以有很多。这就要求企业营销管理者必须善于把握问题，对问题的规定要适当。

在组织每次营销活动时，营销人员应首先提出需要解决的最着急的、最迫切的问题，选定调研的专题，明确调研活动要完成的任务、实现的目标。调研专题的界定不能太宽、太空泛，避免出现调研专题不明确、不具体的现象。例如，"研究怎样才能使我们的顾客感到满意"就是一个过于空泛、模糊的调研专题。因为对任何一家企业来说，影响顾客满意程度的因素太多，绝不是借助一两次市场营销调研就能真正弄清楚的。调研专题如果界定得太宽，则会使调研人员无所适从，在大量的不必要信息面前迷失方向，反而不能使调研人员发现真正重要的信息；反之，如果调研专题界定得过窄，也不能充分反映市场营销的情况，使调研不能起到应有的作用。

2. 制订调研计划

市场营销调研的第二个步骤是制订一个最有效的调研计划，营销调研计划应由专业人员设计。营销管理人员必须具有充分的营销调研知识，以便能够审批该计划和分析调研结果。营销调研计划的内容应包括组织本次市场营销调研的目的、总体范围、收集资料和信息的方法，确定调研人员，明确调研步骤的进度与工作内容，拟定调研提纲，审核本次调研的必要性，提出在调研过程中可能遇到的问题及解决办法，同时，还要确定调研资料的处理与分析方法，制订调研预算并报批等。

3. 收集信息

根据企业需要调查的问题和要求，调研人员必须寻找到科学、准确的调研资料。这是一个花费时间或成本最高也最容易出错的步骤。调研人员在进行调研时应注意以下主要问题：如果未能拜访到被调查者，那么调研人员必须再度访问；如果被调查者拒绝合作，那么调研人员应重新设计问卷或对拒绝理由做深入追踪；如果被调查者的回答带有偏见或不够真实，调研人员应尽量使被调查者正确理解问题的原意，并对被调查者回答的准确性和可靠性做出判断。在现代通信和电子技术的影响下，数据收集的方法正在迅速改变。计算机辅助电话调查在发达国家的应用日益广泛，企业可以使用中心网络终端，在一个集中的地点进行访问工作。

4. 分析信息

对所收集到的各种信息，调研人员还需要进行整理分析，包括将资料分类编号并进行统计分析和整理，对实地调查得来的资料要检查误差，发现记录不完整和数据前后矛盾的地方，应审核情报资料的根据是否充分、推理是否严谨、阐述是否全面、结论是否正确。

调研人员可以将数据列成表格，还可以对主要变量计算其平均数和衡量数据分布特征，以期最大限度地利用收集到的信息，得出更多的调查结果，为营销决策提供更为有效的依据。一般来说，按信息分析的性质不同，可分为定性分析与定量分析；按信息分析方式的不同，可分为经验分析与数学分析。当前的趋势是越来越多的企业借助数学分析方法对调研资料进行定量分析。人们通常认为，利用先进的统计学方法和决策数学模型，辅之经验分析与判断，可以较好地保证调查分析的科学性与正确性。

5. 提出调查结论

在对调查资料分析处理的基础上，调研人员必须得出调研结论，通常以调研报告的形式总结汇报调研结果。调研报告要简明扼要，避免占用营销决策人员太多的时间，并能使其抓住要点。调研报告一般包括以下几个部分：

（1）引言。引言包括标题和前言。在前言中应阐述调研的目的、时间、地点、对象、范围、采用的调研方法、样本的分配及调研的局限性（如问卷的回收率、有效率）等。

（2）正文。正文是调研报告的主体。正文包括对调研结果的描述和分析、提出的结论和建议等。

（3）结尾。结尾是调研报告的结束部分。结尾包括样本误差的说明，要与调研报告前言相照应，还可以重申有关论点以加强认识。

（4）附件。附件包括所有与研究结果有关但不宜放在正文中的资料，如图表、附录、问卷、抽样设计的详细说明、决定样本大小的统计方法等。

（三）市场营销调研的基本方法

市场营销调研的方法有很多，选用的方法是否得当，对调研结果的功效影响极大。一般有以下几种方法。

1. 询问法

询问法是以询问的方式了解情况、收集资料，并将所要调查的问题，以面谈、电话、会议、书面等形式向被调查者提出询问，从而获得所需要的各种情况和资料。这是一种最常用的市场营销调研方法，也可以说是一种特殊的人际关系或现代公共关系。正因如此，调研人员应清楚地认识到，通过调查不仅要收集到调查所期望的资料，而且应在调查过程中给调查对象留下良好的印象，树立公司的形象，可能时应将被调查者作为潜在的用户，以进一步说服成为自己的用户。按调查者与被调查者的接触方式和问题传递方式的不同，询问法可分为访问调查、电话调查和邮寄调查三种。企业可以根据自身的财力、物力、人力及调查的时间限制情况加以综合选择。

2. 观察法

观察法是指通过观察和记录目标市场中的现象、行为和情况，以获得有关消费者行为、产品使用情况、购物环境等方面的信息的一种数据收集方法。

（1）直接观察法。直接观察法即在现场由调查人员直接对调查对象进行观察。例如，调查消费者对品牌、商标的爱好与反应，可派人到零售商店的柜台前观察购买者的选购行为。若要调查销售人员的工作表现，可派人员对调查对象的服务态度、方法、效率进行直接观察。

（2）间接观察法。间接观察法也称痕迹观察法，就是通过对现场遗留下来的实物或痕迹进行观察，以了解或推断过去市场的行为。例如，美国汽车经销商都同时经营汽车修理业务。他们为了了解在哪一个广播电台做广告的效果最好，对开过来修理的汽车，要做的第一件事情，就是派人查看汽车里的收音机的指针对准哪一个电台，然后他们就可以了解到哪一个电台的听众最多，下一次就可以选择在这个电台做广告。

（3）亲身经历法。亲身经历法即调查人员亲自参与某种活动从而收集有关的资料信息。

（4）行为记录法。行为记录法就是通过使用仪器设备来收集有关信息。

3. 实验法

实验法是指从影响调查问题的许多可变因素中选出一个或两个因素，将它们置于同条件下进行小规模的实验，然后对实验结果进行分析，确定研究结果是否值得大规模推广，它是研究产生问题的各因素之间的因果关系的一种有效手段。

实验法应用范围十分广泛。例如，改变某种产品的设计、质量、包装、价格、广告、陈设或改变该产品的销售渠道后，销售量会发生哪些变化，都可以先在一个小规模的市场范围内进行实验。通过观察顾客的反应和市场变化的结果，企业再决定是否推广该产品。

（1）实验法的优点。实验结果具有较大的客观性和实用性，可以按照调查需要，进行实验过程设计，有效地控制实验环境和调研过程，提高调查的精确性。另外，实验法具有主动性和可控性，这是其他几种调查方法无法做到的。

（2）实验法的缺点。实验时间长、费用高，只能掌握因果变量之间的关系，容易暴露企业的营销计划。另外，由于市场现象与自然现象相比，随机因素、不可控因素更多，政治、经济、社会、自然等各种因素都会对市场产生作用，因此这些因素必然会对实验结果产生影响，完全相同的条件是不存在的。

（3）常用的实验法。

①实验室实验法。实验室实验法是指在因素可以控制或消除的环境下进行实验而获得调研资料的方法。这种方法在研究广告效果和选择广告媒体时常常被使用。

实验室实验法可以在较短的时间内完成，能有效地控制外来因素，还能持续地进行观察，并多次进行同种实验。正因为它对外来因素的高度控制，因而具有较高的内部有效性，即实验结果与刺激措施有关而与外来因素基本无关，但它的外部有效性，即实验结果应用于现实市场中的有效性相对较低。

②现场实验法。现场实验法是指在选定的有代表性的市场环境中进行实验的方法。如将产品在选定的具有可比性的几个市场上以不同的价格进行试销，从而测量价格对产品销量的影响，以确定产品的最终价格。这种方法是在正常情况下进行的，因而具有较高的外部有效性，但由于在现场实验法中实验人员对外来因素不能实现高度控制，因而它的内部有效性较低，即不能认为实验结果完全是由刺激措施所引起的。

4. 网络调研法

除询问法、观察法和实验法外，新兴的网络技术也为市场营销调研提供了现代化的技术工具，为企业快速、充分地获得市场信息提供了巨大帮助。网络调研法是一种通过网络来进行问卷设计和填写从而获得所需市场信息的方法。互联网给市场调查人员提供了一个全新的、具有很多先天优势的问卷调查工具。我们每天打开网页，几乎都能看到一些网络问卷。网络调研法具有费用低，简单高效，不受时空、地域限制等优点，一般可以通过网站调研、电子邮件调研及软件下载调研等方式进行。随着网络的发展，网络调研法会越来越被市场调研人员重视，它将在市场调研中发挥更加重要的作用。

二、市场细分

（一）市场细分的概念

市场细分（Market Segmentation）的概念是美国市场学家温德尔·史密斯（Wendell Smith，1914—1972年）于20世纪50年代中期提出来的。此后，美国营销学家菲利普·科特勒（Philip Kotler，1931— ）进一步发展和完善了市场细分理论并最终形成了成熟的STP理论——市场细分（Segmentation）、选择适当的市场目标（Targeting）和定位（Positioning）。

市场细分是将整个市场根据消费者特征、需求、行为或其他相关因素划分为不同的子市场或细分市场的过程。每个细分市场都有自己独有的特征和需求，企业可以根据这些特征开展有针对性的营销活动，以满足不同细分市场的需求。

（二）市场细分的作用

市场细分的作用是为了更好地满足不同细分市场的需求，提供差异化和个性化的产品、定价、推广和分销策略。通过有针对性的市场细分，企业能够更好地与其目标市场进行互动，并实现更高的市场占有率和盈利能力。市场细分对企业经营起着极其重要的作用。

1. 有利于选择目标市场和制定市场营销策略

市场细分使企业能够识别和了解不同细分市场的特征和需求，企业可以确定哪些细分市场具有最大的增长潜力、最高的利润率和最低的竞争压力。基于这些评估，企业可以选择适合自身资源和能力的目标市场进行重点发展。同时，市场细分为企业制定市场营销策略提供了指导。企业可以了解不同细分市场的通信渠道、购买偏好、价格敏感度等方面的特点，制定针对不同细分市场的个性化促销活动、定价策略、产品开发及渠道策略。

2. 有利于发掘市场机会，开拓新市场

细分市场分析可以揭示市场中的需求缺口和未满足的消费者需求。通过对目标市场进行深入调研和细分分析，企业可以识别到新的市场机会，并了解哪些需求尚未得到满足。这为企业创造新产品、开拓新服务和占领新市场提供了机会。通过利用细分市场的机会，企业可以开拓新市场并增加市场份额，实现长期的业务增长和盈利能力。

3. 有利于集中人力、物力投入目标市场

市场细分有利于企业将有限的人力和物力资源集中投入目标市场中，以提高市场营销

的效率和效果。这有助于企业更有效地利用有限的资源，提高运营效率，提升竞争力，并实现更好的市场表现和业绩。

4. 有利于企业提高经济效益

细分市场的存在使企业有机会与目标市场中的消费者建立更紧密的关系。通过细分市场，企业可以更加精确地满足目标市场的需求，提高市场份额和销售量，并降低营销成本，从而改善经济效益。这为企业增加盈利能力、改善财务状况和实现长期的可持续发展提供了机会。

(三) 市场细分的步骤

市场细分作为一个比较、分类、选择的过程，通常可分为以下几个步骤。

1. 确定进入市场的范围

企业根据自身的经营条件和经营能力确定进入市场的范围，如进入什么行业，生产什么产品，提供什么服务。

2. 进一步确定细分标准

市场细分标准是指以消费者所具有的明显不同的特征为分类的依据。常见的市场细分标准见表 4-1。

表 4-1　市场细分标准

细分标准	具体变量
地理环境	国家、地区、城市、农村、气候、地形等
人口因素	年龄、性别、职业、收入、教育、家庭人口、家庭类型、家庭生命周期、国籍、民族、宗教等
心理因素	个性、兴趣、爱好、生活方式等
购买行为	时机、追求利益、使用者地位、产品使用率、忠诚程度、购买准备阶段、态度等

3. 分析潜在顾客的不同需求，初步划分市场

企业将所列出的各种需求通过抽样调查，进一步收集有关的市场信息与顾客背景资料，然后初步划分出一些差异较大的细分市场，至少从中选择出三个分市场。

4. 剔除无效市场

根据有效市场细分的条件，对所有细分市场进行分析研究，剔除不符合要求、无用的细分市场。

5. 为细分市场定名

为便于操作，可结合各细分市场上顾客的特点，用形象化、直观化的方法为细分市场定名。

6. 充分分析细分市场的特点

进一步对细分后选择的市场进行调查研究，充分认识各细分市场的特点，本企业所开发的细分市场的规模、潜在需求，还需要对哪些特点进一步分析、研究等。

7. 决定细分市场规模，选定目标市场

企业在各子市场中选择与本企业经营优势和特色相一致的子市场，将其作为目标市场。没有这一步，就没有达到细分市场的目的。

三、选择目标市场

目标市场是企业经营活动所要满足的市场，是企业为实现预期目标要进入的市场。一旦企业确定了市场细分方案，就必须评估各种细分市场和决定为多少个细分市场服务。

微课：初创企业
目标市场的选择
与定位

企业进行目标市场选择的营销策略一般有无差异性营销、差异性营销和集中性营销三种。

（一）无差异性营销

1. 无差异性营销的概念

无差异性营销（Undifferentiated Marketing）又称为无差别市场策略、无差异性市场营销，是一种市场营销策略。其指企业面对细分化的市场，企业看重各子市场之间在需求方面的共性，而不注重它们的个性，将产品或服务面向整个市场，无论消费者的特征、需求或行为是否相同，采取统一的营销策略和方案。无差异性营销假定市场中的消费者具有相似的需求，并将产品定位为适合整个市场的普遍需求。

2. 无差异性营销的实施前提与依据

（1）市场差异性小。市场细分虽然是寻找整体市场差异化的过程，但企业有可能在对整体市场进行细分后，发现大多数消费者对于产品或服务存在共同的普遍需求，而且这些需求不需要针对特定细分市场进行个性化满足。

（2）产品同质性强。企业的产品或服务需要具备较高的可标准化性，这意味着产品或服务的特点和功能在整个市场上是通用的，不需要进行个性化定制。

（3）规模经济效应。企业通过评估各细分子市场后发现，可以通过大规模生产和无差异性营销策略，以实现较低的成本和更高的效率。

3. 无差异性营销的优点

无差异性营销的最大优点在于成本的经济性，就像制造上的"大量生产"与"标准化"一样。

（1）单一产品线可减少生产、存货和运输成本；

（2）无差异的广告计划能使企业经由大量使用而获得媒体的价格折扣；

（3）不必进行市场细分化所需的营销研究与规划，可降低营销研究的成本与管理费用。

4. 无差异性营销的缺点

无差异性营销可能引起激烈的竞争。实行无差异性营销的直销商一般针对整体市场，当同行中有许多人如法炮制后，可能发生大市场内竞争过度，而小市场乏人问津的情况。

(二)差异性营销

1. 差异性营销的概念

差异性营销（Differentiated Marketing）是指企业根据不同的细分市场、消费者需求、偏好或行为等因素，制定针对性的营销策略和方案，以满足不同目标市场的需求。差异性营销的核心思想是将市场细分为多个特定的细分市场，为每个细分市场提供个性化的产品、定价、推广和分销策略。

2. 差异性营销的优点

差异性营销允许企业更好地满足不同细分市场的需求，提供个性化的产品和服务，建立品牌认知和忠诚度，并在竞争激烈的市场中获得竞争优势。通过差异性营销，企业能够更准确地定位自己的目标市场，并制定更具针对性的市场营销策略和方案。

差异性营销策略大大提高了企业的竞争能力。通过差异性营销，企业能够更好地了解消费者需求，能够建立与目标市场的紧密联系，提供个性化的产品和服务，并在市场中取得竞争优势。这有助于提高客户满意度、增加市场份额、提升品牌形象，并实现增长和长期的盈利能力。

3. 差异性营销的缺点

差异性营销有自身的局限性，其主要的缺点在于资源投入过高与管理复杂度增加。差异性营销要求企业为不同的细分市场开发和推广不同的产品和服务，这意味着企业需要投入更多的资金、时间和人力资源来满足不同市场的需求。同时，差异性营销需要企业针对每个市场制定独立的营销策略和销售计划，这可能导致管理困难和资源浪费。

(三)集中性营销

1. 集中性营销的概念

集中性营销即集中营销（Concentrated Marketing），也称聚焦营销，是指企业选择在一个或少数几个市场细分中专注于推广和销售其产品和服务。其主要特点是将企业的资源集中投入一个或少数几个目标市场中，以实现更高效的市场开发和销售。

2. 集中性营销的优点

集中性营销的优点是企业将资源集中在某个具有潜力和优势的市场细分上，以满足特定消费者群体的需求，而且经营聚焦，管理简单、方便，使企业经营成本得以降低，有利于集中使用企业资源，实现生产的专业化，并实现规模经济的效益。

3. 集中性营销的缺点

集中性营销对环境的适应能力较差，企业依赖于一个或少数几个市场细分，企业的成功与这些市场的发展和稳定性有密切关系。如果目标市场发生变化，例如消费者需求变化、竞争加剧或市场萎缩，企业可能会遭受损失。集中性营销使企业更加脆弱，无法分散风险。集中性营销可能限制企业提供多样化的产品和服务，会缺乏开发和推广其他市场中的产品和服务的资源和动力。这可能导致机会损失和局限性。

四、市场定位

市场定位（Market positioning）是指企业选择并塑造其产品或品牌在目标市场中所占据的独特位置或形象。市场定位是一种战略性的市场营销活动，通过明确的定位策略，企业可以在消费者心中建立独特的品牌形象，以及与竞争对手区分开来。

市场定位的目标是使企业在目标市场中获得竞争优势，并满足消费者的特定需求和心理期望。这种定位可以是基于产品的特点、价格、品牌形象、服务水平或其他差异化因素。通过市场定位，企业试图告诉消费者为什么他们的产品或品牌是独特和有价值的，以吸引潜在消费者的兴趣和忠诚度。这就要求企业找准竞争优势，即能提供确定的特色来满足消费者的特定偏好，突出产品或服务的特色与不同。

企业市场定位的全过程可以通过以下三大步骤来完成。

微课：竞争者
识别

（一）识别潜在竞争优势

识别潜在竞争优势的中心任务是要回答以下三个问题：

（1）竞争对手的产品定位如何？

（2）目标市场上顾客欲望满足程度如何及确实还需要什么？

（3）针对竞争者的市场定位和潜在顾客真正需要的利益要求，企业应该及能够做什么？

要回答这三个问题，企业市场营销人员必须通过一切调研手段，系统地设计、搜索、分析并报告有关上述问题的资料和研究结果。通过回答上述三个问题，企业就可以从中把握和确定自己的潜在竞争优势在哪里。

（二）核心竞争优势定位

核心竞争优势定位是指企业通过充分发挥其所具备的核心竞争优势，将其产品或品牌在目标市场中与竞争对手区分开来，以取得持续竞争优势。核心竞争优势是企业相对于竞争对手所拥有的独特、难以复制或替代的资源、能力或优势，可以使企业在市场上表现出优越性并赢得消费者的青睐。通过定位核心竞争优势，企业迅速提升品牌形象、建立市场信任，并实现市场份额的增长。核心竞争优势定位需要企业深入了解自身的优势和市场需求，并将其与目标市场的特点和竞争环境相匹配。

（三）战略制定

战略制定的主要任务是企业要通过一系列的宣传促销活动，将其独特的竞争优势准确地传播给潜在顾客，并在顾客心目中留下深刻的印象。

（1）应使目标顾客了解、知道、熟悉、认同、喜欢和偏爱此企业的市场定位，在顾客心目中建立与该定位相一致的形象。

（2）企业通过各种努力强化目标顾客形象，保持对目标顾客的了解，稳定目标顾客的态度和加深目标顾客的感情来巩固与市场相一致的形象。

（3）企业应注意目标顾客对其市场定位理解出现的偏差，或由于企业市场定位宣传上的失误而造成的目标顾客模糊、混乱和误会，及时纠正与市场定位不一致的形象。企业的产品在市场上定位即使很恰当，但在下列情况下，也应考虑重新定位：

①竞争者推出的新产品定位与此企业产品相近，侵占了此企业产品的部分市场，使此企业产品的市场占有率下降。

②消费者的需求或偏好发生了变化，使此企业产品销售量骤减。

重新定位是指企业为已在某市场销售的产品重新确定某种形象，以改变消费者原有的认识，争取有利的市场地位的活动。重新定位对于企业适应市场环境、调整市场营销战略是必不可少的，可以视为企业的战略转移。重新定位可能导致产品的名称、价格、包装和品牌的更改，也可能导致产品用途和功能上的变动，企业必须考虑定位转移的成本和新定位的收益问题。

典型案例

加多宝的营销之策

凉茶是广东、广西地区的一种由中草药熬制，具有清热去湿等功效的"药茶"。王老吉凉茶发明于清朝道光年间，被公认为凉茶始祖。20世纪50年代初，王老吉凉茶铺分成两支：一支完成公有化改造，发展为今天的广州王老吉药业股份有限公司（简称广药）；另一支由王氏家族的后人带到香港。加多宝是位于东莞的一家港资公司（鸿道集团），经广药特许，由香港王氏家庭后人提供配方进行生产。该公司在中国内地独家生产、经营王老吉牌罐装凉茶。

王老吉依靠"怕上火，喝王老吉"的精确定位和营销战略，使红罐王老吉销售火爆，并在2008年的汶川地震中凭借慈善营销一举达到顶峰。2009年，红罐王老吉在中国市场销售额达160亿元，超过可口可乐成为中国饮料的第一品牌。

之后，鸿道集团租赁广药的王老吉商标使用权期限已到。广药决定收回王老吉商标使用权。而鸿道集团不愿意看到由自己辛苦培养出的知名品牌就这样沦入他人之手。于是，其打出自己的凉茶品牌——加多宝。随后，加多宝和王老吉展开了激烈的市场竞争。王老吉品牌之战虽然以广药集团胜利告终，但鸿道集团却成为最大的市场赢家。

问题思考：加多宝采用什么样的营销之策最终获得了市场？

事件启示：加多宝通过准确的品牌定位与差异性营销策略成了真正的赢家。在广药忙于打官司之际，加多宝已经从渠道到终端，开始了"去王老吉"化，一场新的品牌重塑行动拉开序幕。加多宝利用巨额的广告投入对"加多宝出品正宗凉茶"这一理念进行广告轰炸传播，并对正宗凉茶的配方进行了改良与深加工，从本质上实现"去王老吉"化，牢牢吸引住原有消费群体，并积极吸纳更广泛的消费群体。

单元二 初创企业的财务管理

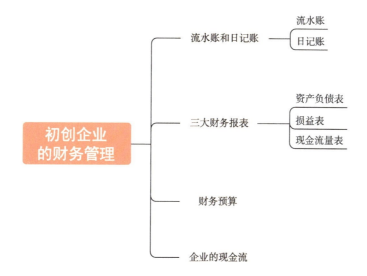
📱 思维导图

财务管理是指企业或个人有效管理资金和财务资源的过程和实践。它涉及制定财务目标、计划和决策，以利用和管理资金、优化财务资源，并监督和控制财务活动，以实现经济效益和财务可持续性。

微课：初创企业的
成本与财务管理

一、流水账和日记账

（一）流水账

流水账是一种简单的账目，是按照企业每天发生的收入和支出事项的时间顺序，把所花费和收入的金额及时记录下来的一种记账的方法，见表4-2。流水账并不是规范的财务记账方法，一般只对内不对外，可以任意更改，还可以根据流水账编制记账凭证。

表 4-2 企业日常流水账

××年		摘要	收入	支出	余额	备注
月	日					

（二）日记账

日记账属于比较正规的账簿，是根据编制的原始凭证登记的，不允许任意更改，即使更改也需要按规定的格式更改。日记账在编写时，要注意保证清晰、明确、完整、一目了然，也就是说要简洁无重复，这是十分重要的。日记账有以下几种类型：

（1）现金日记账——记录每日的现金收支情况；

（2）银行日记账——记录每天银行账户的收支情况；

（3）销售日记账——记录每天的销售收入情况；

（4）采购日记账——记录每天采购的物品和支出情况。

二、三大财务报表

编制资产负债表、损益表、现金流量表是创业者的必备技能。创业者一定不要怕面对财务数字，不要怕进行财务分析，因为财务是企业最关键的事项，它能帮助创业者优化事务决策，帮助分析经营状况，并能帮助更快地实现创造价值。

（一）资产负债表

资产负债表（Balance Sheet）又称为财务状况表或资本状况表，是一份反映企业在特定时间点上的资产、负债和所有者权益状况的财务报表。它提供了企业资产和负债的总体情况，以及所有者权益的构成和变动。

资产负债表通常以特定日期为基础，根据"资产＝负债＋所有者权益"这一平衡公式，依照一定的分类标准和一定的次序排列编制而成，提供一个全面的财务状况图景，以便进行综合性的财务分析和决策制定。

（二）损益表

损益表（Income Statement）一般是指收益表，也称"损益计算书"，是反映企业财务期间的收入、支出及净收益的财务报表。收益表的编制以收入与费用的配比原则为基础，即将某一会计期间的营业收入与应由当期收入摊销的费用（包括非常项目和非营业损益净额）相配比，以正确决定当期的净收益。

收益表内各项目的排列顺序根据采用的报表格式而不同。常见的收益表的格式有多步式和单步式。

（1）多步式的收益表是先从销货收入减去销售成本算出销售毛利，再从销售毛利中减去营业费用得到营业净收益，用营业净收益加营业外收入减营业外损失得到税前净收益，从税前净收益中减去所得税后求得净收益。

（2）单步式的收益表是将本期所有的项目分为收入和费用两部分，各种收入之和减去所有费用一次得出净收益。

（三）现金流量表

现金流量表（Cash Flow Statement）是反映一定时期内（如月度、季度或年度）企业经营活动导致的现金和现金等价物的流入和流出情况。它提供了有关企业现金收入、现金支出和净现金流的详细信息，帮助利益相关者了解企业现金的来源和用途，更直接地反映了企业的现金状况和流动性。

现金流量表提供了对企业现金收入和现金支出情况的全面了解。它帮助企业和利益相关者评估企业的流动性和现金状况，判断企业是否有足够的现金储备来应对短期债务和运营需求。通过对连续期间的现金流量表进行比较，企业可以监视和分析现金流量的趋势和变化。这有助于发现可能的现金流问题、预测未来的现金流动趋势以及基于具体情况做出决策。

现金流量表对企业和利益相关者来说是一项关键工具，用于评估企业的资金状况、预测资金需求、监控现金流动趋势，并为投资决策和财务规划提供重要的信息和参考。

三、财务预算

财务预算主要是指月预算、季度预算、半年度预算和年度预算。财务预算数据作为财务对现金流控制的基础依据，用于分析预算的各类成本费用是否合理。例如，了解货币资金的未来使用情况，将本年度预算和货币资金对比，如果货币资金不够，那么需要调整业务或企业必须在上半年度内实现营业利润兑现；如果货币资金足够，并且过多，企业股东考虑扩展业务，需要知道有多少资金可以使用，能够周转多少时间等。

四、企业的现金流

现金流是决定企业的资金周转能力及自身融资潜力的重要指标。现金流还是银行贷款时关注的重要指标，是银行衡量企业偿还能力的一大标准。

对于新企业，资金缺乏是最为普遍的问题，如果创业者不能及时解决，非常容易造成创业夭折。因此，创业者需要特别注意，在创业初期资金不要被固定资产占用太多，在企业经营的任何时期，必须保持正的现金流，不能让现金断流。

单元三 初创企业的生产管理

思维导图

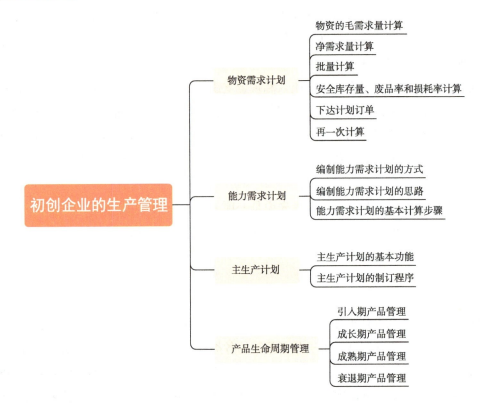

一、物资需求计划

物资需求计划（Material Requirement Planning，MRP）与主生产计划一样属于ERP（计划管理体系），是一种用于管理和计划物资需求的方法和工具。它基于制造企业的生产计划，通过分析物料清单（BOM）和当前库存水平，以确定所需的物料数量和交付时间，以满足生产计划所需。物资需求计划的主要目标是确保生产过程中所需的物料和零部件的供应能够满足生产计划，并且避免物料的过剩或缺乏。该方法通常与供应链管理和生产计划相结合，确保企业能够及时和有效地满足产品的需求并避免生产中断。

制订物资需求计划前就必须具备以下基本数据：第一项数据是主生产计划，它指明在某一计划时间段内应生产出的各种产品和备件，它是物资需求计划制订的一个最重要的数据来源；第二项数据是物资清单（BOM），它指明了物资之间的结构关系，以及每种物资需求的数量，它是物资需求计划系统中最为基础的数据；第三项数据是库存记录，它将每个物资品目的现有库存量和计划接受量的实际状态反映出来；第四项数据是提前期，决定着每种物资何时开工、何时完工。应该说，这四项数据都是至关重要、缺一不可的。其基本计算步骤如下。

（一）物资的毛需求量计算

计算物资的毛需求量即根据主生产计划、物资清单得到第一层级物资品目的毛需求量，再通过第一层级物资品目计算出下一层级物料品目的毛需求量，依次一直往下展开计算，直到最低层级原材料毛坯或采购件为止。

（二）净需求量计算

净需求量计算即根据毛需求量、可用库存量、已分配量等计算出每种物资的净需求量。

（三）批量计算

批量计算即由相关计划人员对物料生产做出批量策略决定，无论采用何种批量规则或不采用批量规则，净需求量计算后都应该表明有无批量要求。

（四）安全库存量、废品率和损耗率计算

1. 安全库存量计算

安全库存量是指企业为应对不可预测的需求波动、供应不稳定、生产延误或其他风险因素而额外保留的库存量。安全库存量的大小，主要由顾客服务水平（或订货满足）来决定。

所谓顾客服务水平，就是指对市场需求的满足程度。其计算公式如下：

$$顾客服务水平（\%）＝年缺货次数／年订货次数$$

当确定安全库存量水平时，需要考虑多个因素，如需求变异性、供应不确定性、交货时间、库存成本和流通时间等。合理的安全库存量水平应基于仔细的需求和供应链分析，并经过定期监测和调整，以确保与企业的运营需求和目标相匹配。

2. 废品率计算

废品率是指废品零件定额工时数与考核期内完成定额工时数的百分比。其是反映产品生产工作质量水平的一个重要指标。

3. 损耗率计算

损耗率是指生产企业在生产产品的过程中，根据正常的残次和损耗情况在核定单位产品的消耗与总耗料量后所确定的损耗的一定比率。

（五）下达计划订单

下达计划订单是指通过以上计算后，将所需的物料和产品的订单下达给供应商或内部生产部门。

（六）再一次计算

物资需求计划的再次生成大致有两种方式：第一种方式会对库存信息重新计算，同时覆盖原来计算的数据，生成的是全新的物资需求计划；第二种方式则只是在制订、生成物资需求计划的条件发生变化时，才相应地更新物资需求计划有关部分的记录。这两种生成方式都有实际应用的条件与模式，至于选择哪一种要看企业实际的条件和状况。

总之，物资需求计划模块是企业生产管理的核心部分，该模块制订的准确性将直接关系到企业生产计划是否切实可行。

二、能力需求计划

能力需求计划（Capacity Requirement Planning，CRP）是一种用于确定和规划企业在特定时间段内所需生产能力的方法和工具。它基于销售预测和生产计划，通过评估企业当前和未来的生产能力，以确定是否有足够的能力满足生产计划和需求。能力需求计划的主要目标是确保企业可以满足所需的生产能力，以支持销售需求和生产计划。

（一）编制能力需求计划的方式

通常，编制能力需求计划的方式有无限能力负荷计算和有限能力负荷计算两种。

（1）无限能力负荷计算是指在计划和排程过程中，假设企业资源（如设备、人力、材料等）能够无限制地满足生产需求的计算方法。无限能力负荷计算通常是一种理论模型和试验方法，用于评估和验证特定条件下的生产计划和排程。在实际生产中，资源的有限性和约束通常会考虑其中，并进行合理的资源分配和生产调度。因此，在制定和执行生产计划和排程时，仍然需要综合考虑资源的实际限制。

（2）有限能力负荷计算是一种在生产计划和排程过程中考虑资源有限性的计算方法。它通过考虑企业资源的可用性和限制，以及生产任务需求，计算出资源在特定时间段内的负荷情况。有限能力负荷计算可以帮助企业合理安排生产任务，避免资源的负荷或浪费。

（二）编制能力需求计划的思路

编制能力需求计划是为了确保企业在特定时间段内有足够的生产能力来满足销售需求和生产计划。编制能力需求计划的思路：首先需要综合考虑销售需求、生产任务、资源限制和优先级等多个因素；其次，再同各工作中心的额定能力进行比较，提出按时间段划分的各工作中心的负荷报告；最后，由企业根据报告提供的负荷情况及订单的优先级因素加以调整和平衡。

（三）能力需求计划的基本计算步骤

1. 收集数据

能力需求计划计算的数据量相当大，通常能力需求计划在具体计算时，可根据MRP下达的计划订单中的数量及需求时间段，乘以各自的工艺路线中的工时定额，转换为需求资源清单，加上车间中尚未完成的订单中的工作中心工时，成为总需求资源，再根据现有的实际能力建立起工作中心可用能力清单，有了这些数据，才能进行能力需求计划的计算与平衡。

2. 计算与分析负荷

将所有的任务单分派到有关的工作中心上，然后确定有关工作中心的负荷，并从任务单的工艺路线记录中计算出每个有关工作中心的负荷。分析每个工作的负荷情况，确认导致各种具体问题的原因所在，以便正确地解决问题。

3. 能力 / 负荷调整

解决负荷过小或超负荷能力问题的方法有三种，即调整能力、调整负荷与同时调整能力和负荷。

4. 确认能力需求计划

在经过分析和调整后，将已修改的数据重新输入相关的文件记录中，通过多次调整，在能力和负荷达到平衡时，确认能力需求计划，正式下达任务单。能力需求计划帮助企业在现有生产能力的基础上及早发现能力的瓶颈，提出切实可行的解决方案，从而为企业实现生产任务提供能力方面的保证。

三、主生产计划

在信息化行业，主生产计划（Master Production Schedule，MPS）是闭环计划系统的一个部分，是指在制造业中，根据销售预测、订单和生产能力等因素，制定的详细的生产计划。主生产计划为企业提供了在特定时间范围内生产产品的具体细节和安排。主生产计划的主要目标是将销售需求和生产能力与之匹配，以确保生产计划顺利进行，并及时满足客户需求。

（一）主生产计划的基本功能

具体来说，主生产计划在企业经营管理中主要行使以下几项基本功能。

1. 主生产计划是计划管理

主生产计划要将企业生产大纲同具体的作业计划联系起来。主生产计划就是通过对被制造的产品进行详细的计划，来决定企业"将要生产什么、生产多少、何时完成"。它比生产大纲或生产规划更加详细、具体，是切合实际的、可实施的计划。主生产计划通常是在中长期范围内进行制定，通常包括多个月或季度。

2. 主生产计划是整体管理

主生产计划是企业生产计划的核心，与销售预测、物料需求计划、能力需求计划以及其他计划和资源管理工具相结合。通过合理制订和执行主生产计划，企业可以更好地规划和管理生产活动，提高生产效率，满足客户需求，并确保供应链的顺畅运作。

3. 主生产计划是控制管理

主生产计划为生产计划管理者提供了一个"控制工具"。主生产计划是企业管理者控

制之下的最重要的一组计划数据。基于此，企业管理者对整个生产经营过程就有了控制、评价的依据。

（二）主生产计划的制订程序

一般来说，制订主生产计划应遵照以下程序：

（1）收集销售预测和订单：收集和整理销售预测和客户订单的相关信息。这可以通过市场调研、销售团队和客户关系管理系统等渠道获得。

（2）评估生产能力：评估企业的生产能力，包括设备能力、人力资源、工厂产能等。了解每个时间段内所能生产的产品数量、生产速度和工时限制等关键指标。

（3）制订主生产计划：考虑销售需求、物料供应、生产能力等因素，制订主生产计划的详细计划。确定每个产品的生产数量、生产日期、生产线分配等细节。

（4）审查和调整：对制订的主生产计划进行审查和调整。确保计划的可行性、合理性和资源的有效利用。根据实际情况和反馈进行修改和更新。

（5）跟踪和监控：定期跟踪实际的生产进度和订单状况，与主生产计划进行对比。及时调整和优化生产计划，处理潜在的瓶颈和问题。

（6）持续改进：根据反馈和经验教训，不断改进主生产计划的制定流程和执行方法。优化生产计划，提高生产效率和客户满意度。

四、产品生命周期管理

产品生命周期（Product Life Cycle，PLC）也称"商品生命周期"，是指一个产品从引入市场到最终退出市场的全过程。它描述产品在市场上的不同阶段和特征，以及随着时间推移产品的销售量和市场份额的变化。产品生命周期是由于消费者的需求变化及影响市场的其他因素所造成的商品由盛转衰的周期。其主要是由消费者的消费方式、消费水平、消费结构和消费心理的变化所决定的。一般可分为引入期、成长期、成熟期（饱和期）、衰退期四个阶段（图4-2）。

微课：初创企业
产品组合

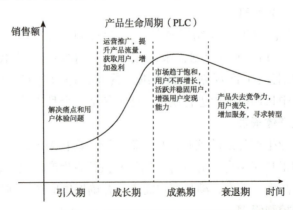

图4-2 典型的产品生命周期曲线

（一）引入期产品管理

新产品投入市场，便进入了引入期。产品在引入期通常具有较低的市场份额，因为市场还在逐渐了解和接受产品。尽管市场份额有限，但产品在引入期通常会经历一段初期的销售增长。这通常是由于市场刚刚开始认识产品，消费者对新产品充满好奇，或企业积极推广和营销的结果。引入期是建立品牌认知和形象的关键时期。企业需要投入大量资源来提高产品的知名度和用户乐见度，进行品牌宣传和推广活动。

（二）成长期产品管理

当产品在引入期的销售取得成功之后，便进入了成长期。成长期是指产品的市场份额和销售额迅速增长的阶段。在这个阶段，产品开始得到市场的认可，销售量逐渐增加，企业也投入更多资源来推动产品的市场扩张。在成长期，企业会加大对产品的广告和宣传活动。这有助于提高品牌知名度，吸引更多的潜在客户，并促使他们购买产品。为了保持竞争优势并满足不断变化的市场需求，企业可能会在成长期进行产品功能创新与升级。

（三）成熟期产品管理

成熟期是指产品在市场上获得广泛认知和接受后的阶段。在成熟期，产品的销售增长趋势相对稳定，通常不会像市场推出阶段那样迅速增长，但也不会像衰退阶段那样急剧下降。销售量保持在一个相对稳定的水平上。随着时间的推移，更多的竞争者进入市场，引发了激烈的竞争，企业将不断努力寻找差异化以赢得消费者的青睐。

（四）衰退期产品管理

衰退期是指产品在市场上逐渐失去吸引力，销售量下降，竞争加剧，消费者兴趣减弱的阶段。随着技术进步和市场需求的变化，一些产品可能变得过时，无法满足消费者的需求。这可能导致产品被淘汰出市场，被更具竞争力和适应性的产品所取代。企业会减少对该产品的营销和广告投入，资源会被重新分配到更有潜力的产品或市场。

知识拓展

产品生命周期设计——中国制造绿色发展的必由之路

产品生命周期设计是一种对产品全生命周期的问题、成本以及环境影响进行预测和优化的设计方法，是企业实现绿色制造的重要方法。产品生命周期设计对产品生命周期的质量、成本和绿色性等性能指标的影响很大，其所占的比重达到 2/3 以上。因此，开展产品生命周期设计，从设计源头控制产品在生命周期中对环境和资源消耗的影响，对于我国制造业的绿色发展具有重要意义。

在面对经济发展进入新常态，制造业发展面临新挑战时，我国党中央总揽国内国

际发展大势，站在增强综合国力、提升国际竞争力、保障国家安全的战略高度做出加快推进制造业创新发展，坚持"创新驱动、质量为先、绿色发展、结构优化、人才为本"二十字方针。

（1）创新驱动。创新包括产品和制造过程的创新。产品创新的特点是高端化、智能化、新颖化和绿色化等；制造过程创新的特点是高效化、智能化和绿色化等。

（2）质量为先。其方向是提质增效。提质，即提高产品质量，减少资源浪费，体现产品的环境友好性。增效，即提高产品的工作效率和能源使用效率等。高效节能性是产品质量的主要指标，也是绿色产品的重要指标。

（3）绿色发展。将可持续发展作为建设制造强国的重要着力点，加强节能环保技术、工艺和装备的推广应用，全面推行清洁生产。发展循环经济，提高资源回收利用效率，构建绿色制造体系，走建设生态文明的绿色发展道路主要依靠资源要素投入、规模扩张的粗放型发展模式难以为继，调整结构、转型升级、提质增效刻不容缓。形成经济增长新动力，塑造开展透明公平的产品生命周期设计，提高中国企业的绿色制造能力，实现创新、协调、开放、共享的绿色发展。

（4）结构优化。坚持把结构调整作为建设制造强国的关键环节。大力发展先进制造业，改造提升传统产业，走提质增效的发展道路。

（5）人才为本。人才是建设制造强国的根本。加快培养制造业发展急需的专业技术人才、经营管理人才、技能人才，走人才引领的发展道路。

（资料来源：顾新建，顾复.产品生命周期设计 中国制造绿色发展的必由之路 [M]. 机械工业出版社，2017.）

单元四 初创企业的成长

思维导图

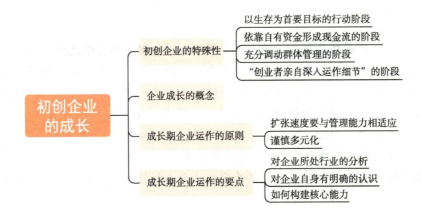

一、初创企业的特殊性

新企业在全球创业观察（GEM）的报告中，指的是成立时间为 42 个月以内的企业。新企业在发展过程中，容易遭遇资金不足、制度不完善及因人设岗等问题。企业主要将希望寄托在产品（服务）的市场前景和创业者的企业家精神上，而企业的财务资本、人力资本、技术水平、治理结构和管理制度都十分有限，更没有品牌、商誉等无形资产，生存是企业的首要任务。因此，企业不仅要面临外部环境竞争的极大压力，还要面临各种资源短缺的压力。

微课：初创企业的含义及其界定标准

（一）以生存为首要目标的行动阶段

创业初期的首要任务是在市场中生存下来，使消费者认识和接受自己的产品或服务。只有这样，企业才能够持续地为顾客创造价值，才能继续发展壮大。因此，在创业阶段，企业应始终将"生存"放在第一位，一切行为都要围绕生存而运作，一切危及生存的做法都必须予以避免。不要空谈理想，而忽略了企业生存这一根基；也不要墨守成规、只顾眼前，而失去了企业发展的大好机会；最忌讳的，就是在创业阶段不切实际地进行盲目扩张，其结果只会是：不但不会成功"跨越"，反而会加速创业企业的灭亡。

（二）依靠自有资金形成现金流的阶段

现金流是指不包括资本支出及纳税和利息支出的经营活动的净现金流。它就像是人的血液，企业可以承担暂时的亏损，但不能承受现金流的中断。新企业创业初期，企业需要大量的资金用于购买机器、厂房、办公设备、生产资料、技术研究与开发、销售等，而该时期企业的资金来源有限，风险较大、风险承受能力有限，产品刚投入市场，销路尚未打开，造成产品积压，现金的流出经常大于现金的流入，资金相对匮乏。由于一般投资者无法承受巨大的风险，而企业又没有过去的经营记录和信用记录。因此，新企业从银行获取贷款的可能性和向新投资者获取权益性资金的可能性均很小，企业主要依靠创业者自己或朋友、亲戚的资金资助，通过加大营销力度，扩大市场份额和规模来创造自由现金流，以解决企业的生存问题。

（三）充分调动群体管理的阶段

新企业创业初期组织结构比较简单，创业者或经理不仅对部门负责，而且与部门负责人一起面对企业的全体员工及其岗位，创业者或核心管理者常常既是管理者，又是技术人员或市场业务员，甚至总经理、总工程师、市场部经理等都是创业者一人兼任。企业组织很不正规，没有明确的分工，采取个人独立工作或分散的小组运作方式，通常有许多人同时担任好几种职责，但效率高。

(四)"创业者亲自深入运作细节"的阶段

新企业创业初期由于企业规模较小,组织管理的层次较少,管理上基本都是直线控制指挥,一般为企业家、创业者直接领导,他们处于最强有力的位置,采用仁慈独裁式或严格独裁式领导。事无巨细,一般要创业者直接参与决策,甚至创业者本人到第一线直接参与经营活动。创业者是企业的核心,控制并参与企业的全部经营业务,包括原材料、能源、经营、资产与合作。

二、企业成长的概念

对新创企业来说,前几年特别是前三年的成长期至关重要。因此,创业者有必要对企业成长有所了解。企业成长是企业在产品或服务市场上实现持续增长并获得良好业绩的阶段。在成长期,企业通常会努力扩大市场份额,以进一步巩固其在市场中的地位。同时,为了满足不断变化的市场需求和消费者偏好,企业会进行产品创新,并推出更新、更具竞争力的产品。

企业成长如同人的成长一样,是一个从量变到质变的过程,是一种成长"基因",推动企业系统内部的组织与功能不断分化,从而促进企业系统机体不断扩张、新陈代谢,不断适应环境,并与环境形成良性互动的过程。具体表现为企业规模的扩大、企业内部结构的不断完善和成熟、企业功能的优化等。

三、成长期企业运作的原则

(一)扩张速度要与管理能力相适应

企业应该做到适度扩张。所谓适度扩张,就是企业的扩张速度与规模要与自身的承受能力、消化能力相适应,要循序渐进、滚动发展,要注意适度扩张,避免核心能力过度稀释。

(二)谨慎多元化

多元化战略又称多角化战略是指企业通过进入新的产品市场、行业或地理区域,来扩大业务范围和降低风险的战略。多元化战略旨在减少对单一产品或市场的依赖,以实现增长和稳定的盈利。多元化战略可分为水平多元化、垂直多元化、产品多元化等不同方向。但是,多元化战略也面临一些挑战,包括管理复杂性、资源分散、技术转型等,使企业掉进多元化陷阱,主要体现在以下两个方面。

1. 资源配置过于分散

企业家的精力是有限的,企业资源也是有限的,多元化战略必定导致企业将有限的资源分散给每个发展的产业领域,从而使每个发展的领域都难以得到充足的资源支持,逐渐在与每个领域的竞争对手竞争时失去优势，加大企业的风险。

2. 隔行如隔山

企业在新领域中可能并未形成自己的核心专长，进入新领域往往只是受到该领域预期投资收益率的诱惑，所以很有可能进入并不熟悉的产业，反而影响企业的发展。

四、成长期企业运作的要点

通常，成长期企业往往规模不算大，可能在行业内处于夹缝中生存的状态：一方面，一些较大规模的企业占据了行业内的绝大部分的市场份额；另一方面，一些小的企业又虎视眈眈。因而，这个阶段的企业如果不能找到自己的核心能力，具有独特优势，则容易被大企业挤掉，被小企业赶超，因此，寻找自身的核心竞争能力是保证企业能够继续发展的关键。

要构建核心竞争能力，可以从以下几个方面努力。

（一）对企业所处行业的分析

在核心能力寻找时，一定要理清楚企业到底处于怎样的竞争环境，因此，需要对外部行业有较为清晰的认知，必须了解其他企业的经营状态、行业的整体发展状况，从而有针对性地发掘企业的优势构建重点。

（二）对企业自身有明确的认识

了解了外部环境的同时，对自己也要有清楚的认识，必须知道自己到底有什么问题，什么是阻碍企业发展的"绊脚石"，要形成企业的核心能力应采取哪些措施，这些都是构建核心能力必须进行的分析。

（三）如何构建核心能力

对内外部都清楚地分析与研究后，就需要对企业核心能力的构建过程进行分析，也就是如何来形成核心能力，这就需要从企业的战略出发，将核心能力分解为不同的核心能力子项进行分别构建。例如，对于该企业而言，企业核心能力是销售网络的有效覆盖，那么如何形成呢？就需要将该能力分解为销售能力、市场能力、人力资源能力、管理能力等，并将这些能力与具体的战略实施计划紧密结合起来，以保证核心能力构建的真正落实。

▶模块小结

初创企业做营销的关键就要是"准"，精准的市场定位能够有效弥补新企业在营销资源上的短板，并且有助于企业快速抓住市场机会。企业成长是企业在一个相当长的时间内，通过创新、变革和有效管理等手段，积累、整合并促使资源增值，不断增强企业能力，形成企业核心竞争力，进而保持企业整体绩效平衡、稳定增长的势头的过程。

▶ 模块自测

一、单选题

1.STP 理论不包括（   ）。

　　A. 市场细分　　　　　　　　　　B. 市场目标

　　C. 市场分析　　　　　　　　　　D. 市场定位

2. 三大财务报表不包括（   ）。

　　A. 资产负债表　　　　　　　　　B. 损益表

　　C. 现金流量表　　　　　　　　　D. 余额表

3. 新企业在全球创业观察（GEM）的报告中，指的是成立时间为（   ）个月以内的企业。

　　A.36　　　　　　　　　　　　　B.42

　　C.56　　　　　　　　　　　　　D.72

4. 在创业阶段，企业应始终将（   ）放在第一位。

　　A. 生存　　　　　　　　　　　　B. 稳定

　　C. 发展　　　　　　　　　　　　D. 盈利

5. 对新创企业来讲，前几年特别是前（   ）年的成长期至关重要。

　　A.2　　　　　　　　　　　　　　B.3

　　C.4　　　　　　　　　　　　　　D.5

6. 主生产计划的英文缩写是（   ）。

　　A.CRP　　　　　　　　　　　　B.MRP

　　C.GPS　　　　　　　　　　　　D.MPS

二、多选题

1. 市场细分标准中属于地理环境的有（   ）。

　　A. 国家　　　　　　　　　　　　B. 城市

　　C. 农村　　　　　　　　　　　　D. 气候

　　E. 教育

2. 企业进行目标市场选择的营销策略一般有（   ）。

　　A. 无差异性营销　　　　　　　　B. 集中性营销

　　C. 唯一性营销　　　　　　　　　D. 差异性营销

　　E. 分散性营销

3. 日记账有（　　　）。

    A. 现金日记账　　　　　　　　　B. 银行日记账

    C. 销售日记账　　　　　　　　　D. 采购日记账

    E. 余额日记账

4. 产品生命周期包括（　　　）。

    A. 引入期　　　　　　　　　　　B. 成长期

    C. 成熟期　　　　　　　　　　　D. 衰退期

    E. 平衡期

三、思考题

1. 企业进行目标市场选择的营销策略有哪些？

2. 市场细分的作用是什么？

3. 成长期企业运作的原则是什么？

4. 市场定位的步骤有哪些？

5. 初创企业的特殊性体现在哪里？

模块五
创业项目与环境

"青年人是全社会最富有活力、最具有创造性的群体，也是推动创科发展的生力军。要为青年铺路搭桥，提供更大发展空间，支持青年在创新创业的奋斗人生中出彩圆梦。"

——习近平考察香港科学园时的讲话（2022年6月30日）

学习目标

知识目标：

1. 熟悉创业项目分类；
2. 掌握影响创业项目选择的因素；
3. 熟悉宏观环境的构成要素；
4. 掌握创业环境分析模型与方法；
5. 掌握"互联网＋"的特点。

能力目标：

1. 能够准确选择创业项目的路径；
2. 能够熟练运用环境分析工具；
3. 能够正确认知"互联网＋"与创业的关系。

素养目标：

1. 培养中国特色社会主义市场经济意识与观念；
2. 培养以国内大循环为主体、国内国际双循环相互促进的新发展格局；
3. 培养中国经济发展的自信心和自豪感。

模块导入

搭建青年创新创业的广阔平台——"互联网＋"大学生创新创业大赛

2023年第八届中国国际"互联网＋"大学生创新创业大赛冠军争夺赛在重庆大学举行，作为大赛的同期活动，大赛创新创业成果展在重庆大学虎溪校区体育中心举行，分为"扎根中国""开路先锋""时代闯将""共创未来"四个版块，共展示了21个项目。

在"扎根中国"展区，展示了"青年红色筑梦之旅"项目，彰显了百万青年学子走进革命老区、贫困地区、城乡社区创业实践的风采，体现了青年学生扎根中国大地做学问、勇担民族复兴使命的精气神儿。数据显示，五年来，共有177万支创新创业团队、813万名青年大学生走进革命老区和城乡社区，在传承红色基因的同时，用创新创业成果为脱贫攻坚、乡村振兴做贡献。五年累计对接农户359万余户、企业9.7万余家，签订合作协议10.9万余项。

"开路先锋"展区选择了新工科、新医科、新农科、新文科建设中面向世界科技前沿、经济主战场、国家重大需求、人民生命健康创新创业的典型项目，体现了青年学生夯实专业基础、争做拔尖创新研究的钻研劲儿。

"时代闯将"展区汇集了历届大赛中大学生主动涌入创新的时代浪潮，勇闯科技创新"无人区"的项目，体现了青年学生为促进就业、服务生产生活做出突出贡献的实干劲儿。其中，浙江大学"Goprint——智能打印机先行者"项目团队创新研制便携式打印机，持续开发智能化的创意工具产品。

"共创未来"展区重点展示"青春联动世界、创新引领未来"的丰硕成果，展现大赛已发展成为百国千校百万学子参与的国际盛事，突出展现当代中国的大国范儿。

（资料来源：澎湃网 https://m.thepaper.cn/baijiahao_22645477.）

🔍 分析思考

随着"互联网+"浪潮的发展，越来越多的大学生也参与到其中，积极创业。通过"互联网+"大学生创新创业大赛的举办，以赛促教，探索人才培养新途径，不断深化创新创业教育改革，切实提高了学生的创新精神、创业意识和创新创业能力；以赛促学，培养创新创业生力军，激发学生的创造力，激励广大青年扎根中国大地了解国情民情，在创新创业中增长智慧才干，坚定执着追理想，实事求是闯新路，把激昂的青春梦融入伟大的中国梦，努力成长为德才兼备的有为人才；以赛促创，搭建产教融合新平台，以创新引领创业、以创业带动就业，推动形成高校毕业生更高质量创业就业的新局面。

单元一 创业项目

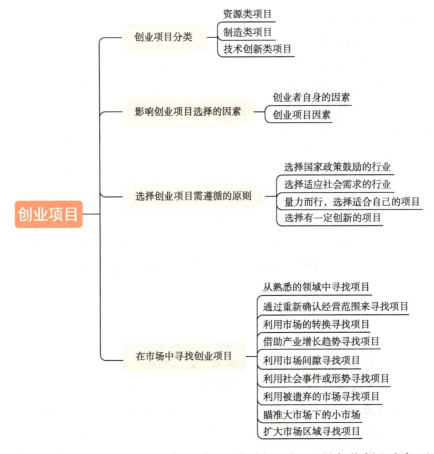

在社会经济快速发展的今天，如何正确地选择创业项目，是每位创业者都要思考的问题。拥有适合的创业项目是创业成功最重要的基础。每位创业者都要对创业项目的选择报以极其谨慎的态度，要按照自身技能、技术、经验、资金实力等实际情况，对各类项目加以甄选。

一、创业项目分类

不同的项目面对不同的市场客户群体，需要不同的创业资源和不同的技能与经验。因此，项目分类对于自主创业具有更为现实的参考意义。这里初步归纳出了以下几类。

（一）资源类项目

资源类项目是指以某种资源的获取、管理、交易或创新为核心，进行相应商业活动的项目。这些资源可以是物质性的，如原材料、土地、能源，也可以是非物质性的，如人力资源、专业知识、技术等。资源类创业项目的成功与否往往取决于其所涉及的资源，以及专注于资源的创新或优化。但资源类创业项目可能涉及较高的风险，需要时刻注意。

（二）制造类项目

适合自主创业的制造类项目大致可分为以下三类。

1. 配套制造

配套制造是指为主要制造业提供支持和辅助的一种制造活动。这种活动通常是为了满足主要制造业的需求，为其生产过程提供所需的零部件、组件、设备、工具等。配套制造通常需要与主要制造业紧密合作，以确保所提供的零部件或产品与整体生产流程相匹配。

2. 技术制造

技术制造是指使用技术、工艺和备进行制造的一种制造方式。它结合了科技创新和制造工艺，提高生产效率、产品质量和创新能力。

3. 改良制造

改良制造是指通过改进和优化现有制造过程、设备和技术，以提高生产效率、产品质量和企业竞争力的制造方法。它旨在使制造业更加高效、可持续和创新。

制造类项目的特点要求考虑行业特定的法规、环境影响和可持续发展等方面。另外，生产设备和设施的投资、人才招聘与培养及供应链管理等都是制造类项目中需要关注的重点。

（三）技术创新类项目

技术创新类项目涉及范围相当广泛，品种繁多。按国家有关标准分类，技术创新类项目主要有以下四大类。

1. 技术开发类项目

技术开发类项目是指以科技研发和技术创新为核心的项目，旨在开发新的技术、产品或解决方案，以满足市场需求、提高效率或解决现实问题。这类项目通常涉及科学研究、工程设计、软件开发等领域，要求团队具备专业的技术知识和研发能力。

2. 社会公益类项目

社会公益类项目是指以促进社会发展、改善社区福祉、解决社会问题为目标的项目。这类项目通常以公益性质为主，旨在为弱势群体提供帮助、改善社会环境或推动社会进步。社会公益类项目可以涵盖各个领域，包括教育、环境保护、社会福利、医疗卫生、儿童权益、残障人士支持等。如果选择该类项目，就要突出关键技术或系统集成的创新性、社会效益及对科技发展和社会进步的推动意义。

3. 国家安全类项目

国家安全类项目是指为保障国家安全和维护国家稳定而实施的项目。这类项目通常涉及国家领土、国家机构、国民安全和国家利益的保护，包括国防、情报、反恐、边境安全、网络安全等领域。此类项目通常具有高度复杂性、保密性与长期性。

4. 重大工程类项目

重大工程类项目是指在规模、技术难度、投资规模或社会影响等方面具有重大意义和影响的工程项目。这些项目通常涉及大型基础设施建设、城市发展、能源开发、交通运输等领域，对经济、社会和环境产生广泛而深远的影响。重大工程类项目需要全面的项目管理和风险管理，包括规划、设计、进度控制、质量管理、成本控制等方面。同时，涉及多方利益相关者的合作和沟通也是确保项目顺利进行和取得成功的重要因素。如果选择该类项目，就要突出团结协作、联合攻关、关键技术或系统集成的创新。

二、影响创业项目选择的因素

(一) 创业者自身的因素

1. 资金实力

创业者的资金实力是指他们个人或团队的财务能力和资源，可以用来支持和资助创业活动。创业者的资金实力对于创业过程中的启动、运营和扩展起着重要的作用。拥有足够的资金实力可以帮助创业者抵御创业初期的挑战，增加创业者的谈判力和影响力。

2. 行业经验

创业者在创业之前，要分析自己是否积累了丰富的行业经验，是否具有本行业所需要的专业特长，以及自己是否具有本行业相关的技术、能力、兴趣等。创业者必须有一定的专业知识和经验积累，经验是创业者开展业务的智慧支持，行业经验丰富的人如果从自己擅长的行业做起，那么相对来说比较容易获得成功。创业者应该主动积累经验，随时更新专业知识，为创业打好基础。

3. 社会关系

创业者最主要的社会关系包括客户资源和人力资源两个方面。

（1）客户资源。客户资源是指在创业过程中积累和拥有的潜在客户和现有客户的联系和关系。客户资源可以为创业者提供市场机会和销售渠道。

（2）人力资源。人力资源是创业成功的关键因素之一，是指团队中的成员及其在创业过程中所具备的能力、技能和经验。它决定了团队的能力和执行力，对于项目的规划、发展和运营起着重要的作用。优秀创业团队需要选择与创业目标和愿景相匹配的人力资源。

(二) 创业项目因素

1. 产业发展环境

了解和适应创业产业发展环境对创业者来说至关重要，能够帮助他们发掘机会、抓住市场需求、规避风险并做出明智的决策。同时，创业者也应该积极参与发展环境建设，与政府、行业协会等利益相关者建立合作伙伴关系，共同促进创业产业的繁荣和发展。

2. 产品技术要求

创业项目的产品技术要求是指在特定的市场和行业中，创业者需具备的产品开发和技术实现方面的要求。这些要求是为了满足市场需求、提高产品的竞争力、创造独特的价值以及实现商业目标。创业者应该根据目标市场和竞争环境来确定产品技术要求。

3. 市场需求空间

创业项目的市场需求空间指的是在特定市场和行业中，未被满足或存在潜在的市场需求的空间和机会。创业者通过提供有价值的产品或服务，并实现商业机会和业务增长。市场需求空间的大小和机会取决于多个因素，包括市场规模、竞争状况、创新性等。

4. 市场竞争状况

创业项目的市场竞争状况是指在特定领域或行业内，企业之间为了争夺市场份额而展开的竞争活动。创业项目的市场竞争状况需要全面分析目标市场的规模、竞争对手数量与实力、差异化机会以及可替代品威胁等因素，以便制定相应的战略来应对竞争挑战。

三、选择创业项目需遵循的原则

（一）选择国家政策鼓励的行业

选择国家政策鼓励的行业可以为创业项目提供更多的支持和机会，包括资金支持、专业指导、品牌推广与置信度提升等。需要注意的是，政策鼓励的行业可能会吸引大量的创业者，行业内的竞争会更加激烈，行业发展走势趋于多变。

（二）选择适应社会需求的行业

选择适应社会需求的行业可以使创业项目更有可能成功，因为这意味着产品或服务解决了人们真实的问题并满足了他们的需求。在选择适应社会需求的行业时，了解目标市场的趋势、人们的需求和问题，以及技术和创新的应用，将有助于创业企业找到有前景的创业机会。

（三）量力而行，选择适合自己的项目

创业有风险，创业者必须量力而行。在选择适合自己的项目时要多观察、多思考，并根据自身情况和优势做出明智的决策。记住，选择一个适合自己的项目是关键，因为只有当自身充满激情并具备相关知识、经验与资源时，才能提高成功的可能性。

（四）选择有一定创新的项目

创新是企业的生命，也是创业成功的关键。持续创新是企业唯一的生存之路。对于创

业者来说，选择具有一定创新性的项目可以带来更多的竞争优势和市场机会。但是，选择具有创新性的项目可能需要更多的尝试和风险。创业者要记住保持灵活和适应性，并持续关注市场的变化和消费者的需求，以便及时调整和改进创新项目，并将现有各领域中领先的元素引入自己的项目，进行组合创新。

创业人物

指尖沙影舞心中万象定——记义乌沙画艺术家何仕金

一撒、一捧、一抹、一勾、一挑、一拍……在义乌沙画艺术家何仕金的手中，一抔细沙仿佛被赋予了魔力，一会儿变成义乌早期的"露天市场"，一会儿转场成"买全球卖全球"的场景。作品《重生》在第17届中国义乌文化和旅游产品交易博览会电竞大赛精彩亮相，吸引了许多关注的目光。从懵懂少年到沙画家，再到沙画教育的创业者，从第一次摸到细沙到与沙同行，在这条路上，何仕金走了13年。

何仕金与沙画的缘分，源于他偶然在网上看到的沙画表演。演出中，沙画艺术家手指的灵动挥洒，以及用沙画演绎的动人故事催泪现场，一下颠覆了何仕金对以往学习绘画的认知。当时，在义乌工商职业技术学院设计专业读大一的他，迫不及待集齐玻璃、窗帘布、日光灯等材料自制了一个沙画台，开启了对沙画的研究之旅。从小学国画、练书法、画油画的何仕金，艺术功底非常扎实，通过拜名师，扎实打磨技艺，沙画技能与创意提升迅速。

2013年受义乌市政府邀请，何仕金创作了以"义新欧"铁路开通为背景的沙画作品《新丝路•新起点》，并被相关部门作为班列的主要视觉宣传片广为传播。获得官方认可，使何仕金在创作上更加自信。此后，他致力于将沙画与儿童教育联系起来，研究教学教法，与友人一起著书立说，成立个人工作室，开始新的创业征途。

多年来，何仕金一直投身于少儿沙画的美育事业，并对此孜孜不倦。他的工作室共有弟子32名，年龄从12岁到37岁不等，另外，还有精挑学员100名。何仕金在发展与传承沙画的道路上走得坚定而热烈。

（资料来源：义乌市融媒体中心 https://app.media.ywcity.cn/pages/2023/04/07/6e04c6cd4d2c458692aab9d9970c21fc.html?praise=1.）

四、在市场中寻找创业项目

（一）从熟悉的领域中寻找项目

创业者可以通过分析工作或学习过的行业领域，创造出新的业务方向，将自己的专业知识和经验与市场需求和趋势结合起来，更容易寻找创新的解决方案，并通过执行和调整不断提升项目的竞争力和市场价值。

（二）通过重新确认经营范围寻找项目

重新确认经营范围是一个寻找新项目和机会的好方法。通过重新确认经营范围，从而扩大业务领域并实现增长。重新确认经营范围更重要的是保持灵活性和创新思维，以便更好地适应市场的变化和需求。

典型事件

沈子凯与他的艺术火柴

沈子凯艺术专业毕业后，做过动画，后来在广告业打拼，开过工作室，也经营过几年广告公司，日子过得忙碌而充实。2007年年初的一天，一个朋友送给沈子凯一盒婚宴用火柴，朋友说这叫"喜财"。这盒火柴与沈子凯记忆中小时候见到的火柴完全不同，火柴棒又长又粗，套红的外盒上用彩印工艺压着精美细致的国画图案。这个既漂亮又讨口彩的礼物让沈子凯很高兴，他无聊时常常把玩这盒火柴，每当此时便仿佛回到了童年时代。沈子凯的脑海中忽然冒出卖艺术火柴的念头：如果将这种怀旧情调及文化气息赋予到这小小的一盒火柴上会怎么样呢？这里面，有商机！经过一番思考和市场调研，他离开广告公司成立了自己的公司——杭州吉卜力艺术创造社，专心开发艺术火柴。

2007年7月，沈子凯正式注册了"纯真年代艺术火柴"商标，3个月后开始销售。2009年正式开始加盟连锁。在销售格局逐渐打开时，沈子凯意识到了自己产品的局限性。于是，他再次将精力投入设计开发中。沈子凯从网络流行文化中吸取灵感，除怀旧的主题外，又创作了一系列贴近时代主题的作品。不断推陈出新的产品系列，让沈子凯的艺术火柴得到了越来越多年轻人的追捧。

（资料来源：网易 https://m.163.com/dy/article/HDRDT0680553275L.html.）

问题思考：如何在老产品中开发出新市场？

事件启示：大学生创业不走寻常路，文化创意拨动传统之弦。充满文化创意和张扬个性的项目也正在被越来越多的创业者所关注。包含传统文化元素的创意项目是一种以创造力为核心的新兴产业，是一种通过技术、创意和产业化的方式开发、营销传统文化的新创新创业之路。

（三）利用市场的转换寻找项目

利用市场的转换寻找项目需要开放、敏锐的观察力和创新的思维，时刻保持对新的机会和变化的敏感度，并勇于采取行动来抓住市场转换所带来的新项目机会。

（四）借助产业增长趋势寻找项目

当越来越多的人对某产业或活动感兴趣时，就会出现增长趋势。创业者可以利用这种

增长趋势，提供与增长产业或活动相关的产品或服务。通过借助产业增长趋势寻找创新项目，重要的是要保持对行业的持续观察和学习，保持创新和灵活的思维，锚定行业发展趋势驱动因素，提前预判和抓住富有发展空间的商业机会。

（五）利用市场间隙寻找项目

利用市场间隙寻找项目是一种发现未被满足的市场需求并提供相应解决方案的方法。其关键在于持续观察市场，了解目标客户需求，与潜在客户和市场专家进行互动。

（六）利用社会事件或形势寻找项目

利用社会事件或形势寻找项目是一种通过观察、分析和响应当前的社会事件或形势来寻找商业机会的方法。其重要的是要保持对社会变化的敏感度，并将改变转化为商机。

（七）利用被遗弃的市场寻找项目

利用被遗弃的市场意味着进入被其他企业舍弃的领域，这些企业要么已经变得很庞大，不能或不愿意处理这些小订单；要么处在技术竞争的前沿，决定不用老技术去服务市场；要么正在扩张到不同的市场，扩张速度之快使他们没有能力对所有市场都提供合适的服务。

（八）瞄准大市场下的小市场

通过瞄准大市场下的小市场，并专注于满足细分市场的需求，创业者可以在竞争激烈的大市场中找到独特的机会，始终保持对目标市场的敏感度，并建立一个有竞争力的项目。

（九）扩大市场区域寻找项目

通过认真的市场研究、灵活的战略调整及与新区域的合作伙伴建立紧密关系，创业者可以成功地扩大市场区域，并在新市场中找到有价值的项目机会。

单元二　创业项目环境分析

思维导图

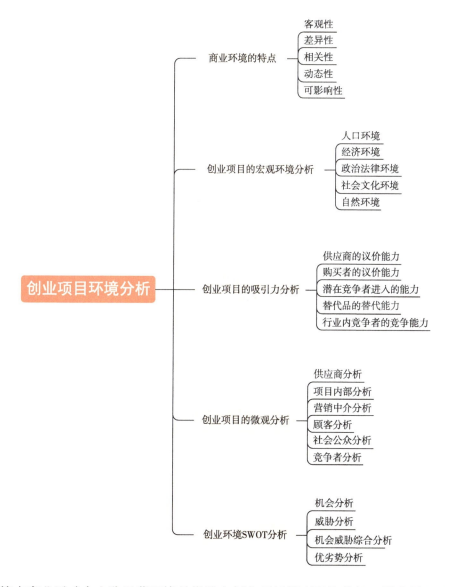

环境在商业活动中也称经营环境是指处在创业项目管理职能外部、影响创业活动的所有不可控制因素的总和。这些因素影响创业活动及目标实现的外部条件。创业活动与其所在的商业环境密不可分，环境又给创业项目的发展提供机遇与挑战。

一、商业环境的特点

（一）客观性

环境作为企业外在的不以管理者意志为转移的因素，对创业活动的影响具有强制性和不可控性的特点。创业项目总是在特定的社会经济和其他外界环境条件下生存、发展的。

（二）差异性

商业环境的差异性是指在不同地区、国家或市场之间，商业运营所面临的不同条件、规则和因素。这些差异可能涵盖多个方面，如文化、法律、经济、政治、社会等，对企业的运作和决策产生影响。在进入新市场时，了解并适应商业环境是取得成功的关键。

（三）相关性

商业环境中各个方面之间总是相互影响和关联，不同的商业环境因素之间可能存在着紧密的相互作用和相互影响。

（四）动态性

商业环境是动态变化的，这意味着商业环境中的各个因素和条件正不断经历着发展和演变。由于商业环境的动态性，创业行为需要具备敏锐的洞察力，不断监测和分析环境变化，并及时调整战略和经营决策，适应市场变化、寻找新机遇，并保持竞争优势。

（五）可影响性

"适者生存"既是自然界演化的法则，也是创业活动的法则。商业环境的可影响性意味着企业不能孤立地经营和决策，而是要紧密关注环境变化，灵活调整战略和经营决策，以适应市场需求和利益相关者的期望。同时，企业也可以通过内部环境要素的调整与控制积极地影响商业环境，例如参与政策制定和社会责任实践，最终促使某些环境要素向预期的方向转化，塑造有利于企业发展的环境。

二、创业项目的宏观环境分析

对于创业项目来说，对外部环境的分析尤为重要。由于创业项目的载体多为中小型企业，资本规模小，抗风险能力弱，因此在选择和考察创业项目时，要深入分析创业项目所处的宏观环境，好好地把握，以制定相应的策略。

宏观环境包括人口环境、经济环境、政治法律环境、社会文化环境和自然环境等。

（一）人口环境

市场＝人口＋购买欲望＋购买力

也就是说，"市场"是由那些有购买欲望并有购买力的人构成的。我们会用人口的规模和构成来估计市场规模与需求量的大小。创业者需要特别关注那些需要或可能需要他们产品的人群，详细了解他们的情况。

除分析总人口外，还要研究人口的年龄结构、地理分布、人口密度、流动性、出生率、死亡率等人口特性，它们会对市场格局产生深刻影响。企业应密切关注人口环境发展动向，不失时机地抓住市场机会，而当出现威胁时，及时、果断地调整市场营销策略，以适应人口环境的变化。

人口环境主要包括以下三个方面。

1. 人口数量与增长率

人口数量与市场规模有直接联系，并影响着企业的营销成本计算。人口是市场的主体，是市场营销活动的直接对象，人口越多，潜在的购买者就越多，市场规模就越大，单位产品的销售成本也就越低。世界跨国公司热衷于来华投资看中的就是我国拥有世界上最多的人口，也就意味着我国是最大的市场。如果人口数量体现的是此时的市场规模，那么人口增长率则是预测未来市场规模的依据。人口增长率越高，就意味着将来人口的绝对数量即潜在购买者的数量越多。人口增长率的高低不仅与人口的绝对数量有关，还与人口的年龄结构及人均收入有关。

知识拓展

2022 年年末中国人口 141 175 万人

国家统计局 2023 年 2 月 28 日发布的数据显示，2022 年年末全国人口 141 175 万人，比 2021 年年末减少 85 万人，这是中国人口多年来的首次负增长。具体来看，2022 年全年出生人口 956 万人，人口出生率为 6.77‰；死亡人口 1 041 万人，人口死亡率为 7.37‰；人口自然增长率为 −0.60‰。

2022 年年末，全国就业人员 73 351 万人，其中城镇就业人员 45 931 万人，占全国就业人员比重为 62.6%。全年城镇新增就业 1 206 万人，比 2021 年少增 63 万人。全年全国城镇调查失业率平均值为 5.6%。2022 年年末，全国城镇调查失业率为 5.5%。全国农民工总量 29 562 万人，比 2021 年增长 1.1%。其中，外出农民工 17 190 万人，增长 0.1%；本地农民工 12 372 万人，增长 2.4%。

（资料来源：中华人民共和国 2022 年国民经济和社会发展统计公报，http://www.stats.gov.cn/sj/zxfb/202302/t20230228_1919011.html.）

2. 人口的地理分布及地区间流动

人口的分布受自然条件、经济发展及社会、历史等因素的综合影响与制约。地区经济

发展水平不一致使我国人口的地理分布差异显著。主要表现在以下几个方面：

（1）从东南沿海向西北内陆人口逐渐稀少。中国人口的分布极不均衡，绝大多数人口集中在东南部地区，西北半部人口分散。如果从黑龙江漠河到云南腾冲画一条线，可将我国领土分为面积约等的两个半壁。我国东南半壁的人口占总人口的94%；而西北半壁的人口仅占总人口的6%。

（2）平原地区人口稠密，随地势增高人口渐少。中国人口分布除在水平方向上极不均衡外，在垂直方向上也呈现出平原区人口密集，由平原向周围的丘陵、高原和山地，随地势增高，存在人口递减的规律。

（3）中国东部地区地势低平，经济发达，农村人口密集；而在西部地区广布山地、少田缺水，农村人口稀疏。但乡村人口呈面状散布是全国普遍的共同特点。

随着经济生活的活跃，我国人口的地区间流动逐年上升。截至2022年年底，城镇常住人口92 071万人，比2021年年末增加646万人；乡村常住人口49 104万人，减少731万人；城镇人口占全国人口比重（城镇化率）为65.22%，比2021年年末提高0.50个百分点。人口流动的特点：农村人口大量流入城市或工矿地区；内地人口迁往沿海经济开放地区；经商、学习、观光旅游使人口流动加速。对于人口流入较多的地方：一方面，由于劳动力增多，就业问题突出，从而使行业竞争加剧；另一方面，人口流入使当地基本需求量增加，并使当地消费结构发生新的变化，继而产生较多的新增与细分市场容量。

3. 人口结构

人口结构主要包括人口的年龄结构、性别结构、教育与职业结构、家庭结构、社会结构和民族结构等。

（1）年龄结构。不同年龄的消费者对产品和服务的需求是不同的。不同年龄结构就形成了具有年龄特色的市场。企业了解不同年龄结构所具有的需求特点，就可以决定企业产品的投向，寻找目标市场。

想一想

我国进入老龄化社会的快车道

联合国将65岁及以上老年人口占比超过7%或60岁及以上人口占比超过10%作为进入老龄化社会的标准。按照这一标准，中国自2000年开始进入老龄化社会，2018年，我国60周岁及以上老年人口规模为2.49亿人，占总人口比重达到17.9%；2019年，我国60周岁及以上人口25 388万人，占总人口的18.1%，65周岁及以上人口17 603万人，占总人口的12.6%；截至2022年年底，60周岁及以上人口28 004万人，占全国人口的19.8%，其中65周岁及以上人口20 978万人，占全国人口的14.9%。

从目前的趋势来看，未来中国老龄化速度会以较高斜率上升，"十四五"期间中国或进入中度老龄化社会，2030年之后65岁及以上人口占总人口的比重或超过20%，届时中国将进入重度老龄化社会。

（资料来源：华经情报网 https://www.huaon.com/channel/trend/650929.html.）

请思考：面对老龄化社会，应该如何构建健康、有效的市场机会？

（2）性别结构。国家统计局表示，截至2022年年底，从性别构成看，男性人口72 206万人，女性人口68 969万人，总人口性别比为104.69（以女性为100）。性别差异会给人们的消费需求带来显著的差别，反映到市场上就会出现男性用品市场和女性用品市场。企业可以针对不同性别的需求，生产适销对路的产品，制定有效的营销策略，开发更大的市场。

（3）教育与职业结构。人口的教育程度与职业不同，对市场需求表现出不同的倾向。随着高等教育规模的扩大，人口的受教育程度普遍提高，收入水平也逐步增加，因而也会导致消费欲望与能力的提升。

（4）家庭结构。家庭是商品购买和消费的基本单位。一个国家或地区的家庭单位的多少及家庭平均人员的多少，可以直接影响某些消费品的需求数量。同时，不同类型的家庭往往有不同的消费需求。

想一想

"421"——重新洗牌的中国家庭结构

"421"家庭结构即一对独生子女结婚生子后的家庭结构，即4个父母长辈、1个小孩和他们2人（图5-1）。两个年轻人要负担起4个老人的养老重任和至少一个孩子的家庭压力。长期以来，中国社会最主要的养老模式是家庭式养老，老人的赡养一直以来都是依靠子孙后代，独生子女所负担的养育小孩与照顾老人的矛盾却越发凸显。

图5-1 "421"家庭结构

为什么说是重新洗牌？——中国四世同堂式的家庭"金字塔"迅速演变成"倒金

字塔"的家庭结构，"421"家庭将成为中国社会新的家庭主流。伴随着"新家庭"的出现，促使整个中国正处于一个从"金字塔"到"倒金字塔"结构的家庭传统架构迅速转换的时代。由此而生，家庭的支出方向变了，消费模式变了，理财投资变了，这些都导致整个市场的发展方式与游戏规则产生深层次的改变。

（资料来源：中国日报 http://www.chinadaily.com.cn/dfpd/shehui/2011-05-26/content_12581505.htm.）

请思考："421"家庭结构已经是一种无法回避的社会现实，将对市场需求产生什么样的影响？

（5）社会结构。我国绝大部分人口为农业人口，农业人口约占总人口的80%。这样的社会结构要求创业项目应充分考虑到农村这个大市场。

（6）民族结构。我国是一个多民族的国家。民族不同，其文化传统、生活习性也不同。具体表现在饮食、居住、服饰、礼仪等方面的消费需求都有自己的风俗习惯。创业项目要重视民族市场的特点，开发适合民族特性、受其欢迎的商品。

（二）经济环境

经济环境是指影响一个国家、地区或行业经济活动和发展的各种因素和条件。经济环境用来描述一个特定地区或国家的宏观经济状况和运行情况，不仅包括国内生产总值（GDP）、经济增长率、通货膨胀率、失业率和人口增长率等重要指标，还包括货币政策、财政政策、税收政策、政府支出及各种经济政策和法规等。经济环境对企业经营和决策产生重要影响，企业也需要密切关注经济环境的变化，以确保企业的竞争力和可持续发展。

知识拓展

"小商品海洋，购物者天堂"——世界最大的实体市场

这是一个"建在市场上的城市"。玩具、箱包、钟表、五金、饰品、家居用品、电子产品……在浙江义乌，小商品无奇不有、无所不在，吸引了全国乃至全球络绎不绝的采购商。数据显示，义乌中国小商品城经营着26个大类、210万个单品，日均客流量21.4万人次，商品辐射210多个国家和地区。每年到义乌采购的外商有50多万人次，来自100多个国家和地区。截至2019年，全年小商品市场实现交易额4 583.1亿元，增长12.0%。义乌全市拥有有证市场建筑面积608万平方米，市场经营户数7.89万户，市场从业人员23万人，总成交额1 779.5亿元，增长11.7%，其中国小商品城成交额1 537.4亿元，增长13.2%。

互联网时代带来了市场形态的转变提升。截至2019年年底，义乌经工商登记注册的电子商务经营主体超19万家。全市累计备案筹建电子商务园区35个，建筑面积超

200万平方米。全年实现电子商务交易额 2 768.9 亿元，增长 16.9%。全年跨境电商保税进口（1210）业务突破 871 万票，整体业务量位居全国第三批跨境电子商务综合试验区第一。伴随网红经济发展迅速，从业人员约 5 万人。全年邮政和快递业务总量累计完成 49.9 亿件，增长 72.1%，全省排名第 1 位，全国城市排名第 2 位，位列广州市之后。

（资料来源：中国义乌网 https://news.zgyww.cn/system/2020/04/27/010185685.shtml.）

创业项目的经济环境主要由社会经济结构、经济发展水平、经济体制和宏观经济政策四个要素构成。

1. 社会经济结构

社会经济结构是指国民经济中不同的经济成分、不同的产业部，以及社会再生产各个方面在组成国民经济整体时相互的适应性、量的比例及排列关联的状况。社会经济结构主要包括五个方面的内容，即产业结构、分配结构、交换结构、消费结构和技术结构。其中，最重要的是产业结构。

2. 经济发展水平

经济发展水平是指一个国家经济发展的规模、速度和所达到的水准。反映一个国家经济发展水平的常用指标有国民生产总值、国民收入、人均国民收入、经济发展速度和经济增长速度。

3. 经济体制

经济体制是指国家经济组织的形式。经济体制规定了国家与企业、企业与企业、企业与各经济部门的关系，并通过一定的管理手段和方法，调控或影响社会经济流动的范围、内容和方式等。

4. 宏观经济政策

宏观经济政策是指国家、政党制定的一定时期国家经济发展目标实现的战略与策略。它包括综合性的全国经济发展战略和产业政策、国民收入分配政策、价格政策、物资流通政策、金融货币政策、劳动工资政策、对外贸易政策等。

同时，经济环境水平主要是指居民的实际收入水平及受收入水平制约的实际购买水平。市场规模不仅取决于人口数量，还受实际收入水平的制约。人们的收入水平在很大程度上决定着对商品的需求量、商品的价格水平、居民的储蓄水平及消费者的支出模式。影响购买水平的主要因素有收入、储蓄与信贷。

（1）收入。

1）收入分配。对于评价一个国家的居民富裕程度，经常使用的评价指标是人均国内生产总值（Real GDP per capita）。将一个国家核算期内（通常是一年）实现的国内生产总值与这个国家的常住人口（或户籍人口）相比进行计算，得到人均国内生产总值，是衡量各国人民生活水平的一个标准，为了更加客观地衡量，经常与购买力评价结合。

知识拓展

2020年，中国人均国内生产总值连续两年超过1万美元！

2020年，我国GDP总量达到101.6万亿元，经济总量突破100万亿元大关。经济总量突破100万亿元大关意味着我国经济实力、科技实力、综合国力跃上新的大台阶。按照目前测算的年平均汇率折算，2020年我国国内生产总值达到14.7万亿美元左右，稳居世界第二，占世界经济的比重达到17%左右。2020年，人均国内生产总值连续两年超过1万美元，稳居中等偏上收入国家行列，与高收入国家发展的差距继续缩小。这也为我国构建新发展格局奠定了坚实基础。

与此同时，我们要看到，我国仍然是世界上最大的发展中国家，人均GDP仍略低于世界平均水平，与主要发达国家相比还有较大差距。我国处于社会主义初级阶段的基本国情没有变，发展不平衡、不充分问题依然突出，城乡区域发展差距还比较大，创新能力仍不适应高质量发展的要求。要实现经济社会发展的远景目标，把我国建设成为社会主义现代化国家，还需要艰苦奋斗、不懈努力。

（资料来源：网易 https://www.163.com/dy/article/G0KJ5JQ20512D3VJ.html.）

按照人均收入的分布情况，可分为以下三种基本类型：

①收入分配低水平化。在整个社会的收入分配中，低收入家庭占据消费结构的主要部分，其对低端生活保障品的需求极大。

②收入分配极端化。收入分配极端化即不仅存在收入极低的情况，还存在非常富裕的家庭。如此，对普通消费品的需求量极大，对奢侈品也有较多的需求。

③收入分配平均化。收入分配平均化的特点为中等收入占多数，而两端较少，这是理想中的社会收入结构类型，整体消费结构呈现多样化和个性化，需求和供给保持相对的稳定。

2）个人收入（Personal Income）。对消费者个人收入变化的分析，主要是分析消费者及其家庭的收入量，首先要区分名义收入与实际收入。名义收入和实际收入都是衡量个人收入的重要指标，两者之间的变化往往不一致，能形成实际购买力的一般是指实际收入。在现代经济社会中，名义收入具有保持不变或增加的特点（收入刚性）。但是，实际收入受一个国家经济发展的状况、政治力量变化或其他社会因素的影响，有可能减少。同时，因为分析收入指标所能得到的收入统计资料，都是用名义收入数据表示，所以需要将名义收入与物价变化指数对比分析，得到实际收入变化的情况，由此才能对市场需求变化做出符合实际的估计。一般来说，如果名义收入的增加幅度高于物价或通货膨胀增长指数，则实际收入上升；反之，则实际收入下降。

消费者家庭得到的全部实际收入，不可能全部投入消费，首先需要扣除如个人所得税、住房公积金、社会保险等费用，剩余部分才是消费者及其家庭可用于生活开支和消费的收入，称为可支配收入（Disposable Income）。在可支配收入中，消费者家庭还要扣除用于生活必需品的开支，余下部分为可任意支配收入。绝大多数产品的市场需求量，都是由可任意支配收入形成的。改革开放以来，中国的人均可支配收入迅猛增长。但可任意支配收入的变化，还取决于同期的生活必需品的物价变动情况。

3）消费者支出。反映消费者支出方式变化的最主要指标是恩格尔系数。恩格尔（Ernst Engel，1821—1896 年）是 20 世纪 40 年代德国的统计学家。他在研究消费者家庭开支变化时，发现了一个规律：随着消费者及其家庭收入的增加，用于食品方面的开支占消费支出的比重会越来越小。这也被称作"恩格尔定律"（Engel's law）。恩格尔系数的求法为

$$恩格尔系数 = （食品的开支 / 消费的总支出）\times 100\%$$

目前，国际上普遍采用恩格尔系数来描述一个国家或地区的居民富裕程度，同时，也用恩格尔系数来判断社会消费者的潜在购买力大小。当恩格尔系数 ≥ 50% 时，为贫穷；当恩格尔系数为 30% ～ 50% 时，为较富裕；当恩格尔系数 ≤ 30% 时，为富裕。当然，这种划分也具有一定的相对性，因为不少国家还对国民实行不同的福利制度。消费经济学家将因为福利制度使居民得到的非货币收入和其他补贴，称为消费者的隐性收入。隐性收入会增加消费者的实际收入，同时，现有统计方法一般不能将隐性收入显示出来。

1978 年，我国农村家庭的恩格尔系数约为 68%，城镇家庭约为 59%，平均计算超过 60%，属于贫困国家，温饱还没有解决；改革开放以后，随着国民经济的发展和人们整体收入水平的提高，我国农村家庭、城镇家庭的恩格尔系数不断下降；到 2003 年，农村居民家庭恩格尔系数已经下降到 46%，城镇居民家庭约为 37%，已经达到小康状态；2015 年，恩格尔系数平均值已经降为 30.6%，2022 年进一步降为 30.5%。

（2）储蓄。储蓄是指每个人或家庭，将节约或暂时不用的钱存到银行或其他金融机构的经济活动。在不考虑消费者储蓄变化影响的情况下，消费者及其家庭的可任意支配收入形成当期全部购买力。但是，一般来说，消费者的储蓄会影响当期消费水平。因为购买力不仅是收入的函数，还是储蓄与信贷的函数，即

$$购买力 = 收入 - 储蓄 + 信贷$$

储蓄相当于将现在的收入用于将来消费。因此，储蓄对于某些产品形成具有现实意义的购买力；而对另一些产品来说，则会减少当期按收入计算的市场购买力。如对于住房、汽车及大型家用电器产品等，如果没有相应的居民储蓄，就没有形成市场购买力的可能。对于当期购买力来说，储蓄是一个减因数（反比关系）。影响储蓄的主要因素包括以下几个方面：

1）收入水平。收入本身就是影响储蓄的因素。收入越高，其他条件不变，消费者越可能多地储蓄。

2）储蓄利率。当储蓄越能得到高的利息时，消费者越愿意储蓄。

3）对市场物价的预期。当预期将来市场物价会增加时，消费者不愿意储蓄，因为这意味着储蓄货币不能保值。

4）消费心理或倾向变化。社会越是提倡追求或崇尚享乐或奢侈的生活方式并形成消费风气时，消费者就越不愿意储蓄。

（3）信贷。从前述公式可知，信贷相对于储蓄而言，是把将来收入用于当前（提前）消费。因此，信贷对于当期的购买力而言，是一个增量因素。据中国人民银行公布的数据，目前，我国居民消费信贷占全国信贷比例为 20% 左右，其中有将近 75% 是住房贷款，其他消费信贷占比 5%，较国外成熟市场 30% 的比例还有一定的差距。在人群代际的变迁、居民收入的持续增长下，消费观念转变、消费金融产品及服务不断丰富下，国内居民消费信贷（除房屋贷款）具备较大的提升空间。

信贷主要受以下因素的影响：

1）借款利率。市场借款利率越高，取得借款的成本越高，愿意借贷的人就会越少。

2）收入预期。对将来收入预期越高，则消费者认为有较强偿贷能力，就越敢于借贷。

3）借贷的方便性。借贷时考虑的问题包括提供放贷机构多寡、限制条件如何等。如借贷需要过多、过严的担保和抵押条件，则借贷缺少方便性，借贷就越少。

另外，还有一些影响借贷的其他因素，如消费观念的变化、社会风俗的改变、商品物价的预期等。对于企业的营销活动而言，应坚持对经济环境发展进行观察与分析，作出正确的判断，制定准确的营销方案与策略。

（三）政治法律环境

营销的政治法律环境是指国内外政治形势及法律法规给企业经营活动带来的影响。现代市场经济是法制经济，是在政府依法进行宏观控制下运行的经济系统。因此，政治法律环境正越来越多地影响着市场活动。创业活动时，如果不熟悉或不遵循政治法律环境，将会招致不可逆转的损失。政治法律环境显示出政府与企业的关系：一方面反映在国家的方针政策上，它不仅规定了国民经济的发展方向和速度，还直接关系社会购买力的提高和市场消费需求的增长；另一方面，反映在国家的法规上，特别是有关经济的立法，它不仅规范创业行为，而且会使消费需求的数量、质量和结构发生变化，能鼓励或限制某些产品的生产和消费。

对于创业项目而言，政治法律环境主要包含以下两个层次。

1. 经济方针政策

政府的经济方针政策一般具有长周期动态性的特点，随政治经济形势的变化而变化，国家在不同的阶段和不同时期，依据不同的经济目标制定和调整方针、政策，这必然对企业的营销产生直接或间接的影响。国家的宏观经济政策主要体现在人口政策、产业政策、能源政策、财政和金融货币政策四个方面。所有这些政策是企业研究经济环境、调整自身的营销目标和产品结构的前提与依据。

2. 经济法规、法令

相对于经济方针政策而言，法规、法令具有相对的稳定性。各项经济法令、法规的颁布，其目的可以是多方面的。有的意在维护市场运行秩序，保护正当竞争，防止不正当竞争；有的则是维护消费者利益，保护消费者免受不公平商业行为的损害；有的是维护社会利益，保护生态平衡，防止环境污染等。

（四）社会文化环境

社会文化环境是指那些影响人们的消费方式的传统风俗习惯、行为规范、思维方式和价值观念。简单来说，社会文化实际上就是一种生活方式。生活在同一文化圈内的社会成员都要受某种特定文化的制约，即表现为某种特定的生活方式。

社会文化环境所蕴含的因素在不同地区、不同阶段是不同的，具有强烈独特的民族性、区域性，是民族历史文化的延续和发展。但也不可否认，随着经济生活的国际化、世界文化交流的加深和不同民族、地区文化的相互渗透，企业所面临的社会文化环境也在不断地发生变化，其具体反映在以下几个方面。

1. 风俗习惯

世界范围内不同国家或国家内的不同民族在居住、饮食、服饰、礼仪、婚丧等物质文化生活方面各有特点，形成了各具特色的风俗习惯。

2. 价值观念

价值观念是指人们对于事物的评价标准和崇尚风气。其涉及面较广，对创业项目影响深刻。它反映在阶层观念、财富观念、创新观念、时间观念等方面，这些观念的差异无疑造成了创业活动所面对不同的环境。

3. 宗教信仰

宗教是影响人们消费行为的因素之一。不同的宗教在行为模式和生活方式、宗教活动、禁忌等方面各有其特殊的传统与规定，这将直接影响其习惯和需求。

（五）自然环境

自然环境是指自然界提供给人类各种形式的物质资料，如阳光、空气、水、森林、土地等，是人类社会一切活动所要依赖的外部条件。随着人类社会进步和科学技术发展，世界各国都加速了工业化进程，一方面，创造了丰富的物质财富，满足了人们日益增长的需求；另一方面，自从进入工业文明以来，人类向自然界的无序索取和破坏，面临着资源短缺、环境污染等问题。从 20 世纪 60 年代起，世界各国开始关注经济发展对自然环境的影响，成立了许多环境保护组织，促使国家政府加强环境保护的立法。这些问题都是对企业营销的挑战。对营销管理者来说，应该关注自然环境变化的趋势，并从中分析企业营销的机会和威胁，制定相应的对策。

1. 自然资源日益短缺

自然资源可分为两类：一类为可再生资源，如森林、农作物等，这类资源是有限的，可以被再次生产出来，但必须防止过度采伐森林和侵占耕地；另一类为不可再生资源，如石油、煤炭、银、锡、铀等，这类资源蕴藏量有限，随着人类的大量开采，有的矿产已近处于枯竭的边缘。

2. 环境污染日趋严重

工业化、城镇化的发展对自然环境造成了很大的影响，尤其是环境污染问题日趋严重，许多地区的污染已经严重影响到人们的身体健康和自然生态平衡。环境污染问题已引起各国政府和公众的密切关注，这对创新的发展是一种压力和约束，促使更多的创业项目聚焦研究控制污染技术，兴建绿色工程，生产绿色产品，开发环保材料。

3. 政府干预不断加强

自然资源短缺和环境污染加重的问题，使各国政府加强了对环境保护的干预，颁布了一系列有关环保的政策法规，这将制约一些创业项目的实施。加强环保意识，在创业项目实施过程中自觉遵守环保法令，担负起环境保护的社会责任。

知识拓展

宏观环境的分析方法——PEST 分析

PEST 分析模型是基于宏观环境的分析方法。PEST 是由四个单词的首字母组成的：P 是政治（Politics）、E 是经济（Economy）、S 是社会（Society）、T 是技术（Technology）。在分析一个企业集团所处的宏观发展背景时，通常是通过这四个因素来分析创业项目所面临或应适应的各种状况。进行 PEST 分析时需要掌握大量的、充分的相关研究资料，并且对所分析的创业项目有着深刻的认识，否则，此种分析很难进行下去。

PEST 分析模型应针对具体的行业特点与创业活动经营需要，整理分析政治、经济、社会、技术各个因素的常见分析指标（表 5-1），帮助创业项目检阅其所处的外部宏观环境与宏观力量。

表 5-1　PEST 分析模型的部分分析指标

政治环境	经济环境	社会环境	技术环境
政府组织	经济增长	人口统计	政府研究投入
政策稳定性	利率与货币政策	社会结构	产业技术关注
税收政策	财政政策	教育程度	专利创新
环境政策	税收政策	文化与风俗	技术更新与转让
法律法规	物价与通货膨胀	生活方式	循环经济
竞争规则	商业周期	社会福利与保障	信息技术
国际合作	消费者信心	潮流与风尚	互联网技术
贸易规则	储蓄与信贷	宗教信仰	生命周期

三、创业项目的吸引力分析

波特五力分析模型（图 5-2）由迈克尔·波特（Michael E.Porter，1947—）于 20 世纪 80 年代初提出的一种分析框架，用于评估一个行业的竞争力和吸引力。他认为行业中存在着决定竞争规模和程度的五种力量，涵盖了行业内外的因素。这五种力量综合起来影响着产业的吸引力，帮助企业识别竞争环境中的机会和威胁，对企业战略制定产生全球性的深远影响。五种力量分别是：供应商的议价能力、购买者的议价能力、潜在竞争者进入的能力、替代品的替代能力、行业内竞争者的竞争能力。这五种力量的不同组合变化最终影响行业利润潜力的变化。

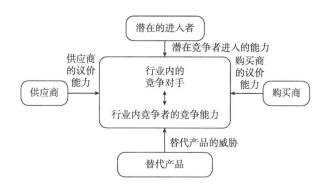

图 5-2　波特五力分析模型结构图

（一）供应商的议价能力

供方主要通过其提高投入要素价格与降低单位价值质量的能力，影响行业中现有企业的盈利能力与产品竞争力。供方力量的强弱主要取决于他们提供给买主的是什么投入要素，当供方所提供的投入要素的价值构成了买主产品总成本的较大比例、对买主产品生产过程非常重要，或者严重影响买主产品的质量时，供方对于买主的潜在讨价还价力量就大大增强。一般来说，满足如下条件的供方集团会具有比较强大的讨价还价力量：

（1）供方行业为一些具有比较稳固市场地位而不受市场激烈竞争困扰的企业所控制，其产品的买主很多，每一单个买主都不可能成为供方的重要客户。

（2）供方各企业的产品各具有一定特色，导致买主难以转换或转换成本太高，或者很难找到可与供方企业产品相竞争的替代品。

（3）供方能够方便地实行前向联合或一体化，而买主难以进行后向联合或一体化（注：通俗的说法为店大欺客）。

（二）购买者的议价能力

购买者主要通过其压价与要求提供较高的产品或服务质量的能力，来影响行业中现有企业的盈利能力。购买者议价能力的影响主要有以下原因：

（1）购买者的总数较少，而每个购买者的购买量较大，占了卖方销售量的很大比例。

（2）卖方行业由大量相对来说规模较小的企业所组成。

（3）购买者所购买的基本上是一种标准化产品，同时向多个卖主购买产品在经济上也完全可行。

（4）购买者有能力实现后向一体化，而卖主不可能前向一体化（注：通俗的说法为客大欺主）。

（三）潜在竞争者进入的能力

新进入者在给行业带来新生产能力、新资源的同时，寄希望在已被现有企业瓜分完毕的市场中赢得一席之地，这就有可能与现有企业发生原材料与市场份额的竞争，最终导致行业中现有企业盈利水平降低，严重的还有可能危及这些企业的生存。竞争所带来的威胁的严重程度取决于两个方面的因素，即进入新领域的障碍大小与现有企业对于进入者的反应情况。

进入障碍主要包括规模经济、产品差异、资本需要、转换成本、销售渠道开拓、政府行为与政策、不受规模支配的成本劣势、自然资源、地理环境等方面，这其中有些障碍是很难借助复制或仿造的方式来突破的。预期现有企业对进入者的反应情况，主要是采取报复行动的可能性大小，而这些取决于有关厂商的财力情况、报复记录、固定资产规模、行业增长速度等。总之，新企业进入一个行业的可能性大小，取决于进入者主观估计进入所能带来的潜在利益、所需花费的代价与所要承担的风险这三者的相对大小情况。

（四）替代品的替代能力

两个处于同行业或不同行业中的企业，可能会由于所生产的产品是互为替代品，从而在它们之间产生相互竞争行为，这种源自替代品的竞争会以各种形式影响行业中现有企业的竞争战略。

（1）现有企业产品售价及获利潜力的提高，将由于存在着能被用户方便接受的替代品而受到限制。

（2）由于替代品生产者的侵入，现有企业必须提高产品质量，或者通过降低成本来降低售价，或者使其产品具有特色，否则其销量与利润增长的目标就有可能受挫。

（3）源自替代品生产者的竞争强度，受产品买主转换成本高低的影响。

总之，替代品价格越低、质量越好、用户转换成本越低，其所能产生的竞争压力就越强；而这种来自替代品生产者的竞争压力的强度，可以具体通过考察替代品销售增长率、替代品厂家生产能力与盈利扩张情况来加以描述。

（五）行业内竞争者的竞争能力

大部分行业中的创业项目（或企业），相互之间的利益都是紧密联系在一起的，企业竞争战略作为企业整体战略的一部分，其目标是使自己的企业获得相对于竞争对手的优势，所以，这些战略在实施中就必然会产生冲突与对抗，这些冲突与对抗就构成了现有企业之间的竞争。现有企业之间的竞争常常表现在价格、广告、产品介绍、售后服务等方面，其竞争强度与许多因素有关。

一般来说，出现下述情况将意味着行业中现有企业之间竞争的加剧：

（1）行业进入障碍较低，势均力敌的竞争对手较多，竞争参与者范围广泛。

（2）市场趋于成熟，产品需求增长缓慢。

（3）竞争者企图采用降价等手段促销。

（4）竞争者提供几乎相同的产品或服务，用户转换成本很低。

（5）一个战略行动如果取得成功，其收入相当可观。

（6）行业外部实力强大的公司在接收了行业中实力薄弱的企业后，发起进攻性行动，结果使刚被接收的企业成为市场的主要竞争者。

（7）退出障碍较高，即退出竞争要比继续参与竞争代价更高。退出障碍主要受经济、战略、感情及社会政治关系等方面的影响，具体包括资产的专用性、退出的固定费用、战略上的相互牵制、情绪上的难以接受、政府和社会的各种限制等。

四、创业项目的微观分析

（一）供应商分析

供应商是指对创业项目进行生产所需而提供特定的原材料、辅助材料、设备、能源、劳务、资金等资源的供货单位。这些资源的变化直接影响到创业项目产品或服务的产量、质量及利润，从而影响创业项目商业计划和营销目标的完成。

（二）项目内部分析

创业项目开展商业活动要充分考虑到项目内部的环境力量和因素。企业是创业项目开展的重要载体，同时，也是组织生产和经营的经济单位，是一个系统组织。企业内部一般设立计划、技术、采购、生产、营销、质检、财务、后勤等部门。企业内部各职能部门的工作及其相互之间的协调关系，直接影响着企业的整个商业活动。

（三）营销中介分析

营销中介是指为企业营销活动提供各种服务的企业或部门的总称。营销中介对创业项目有直接、重大的影响，只有通过有关营销中介所提供的服务，创业项目才能将产品或服务顺利地送达目标消费者手中。

（四）顾客分析

顾客是指使用进入消费领域的最终产品或劳务的消费者和生产者，也是创业项目商业活动的最终目标市场。顾客对创业项目的影响程度远远超过前述的环境因素。顾客是市场的主体，任何创业项目的产品和服务只有得到了顾客的认可，才能赢得市场。现代营销强调将满足顾客的需要作为创业项目管理的核心。

（五）社会公众分析

社会公众是指在创业项目商业活动中发生关系的各种群体的总称。公众对创业项目的态度，会对其商业活动产生巨大的影响。它既可以帮助创业项目树立良好的形象，也可能

妨碍创业项目的形象。所以,创业项目必须处理好与主要公众的关系,争取公众的支持和偏爱,为自己营造一个和谐、宽松的社会环境与发展空间。

(六) 竞争者分析

创业项目在运行过程中要进行市场竞争环境分析,需要识别自己所面对的竞争对手,这似乎是一件简单的工作,但是创业企业实际和潜在的竞争对手范围很广,它往往被新出现的创业项目或新出现的技术击败。

根据产品替代观念,可以区分以下四种层次的竞争者。

1. 品牌竞争

当其他企业以相似的价格向相同的顾客提供类似产品与服务时,企业将其视为竞争者。例如,被海尔视为主要竞争者的是价格和档次相似、生产同类彩电的康佳及 TCL 等企业。

2. 行业竞争

企业可以广义地将制造同样或同类产品的企业视作竞争者。例如,海尔可能认为自己在与所有彩电制造商竞争。

3. 形式竞争

企业可以更广泛地将所有制造商能提供相同服务的产品的企业都作为竞争者。例如,海尔企业认为自己不仅与家电制造商竞争,还与其他电子产品制造商竞争。

4. 通常竞争

企业还可以更广泛地将所有争取同一消费者的人都视作竞争者。例如,海尔可以认为自己在与所有的主要耐用消费品企业竞争。

创业项目还可以从行业观点来辨认自己的竞争对手。行业竞争观念是从行业角度来界定竞争者,主要来自现有竞争企业、潜在加入者、替代品生产者。

五、创业环境 SWOT 分析

SWOT 分析法又称态势分析法,20 世纪 80 年代初由美国旧金山大学的国际管理和行为科学教授韦里克(Heinz Weihrich)提出,是一种重要的战略规划工具。SWOT 是英文 Strength(优势)、Weakness(劣势)、Opportunity(机会)、Threat(威胁)的缩写。其通过对研究对象组织内部环境的优势和劣势,以及对组织外部环境的机会和威胁进行分析,从而确定组织的发展战略。

(一) 机会分析

在机会分析中,可以采取归纳统计的方法对各种因素对于机会的影响大小进行图表定点分析,并从各种环境因素定点的区域来认识各种环境对于机会的重要程度,如图 5-3 所示。

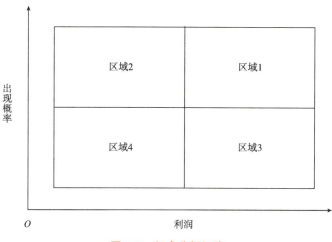

图 5-3　机会分析矩阵

区域 1：成功概率高，而且成功后会带来较大的利润，因此对创业者的吸引力大，是应该尽量考虑利用的环境。

区域 2：成功概率高，但成功后带来的利润较小，是创业者应该注意开发的环境。

区域 3：成功概率低，但一旦成功会给企业带来较大的利润，因而创业者应创造条件，力争成功。

区域 4：成功概率低，并且成功后给创立的企业带来的利润也小，是创业者应该注意回避的环境。

（二）威胁分析

对于威胁的分析，同样采取归纳统计的方法对各种环境对于威胁程度的影响进行图表定点分析，并从各种环境因素定点的区域来认识各种环境对威胁的影响程度，如图 5-4 所示。

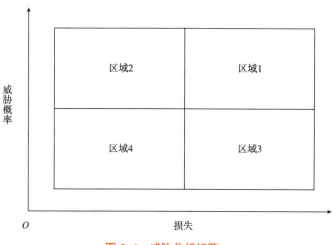

图 5-4　威胁分析矩阵

区域 1：威胁发生概率高，而且发生后将产生较为严重的负面影响，因此创业者要予以特别注意。

区域 2：威胁发生概率高，但发生后带来的负面影响有限，因此创业者应该予以特别的注意。

区域 3：威胁发生概率低，但一旦发生会产生严重的负面影响，因而创业者不能掉以轻心。

区域 4：威胁发生概率低，并且发生后给企业经营带来负面影响也比较有限，是可以忽略的环境。

（三）机会威胁综合分析

归纳上述所做的机会分析和威胁分析，可以判断创业者所面临的具体位置，找到对于自己创业活动有利的因素。同时，通过对市场机会和环境威胁的比较，预测对创业者来说，机会和威胁哪个更占主要地位。对以上两个方面的分析结果进行重叠分析，就可以形成新的归纳统计图，如图 5-5 所示。

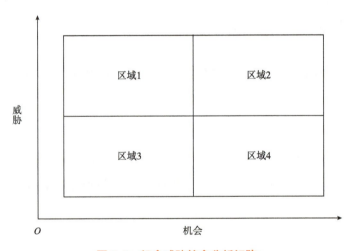

图 5-5　机会威胁综合分析矩阵

区域 1：威胁程度高，机会水平低，是最差的环境状态，处于这一区域的是困难型业务。

区域 2：威胁程度高，机会水平也高，两者相比较，难分上下，处于这一区域的是风险型业务。

区域 3：威胁程度和机会水平均低，虽盈利能力不高，但也没有多大的风险，处于这一区域的是成熟型业务。

区域 4：威胁程度低，机会水平高，是最佳的环境状态，处于这一区域的是理想型业务。

(四) 优劣势分析

优劣势分析是建立在对以上外部环境和内部环境各因素综合考虑的基础上，判断创业者在机会与威胁出现时自身具有的什么优势和劣势，如图 5-6 所示。

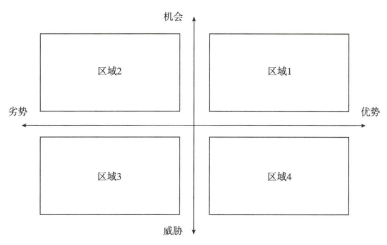

图 5-6　优劣势分析矩阵

区域 1：创业环境中机会大，创业者优势明显，是最佳的创业环境，创业者可以最大限度地利用创业环境。

区域 2：创业环境中机会大，但是创业者劣势明显，不能有效利用当前创业环境，创业环境一般。

区域 3：创业环境中威胁高，创业者劣势明显，是最差的创业环境，不值得创业者考虑。

区域 4：创业环境中威胁高，创业者优势明显，在这种创业环境下创业者需要面对较大的风险，适合十分自信的创业者。

单元三 "互联网+"与创业

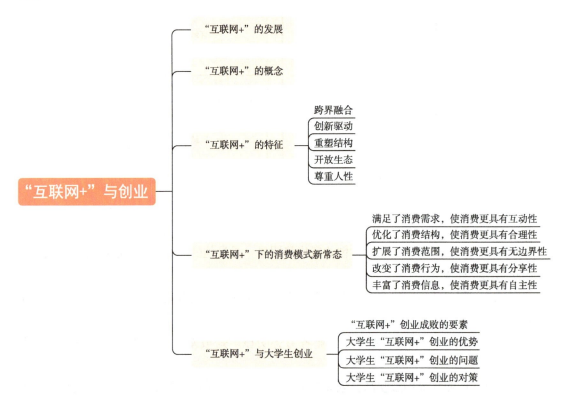

思维导图

"互联网+" 与创业

- "互联网+"的发展
- "互联网+"的概念
- "互联网+"的特征
  - 跨界融合
  - 创新驱动
  - 重塑结构
  - 开放生态
  - 尊重人性
- "互联网+"下的消费模式新常态
  - 满足了消费需求，使消费更具有互动性
  - 优化了消费结构，使消费更具有合理性
  - 扩展了消费范围，使消费更具有无边界性
  - 改变了消费行为，使消费更具有分享性
  - 丰富了消费信息，使消费更具有自主性
- "互联网+"与大学生创业
  - "互联网+"创业成败的要素
  - 大学生"互联网+"创业的优势
  - 大学生"互联网+"创业的问题
  - 大学生"互联网+"创业的对策

"互联网+"代表着一种新的经济形态。它依托互联网信息技术实现互联网与传统产业的联合，以优化生产要素、更新业务体系、重构商业模式等途径来完成经济转型和升级。"互联网+"计划的目的是充分发挥互联网的优势，将互联网与传统产业深入融合，以产业升级提升经济生产力，最后实现社会财富的增加。

一、"互联网+"的发展

2014年11月，李克强总理出席首届世界互联网大会时指出，互联网是大众创业、万众创新的新工具。其中，"大众创业、万众创新"正是此次政府工作报告中的重要主题，被称作中国经济提质增效升级的"新引擎"，可见其的重要性。

2015年3月5日上午，在第十二届全国人民代表大会第三次会议上，李克强总理在政府工作报告中首次提出"互联网+"行动计划。李克强总理在政府工作报告中提出："制定'互联网+'行动计划，推动移动互联网、云计算、大数据、物联网等与现代制造业结合，促进电子商务、工业互联网和互联网金融健康发展，引导互联网企业拓展国际市场。"

2015 年 7 月 4 日，经李克强总理签批，国务院印发《关于积极推进"互联网＋"行动的指导意见》（以下简称《指导意见》），这是推动互联网由消费领域向生产领域拓展，加速提升产业发展水平，增强各行业创新能力，构筑经济社会发展新优势和新动能的重要举措。

随着信息化的不断发展，在知识社会创新 2.0 推动下的互联网形态演进及其催生的经济社会发展新形态，"互联网＋"是互联网思维的进一步实践成果，推动经济形态不断地发生演变，从而带动社会经济实体的生命力，为改革、创新、发展提供广阔的网络平台。

知识拓展

"互联网＋"时代中国发展的机遇

当前，我国经济正处于转型升级的重要时期，创新驱动正在成为我国经济发展的新引擎。互联网具有打破信息不对称、降低交易成本、促进专业化分工、优化资源配置、提升劳动生产率的特点，为我国经济转型升级提供了重要的途径和发展机遇。

随着移动互联网、大数据、云计算、物联网与人工智能等新技术、新业务和新生态的发展，各行各业正在以互联网为平台进行融合创新，进入了"互联网＋"快速发展的时代。

（1）将推进产业转型升级与融合创新。互联网正在重塑传统产业，推动信息通信技术与传统产业的全面融合。在广度上，"互联网＋"正在以信息通信业为基点全面应用到第三产业（即现代服务业）；在深度上，"互联网＋"正在从信息传输逐渐渗透到产业链各环节，将工业时代的规模生产转向满足个性化长尾需求的新型生产模式。

（2）将促进产业生态共赢与创业创新。创新是互联网发展的生命线，推动了"生态协同式"的产业创新，促进了大众创业、万众创新。"互联网＋"将用户资源和技术资源开放给合作伙伴，降低了中小微企业与创业者进入市场的门槛，形成了互利共生的生态系统。

（3）将推动共享经济成长与发展。共享经济的核心是提倡互利共享，高效对接供需资源，提升闲置资源利用率，提供节能环保与资源再利用的创新模式。"互联网＋"打破信息不对称、减少中间环节，提升劳动生产率，从而提升资源使用效率。

（资料来源：国家信息中心 http://www.sic.gov.cn/News/455/7861.htm.）

二、"互联网＋"的概念

"互联网＋"是指在创新 2.0（信息时代、知识社会的创新形态）推动下将互联网技术与传统产业融合，通过互联网技术提升传统产业的效率、创新和增值能力。

微课："互联网＋"概述

"互联网+"是两化融合的升级版，强调在各个行业和领域中广泛应用互联网技术，推动产业的数字化、智能化和网络化发展。"互联网+"的目标是实现跨界融合和创新，打破传统行业的壁垒，促进信息与资源的流动、共享和优化利用，并推动新的商业模式和增值服务的出现。"互联网+"可以涵盖多个领域，如互联网金融、互联网医疗、互联网教育、互联网农业、互联网物流等。"互联网+"由于其创新性和推动力，对传统产业的发展和转型产生了深远的影响。它提供了新机会和新挑战，推动了经济的转型升级和社会的进步。

"互联网+"的关键在于创新，只有创新才能使这个"+"真正有价值、有意义。正应如此，"互联网+"被认为是创新2.0下的互联网发展新形态、新业态，是知识社会创新2.0推动下的经济社会发展新形态演进。

三、"互联网+"的特征

(一) 跨界融合

"+"就是跨界，就是变革，就是开放，就是重塑融合。敢于跨界了，创新的基础就更坚实；融合协同了，群体智能才会实现，从研发到产业化的路径才会更垂直。融合本身也指身份的融合，客户消费转化为投资，伙伴参与创新等，不一而足。

(二) 创新驱动

中国粗放的资源驱动型增长方式早就难以为继，必须转变到创新驱动发展这条正确的道路上来。这正是互联网的特质，用所谓的互联网思维来求变、自我革命，也更能发挥创新的力量。

(三) 重塑结构

信息革命、全球化、互联网业已打破了原有的社会结构、经济结构、地缘结构、文化结构。权力、议事规则、话语权不断在发生变化。"互联网+"社会治理、虚拟社会治理会有很大的不同。

(四) 开放生态

关于"互联网+"，生态是非常重要的特征，而生态的本身就是开放的。推进"互联网+"，其中一个重要的方向就是将过去制约创新的环节化解，将孤岛式创新连接起来，使研发由人性决定的市场驱动，让创业并努力的人有机会实现价值。

(五) 尊重人性

人性的光辉是推动科技进步、经济增长、社会进步、文化繁荣的最根本的力量，互联网的力量强大最根本地来源于对人性的最大限度的尊重、对人体验的敬畏、对人的创造性发挥的重视。

"互联网＋市场"，数字化转型的成功典范

2020年10月21日，义乌小商品城（chinagoods.com）官方网站全新上线，网站依托义乌市场7.5万家实体商铺资源，服务产业链上游200万家中小微企业，以贸易数据整合为核心驱动，对接供需双方在生产设计、展示交易、市场管理、物流仓储、金融信贷等环节的需求，致力于实现市场资源有效、精准配置，构建真实、开放、融合的数字化贸易B2B综合服务平台。义乌小商品城官方网站的上线标志着这个全球著名的小商品市场全面开启数字化转型。

（资料来源：义乌小商品城 https://www.chinagoods.com/.）

四、"互联网＋"下的消费模式新常态

消费模式主要包含人们的消费关系和行为方法，从总体上反映了消费者的消费内容、基本趋势，既指导消费者的消费活动，又对消费者的消费行为进行社会价值判断。消费模式不仅反映了消费的主要内容，而且反映了经济社会生活的准则。实践表明，互联网大大拓展了全社会沟通活动的空间，极大地变革着人们的消费模式。"互联网＋"背景下的消费模式完全不同于传统消费模式，对商品生产、市场流通、经营销售都产生了巨大的影响，合成了消费模式的新常态。

（一）满足了消费需求，使消费更具有互动性

传统消费模式与商业模式形成的根本原因在于供给与需求在时间和信息获取上的非同一性。在"互联网＋"背景下的消费模式中，互联网为消费者和商家搭建了一个快捷而实用的互动平台，中间枢纽环节被省去，供给方与需求方直接形成了消费流通环节，同时，互联网使个性化"私人订制"成为可能。"互联网＋"间接促进了消费个性化趋势的形成，消费者成为商品和服务的生产出发点与归宿，与生产有了直接紧密的联系。这种互动性体现的不仅是一种商业模式，更代表着未来新经济和新文化的发展方向与趋势。

（二）优化了消费结构，使消费更具有合理性

随着社会的进步与发展，当消费者置身于资源丰富的网络世界中时，不仅能够借助互联网的特点进行方便、快捷的消费，同时互联网购物本身就是一种前所未有的体验。消费者借助于互联网的各种创新特点，使其能够体验到与传统消费模式截然不同的感受，体验

中有消费，消费中蕴含体验。互联网信息技术有助于实现空间分散、时间错位之间的供求匹配，从而可以更好地提高供求双方的福利水平，进而优化升级人们的基本需求。

（三）扩展了消费范围，使消费更具有无边界性

互联网消费由于成功运用了互联网技术，使传统消费的时空限制趋于消失，形成了一种无边际的消费模式。首先，消费者在商品服务的选择上是没有范围限制的，互联网能够以无限的商品来满足消费者的需求；其次，互联网消费突破了空间的限制，互联网提供了超越国家和地区边界的能力，互联网消费没有了边界限制；最后，消费者的购买效率得到了充分的提高，满足当前消费者方便、快捷的购物需求。

（四）改变了消费行为，使消费更具有分享性

随着互联网技术的发展，消费者能够随时随地将自身商品和服务的使用体验与其他人分享。正是因为消费者自主"搜索"和"分享"行为的普遍，所有的信息将以互联网为中心聚合扩散，产生成倍的传播效果，对消费者购买决策及信息收集模式带来了颠覆性的变革。网络的日趋普及，形成全民传播、全民分享消费信息的趋势。互联网的时效性、综合性、互动性和使用便利性使消费者能方便地对商品的价格、性能、使用感受进行分享，这种信息体验对消费模式转型发挥着越来越重要的影响。

（五）丰富了消费信息，使消费更具有自主性

"互联网＋"时代的消费者更倾向于选择流行、时尚、前卫的新鲜事物来彰显自我魅力。这种倾向性的选择使消费者的"搜索引擎"有了"库"和"源"。消费者可以方便地找到同类产品的信息，并根据其他消费者的消费心得、消费评价做出是否购买的决定。也就是说，"互联网＋"的消费时代最大限度地扩大了消费增量，盘活了消费存量，强化了消费者自由选择、自主消费的系列权益。

五、"互联网＋"与大学生创业

"互联网＋"是"大众创业、万众创新"，是推动经济转型升级的重要力量。在此次"互联网＋"行动浪潮中，大学生作为建设社会主义的主力军，对在"互联网＋"时代的创新创业活动表现出了空前的激情与向往。

微课："互联网＋"
创业成败的要素

（一）"互联网＋"创业成败的要素

1. 定位——我是谁

定位需要回答的问题有三个：我们的业务是什么？我们的目标客户是谁？应该向他们提供什么样特征的产品或服务？通过对业务的定义可以界定出谁是我们的客户和竞争者，

谁是我们的合作伙伴，我们应该拥有什么样的资源和能力。

对于互联网企业来说，用户永远是最大的财富。而坚持清晰独特的定位，就是改变用户鼠标移动方向的最有效方式。

2. 业务系统——我们还能做什么

业务系统的建立关键在于对市场环境、消费需求、竞争对手及自身优劣势的通盘分析，从而找出一个最佳的切入点。

（1）我们拥有哪些优异能力，这个叫作"内功"，如资金实力、技术实力、互联网创业经验等；

（2）周边环境可以为我们提供哪些业务活动，称为"外力"；

（3）我们可以为各个相互作用的主体提供什么价值，称为"人和"；

（4）从共赢的角度，我们怎样做才能够将这些活动形成一个有机的价值网络，同时，又让其他利益相关方得到他们想要的利益。

3. 关键资源能力——我们最大的优势是什么

关键资源能力是保证我们的创业构思和设计得以实施的关键因素，关键资源能力包括金融资源（财力、资金投入是靠团队成员拼凑还是银行借贷）、实物资源（办公场所、办公用品等）、人力资源（团队成员的各自分工如何，是否需要再招募成员，成员之间的利益具体如何分配等）、信息（保证创业项目开展过程中的外部信息通畅及内部信息秘密）、客户关系（如果做电子商务，上游供货商、物流商、下游终端消费者如何管理）等。

4. 盈利模式——我们的利润来自哪里

清晰的盈利模式很重要，可是也要注意避免盈利模式的单一或生硬化。从谁那里可以获取利益？谁可以分担投资或支付成本？

5. 现金流——创业者的血液

对于大多数狂热的互联网创业者来说，当他有一个创业项目时，总会不顾一切地投入，直到碰得头破血流时，才会认识到互联网是个烧钱的行业。其实他们最应该关注的是项目的现金状况，关心成长风险有多大及如何规避。

（二）大学生"互联网+"创业的优势

大学生在互联网进行创业活动有天然的优势，分为内在优势和外在优势两部分。

1. 内在优势

（1）知识优势。大学生具有较高层次的知识，是一个知识、智力和活力都相对密集的群体，他们享受了专业领域的分工，具有较强的专业能力，因此，知识资源成了大学生创业的最大优势。

微课：**大学生互联网创业的优势**

（2）活力优势。刚进入社会的大学生年轻有活力，勇于拼搏，无太重负担，具有较强的社会适应能力；自信心较强，对自己认准的事物会有激情去体验。

（3）创意优势。大学生具有较强的领悟力，自主学习知识的能力较强，善于接受新事

物。思维活跃，创意新颖，能将所学习的知识很快内化为能力，外化为创造。具有创意就意味着创新，创新能力来源于创造性思维，一个成功的创业者一定具有独立性、求异性、想象性、新颖性、灵感性、敏锐性等人格特质。因此，创意能力影响着创业实践的特质，是促使创业实践活动顺利进行的首要条件。

（4）其他优势。除以上明显的优势外，大学生还具有策划、组织、领导、管理、公关等方面潜在特质，经过创业的体验，这些能力都将产生很强的内部性。

2. 外在优势

（1）政府的优惠政策。为了促进大学生创业，各级政府相继出台了注册、贷款、税费、培训等方面的优惠政策，效果显著，直接促进了创业活动的开展。

（2）学校资源。高等学校的"创业教育"对大学生创业起着重要的作用。同时，学校拥有雄厚的智力知识资源、自主创新的科学技术和众多创业优势项目。学校资源优势有力支撑大学生的创业行为。

创业人物

大学生"创业明星"杨甫刚

"成功并不困难，难的是，你要能真正地全身心投入进去。"这是杨甫刚对正处于创业起步期学弟学妹的建议。

杨甫刚，1985 年出生，三门人，2009 年毕业于浙江义乌工商职业技术学院。大学期间，他在淘宝网上开了一家名叫"嘟嘟靓妆小铺"的网店，开始了创业探索，以 600 元起步到月收入 3 万元。他的成功在很大程度上归功于勤奋及善于发现市场机会。2009 年 9 月组建亿购电子商务有限公司，主营电子商务网络销售。经过三年时间的发展，公司规模不断壮大，建立了独立网站 http://www.19eg.com/，2011 年销售额达 4 500 万元，在义乌小额 B2B 产业领域占据了一定的市场份额，具备了一定的话语权与定价优势。2012 年杨甫刚成功入围"浙江省十大杰出青年网商"评选，成为大学生"创业明星"。

（资料来源：新三门 http://epaper.smnews.com.cn/html/2012-10/13/content_2_6.htm.）

（三）大学生"互联网+"创业的问题

在大数据、"互联网+"高速发展的时代下，一方面大量的创业机会不断地被催生；另一方面传统的运营模式、管理模式不断地被颠覆。在高校互联网创业教育模式更新不及时现状下，大学生在"互联网+"背景下要进行创业，存在一定的问题与困难。

微课：大学生互联网创业的问题

1. 创业资金不足

充足的创业资金是成功创业的一把钥匙。通常，大学生的主要经济来源是父母，经济独立性差，除学费与基本的生活费外，基本上没有额外的经济收入，难以满足大学生创业启动资金的需求。在某种程度上，就限制了大学生创业的规模与形式。

2. 成功经验缺乏

在创业初期，大学生往往选择的是小规模、简单的创业模式，因管理经验缺乏而难以借鉴学习。面临当前激烈的市场竞争，显然是没有竞争优势，因此，往往会导致创业初期的失败，打击其创业积极性。

3. 市场观念淡薄

大学生喜欢关注项目本身或技术层面，但对于诸如目标市场定位与营销策略组合这些重要的市场手段，则概念不全或不清，容易产生市场"盲"症。市场观念淡薄使学生的创业行为脱离市场运行规律。

4. 性格急于求成

大学生对未来有美好的憧憬，但急于在短时间内获得成功。遇到困难，会导致产生焦躁情绪，失去耐心，甚至轻易放弃。

（四）大学生"互联网+"创业的对策

大学生"互联网+"创业是目前社会主导的一种创业形式，前景广阔，但是也不乏发展困境。要激发学生的创业热情、提升创业成功率，必须从个人、高校、社会和家庭、网络、政府五个方面探讨大学生"互联网+"创业的对策。

微课：大学生互联网创业的对策

1. 大学生对"互联网+"创业形成心理认同

大学生对"互联网+"创业的心理认同是在认知、情感、信念和行为等心理因素的影响与作用下，进一步对网络创业这一行为的理性认知、情感认同、信念坚定和自觉践行。应该进一步提高大学生对"互联网+"创业的认知程度，只有从内心认为互联网就是将来就业的方向、奋斗的目标，才能落实到实际行动中，哪怕失败也会继续坚持走下去。

2. 高校加强大学生"互联网+"创业教育

首先，要加强网络创业教育的师资队伍建设，校内选出一些理论水平高、技术能力强的优秀教师，校外聘请一些互联网创业经验丰富、实践能力强的成功人士，共同担任创业课程的讲授与指导。其次，要培养学生的创业意识、团队合作精神、吃苦耐劳本领。最后，通过创业大赛、校企合作等途径，提高大学生"互联网+"创业的积极性。

3. 社会加强网络创业文化氛围的宣传

全社会要营造一种支持创业、扶持创业、尊重创业、关注创业的舆论氛围，倡导创业型社会文化；全社会应该支持、鼓励、尊重、理解大学生选择互联网创业的决定，与大学生一路并肩作战，成为大学生网络创业的强大后盾。

4. 健全网络安全法律法规

应该加强网络相关领域的立法，健全相关网络安全法律法规，维护良好网络创业秩序、营造优质网络经营环境，使大学生在公平、有序、法制的网络环境下进行创业活动。

5. 政府完善互联网创业相关政策

首先，政府应该建立互联网创业资金支持体系，通过政府拨款、高校创业基金、社会

力量资助等形式拓展网络创业资金来源，建立相关资金风险分担和转移机制。其次，政府应该整合互联网创业相关资源，为大学生创业提供技术支持、管理服务、营销策略等知识和人员支撑，帮助大学生创业尽快成长。最后，政府应该设立网络创业奖惩机制，奖励那些奋进、诚信的互联网创业大学生，同时，对于那些不讲诚信、投机取巧、扰乱秩序的互联网创业大学生企业，给予相应的处罚。

❯ 模块小结

本模块主要介绍了创业项目。创业项目可分为资源类项目、制造类项目、技术创新类项目等。选择创业项目需要遵循的原则有选择国家政策鼓励的行业、选择适应社会需求的行业、选择适合自己的项目、选择有一定创新的项目。在市场中寻找创业项目可以从熟悉的领域中寻找项目、通过重新确认生意所属的范围来寻找项目、利用市场的转换寻找项目、借助产业增长趋势寻找项目、利用市场间隙来寻找项目、利用社会事件或形势寻找项目、利用被遗弃的市场寻找项目、瞄准大市场下的小市场来寻找项目、扩大市场区域来寻找项目。

宏观市场环境包括人口环境、经济环境、自然环境、技术环境、政治法律环境及社会文化环境。影响创业项目吸引力的五种力量包括供应商的议价能力、购买者的议价能力、潜在竞争者进入的能力、替代品的替代能力、行业内竞争者的竞争能力。创业项目微观分析包括供应商分析、企业内部分析、营销中介分析、顾客分析、社会公众分析、竞争者分析。SWOT 分析法又称态势分析法，SWOT 是英文 Strength（优势）、Weakness（劣势）、Opportunity（机会）、Threat（威胁）的缩写。它通过对研究对象组织内部环境的优势和劣势，以及对组织外部环境的机会和威胁进行分析，从而确定组织的发展战略。

"互联网 +"与创业有着不可分割的联系，已经成为当代大学生创业的重要模式和载体。分析"互联网 +"创业成败的要素，结合大学生群体，瞄准大学生"互联网 +"创业的优势、不足与对策，相信充满活力、具有进取精神的大学生，在伴随着互联网的飞速发展中，能够发现机会、抓住机遇实现创业梦想。

❯ 模块自测

一、单选题

1. 下列不属于影响购买水平的主要因素是（　　　）。

　　A. 收入　　　　　　　　　　B. 支出

　　C. 储蓄　　　　　　　　　　D. 信贷

2. 下列属于有限但可以更新的资源是（　　　）。

　　A. 水　　　　　　　　　　　B. 森林

　　C. 石油　　　　　　　　　　D. 煤

3.（　　　）是指人们对社会生活中各种事物的态度和看法。

  A. 社会习俗　　　　　　　　　　B. 消费心理

  C. 价值观念　　　　　　　　　　D. 营销道德

4. 与企业紧密相连直接影响企业营销能力的各种参与者，被称为（　　　）。

  A. 营销环境　　　　　　　　　　B. 宏观营销环境

  C. 微观营销环境　　　　　　　　D. 营销组合

5. 影响消费者需求变化最活跃的因素是（　　　）。

  A. 人均国民生产总值　　　　　　B. 个人收入

  C. 个人可支配收入　　　　　　　D. 个人可任意支配收入

二、多选题

1. 市场营销环境主要呈现（　　　）的特点。

  A. 客观性　　　　　　　　　　　B. 差异性

  C. 相关性　　　　　　　　　　　D. 动态性

  E. 可影响性

2. 人口结构主要包括（　　　）。

  A. 年龄结构　　　　　　　　　　B. 家庭结构

  C. 社会结构　　　　　　　　　　D. 受教育程度

  E. 地区分布

3. 企业的经济环境主要由（　　　）要素构成。

  A. 社会经济结构　　　　　　　　B. 经济发展水平

  C. 经济体制　　　　　　　　　　D. 宏观经济政策

  E. 企业发展阶段

4. 企业所面临的社会文化环境主要反映在（　　　）方面。

  A. 风俗习惯　　　　　　　　　　B. 价值观念

  C. 宗教信仰　　　　　　　　　　D. 行为模式

  E. 教育程度和职业

5. 按照需求将顾客分为（　　　）。

  A. 消费者市场　　　　　　　　　B. 生产者市场

  C. 中间商市场　　　　　　　　　D. 政府市场

  E. 国际市场

三、思考题

1. 影响创业项目选择的因素有哪些？

2. 选择创业项目应遵循的原则有哪些？

3. 创业项目微观分析包括哪些内容？

4. 什么是 SWOT 分析法？

5. "互联网+"下的消费模式新常态有什么特点？

综合实训

运用 PEST 模型进行宏观营销环境分析

实训目的： 掌握运用 PEST 模型，以政治、经济、社会和技术等因素对市场进行分析，确定这些因素的变化对某一行业营销战略的影响。

实训内容： 组建以 4 人为单位的实训小组，选取以老龄化社会为背景的某行业或者特征市场，运用 PEST 模型进行分析，并在 PEST 分析的基础上探讨解决问题的思路。

实训要求： 每组制作 PPT，用五分钟完整陈述 PEST 模型的分析与运用。

实训步骤：

1. 组建小组；

2. 选择研究行业或者市场；

3. 完成行业或者市场的分析，提出发展对策；

4. 整理报告材料，进行项目分析汇报。

模块六
创新与创新思维

"创新是民族进步的灵魂，是一个国家兴旺发达的不竭动力，也是中华民族最深沉的民族禀赋。在激烈的国际竞争中，惟创新者进、惟创新者强、惟创新者胜。"

——习近平在欧美同学会成立 100 周年庆祝大会上的讲话（2013 年 10 月 21 日）

学习目标

知识目标：

1. 熟悉创新的含义、核心、关键与特点；

2. 掌握创新的类型与方法；

3. 掌握创新能力的内容；

4. 掌握创新思维的特征与类型。

能力目标：

1. 能够运用"5W2H"法进行创新活动；

2. 能够熟练运用立体与平面两种思维形式进行创新思考；

3. 能够分辨常见思维障碍类别。

素养目标：

1. 培养"新"发展理念；

2. 培养秉承"莫名其妙、无中生有、点石成金"的创新精神；

3. 培养"创业立身"积极性与主动性。

模块导入

必须向科技创新要答案——习近平总书记推动科技自立自强战略擘画

最长的跨海大桥、最大的 5G 网络、最先进的高速铁路、最远程的量子通信……新时代十年来，我国科技创新事业发生历史性、整体性、格局性重大变化，全球创新指数排名从 2012 年的第三十四位上升到 2022 年的第十一位，成功进入创新型国家行列。迈上全面建设社会主义现代化国家新征程，向第二个百年奋斗目标进军，科技、

人才、创新的战略意义提升到新的高度。

从应变看求变——"构建新发展格局最本质的特征是实现高水平的自立自强"

初夏，创新发展的生动缩影、无数个"第一"诞生地——北京中关村一片繁忙景象：无人灭火直升机的生产组装热火朝天，无人驾驶汽车在园区往来如梭，外墙清洗机器人测试场景震撼……

2013年9月30日，十八届中共中央政治局集体学习第一次走出中南海，把"课堂"搬到了中关村。习近平总书记深刻阐述了党的十八大确定的创新驱动发展战略，强调"科技兴则民族兴，科技强则国家强"。从国内考察到出席重要会议活动，从主持中共中央政治局集体学习到作出重要指示批示，习近平总书记始终牵挂着创新发展的目标与方向。孜孜步履，灼灼目光，殷殷话语。围绕科技创新，习近平总书记提出一系列新思想、新观点、新论断、新要求，对我国科技创新发展作出前瞻性、战略性、全局性谋划。

从危机看先机——"谁在创新上先行一步，谁就能拥有引领发展的主动权"

"历史告诉我们一个真理：一个国家是否强大不能单就经济总量大小而定，一个民族是否强盛也不能单凭人口规模、领土幅员多寡而定。近代史上，我国落后挨打的根子之一就是科技落后。"2014年6月9日，习近平总书记在两院院士大会上，揭示历史演进中蕴含的深刻逻辑。"谁在创新上先行一步，谁就能拥有引领发展的主动权。"

一个国家和民族的创新能力，从根本上影响，甚至决定国家和民族前途命运。抢占"先机"，科技创新成为国际战略博弈的主战场。有效应对前进道路上的重大挑战、抵御重大风险，维护国家安全和战略利益，必须紧紧围绕科技创新，才能增强发展的独立性、自主性、安全性，掌握战略主动。惟有创新才能掌握竞争和发展主动权。从危机看先机，以只争朝夕的责任感、使命感、紧迫感锚定科技前沿，抓住科技创新这一关键变量，我们有基础、有底气、有信心、有能力构筑先发优势。

从来路看前路——"我们走的是一条中国特色自主创新道路，这是一条必由之路，必须坚定不移地走下去"

科技发展与民族复兴同向发力，是我国波澜壮阔的百年党史的鲜明亮色。我们党高度重视科技发展事业，始终坚持走具有中国特色的自主创新道路。党的十八大以来，以习近平同志为核心的党中央正确把脉当今世界科技发展新趋势，及时审度新时代中国具体国情和实际，把创新摆在国家发展全局的核心要位，从理念、战略到行动等各方面构建一个全方位、多维度完整创新体系。

实践—认识—再实践—再认识。习近平总书记关于科技创新的重要论述，贯穿着马克思主义的世界观和方法论，成为习近平新时代中国特色社会主义思想的重要组成部分，续写了马克思主义中国化时代化的崭新篇章。科技之光映照百年征程。从来路看前路，坚持以马克思主义中国化时代化最新成果为指导，坚定道路自信、理论自信、制度自信、文化自信，中国特色自主创新道路将越走越宽广。

（资料来源：人民网 http://hn.people.com.cn/n2/2023/0529/c208814-40435645.html.）

分析思考

党的二十大报告提出："必须坚持科技是第一生产力、人才是第一资源、创新是第一动力，深入实施科教兴国战略、人才强国战略、创新驱动发展战略，开辟发展新领域新赛道，不断塑造发展新动能新优势。"

创新是一个民族进步的灵魂，是一个国家兴旺发达的不竭动力，也是中华民族最深沉的民族禀赋。这是创新中国逐梦征程的重要坐标：到 2035 年跻身创新型国家前列，到 2050 年建成世界科技强国。这是奋进中国复兴之路的战略目标：到 2035 年基本实现社会主义现代化，到 21 世纪中叶把我国建成富强民主文明和谐美丽的社会主义现代化强国。用新的伟大奋斗创造新的伟业，党的二十大为我们擘画了全面建设社会主义现代化国家、以中国式现代化全面推进中华民族伟大复兴的宏伟蓝图。

单元一　创新项目

思维导图

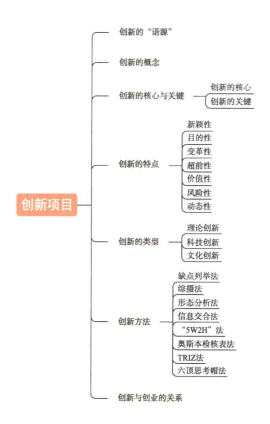

党的十八大以来，以习近平同志为核心的党中央观大势、谋全局、抓根本，作出"必须把创新作为引领发展的第一动力"的重大战略抉择，实施创新驱动发展战略，坚持创新在我国现代化建设全局中的核心地位，把科技自立自强作为国家发展的战略支撑，走出了一条从人才强、科技强，到产业强、经济强、国家强的发展道路。

一、创新的"语源"

创新，顾名思义，创造新的事物。《广雅》："创，始也"；新，与旧相对。创新一词出现很早，如《魏书》有"革弊创新"，《周书》有"创新改旧"。与创新含义近同的词汇有惟新、鼎新等，如"咸與惟新""革故鼎新""除旧布新""苟日新、日日新，又日新"。

在英语中，创新（Innovation）起源于拉丁语。它原意有三层含义：第一，更新，即对原有的东西进行替换；第二，创造新的东西，是指创造出原来没有的东西；第三，改变，是对原有的东西进行发展和改造。

创是始的意思，所以创造不是后造，而是始造。创造和仿造相对。通常说创造，含有造出了一个前所未有的事物的意味。说创新，大致有两种意思：一种是创造了新的东西，这和创造同义；另一种是通过更新或造出一个新事物来代替本来存在的事物，即创新中包含新的创造。新的创造一般是建立在原有的事物或其转化的基础上，包含对原有事物的创新，因而创造中又包含创新。人类的创新可以分解为两个部分：一是通过思考想出新主意；二是根据新主意通过行动做出新事物。一般是先有创造创新的主意，然后有创造创新的行动。

二、创新的概念

创新是指以现有的思维模式提出有别于常规或常人思路的见解为导向，利用现有的知识和物质，在特定的环境中，本着理想化需要或为满足社会需求，而改进或创造新的事物，包括但不限于各种产品、方法、元素、路径、环境等，并能获得一定有益效果的行为。

创新包含以下几种含义：

（1）创新是一种有目的的活动，是为解决实践问题而发生的。

（2）创新存在于经济、社会、文化、生活的方方面面；创新的主体包括国家、企业、大学、科研院所、团体、个人。

（3）创新的结果是以取得实效为评价尺度的，必须有成效才能称为创新。

（4）创新具有时间和空间上的相对性。

知识拓展

创新的哲学内涵

从哲学上说，创新是一种人的创造性实践行为，实践是创新的根本所在，是通过对物质世界的利用和再创造，特别是对物质世界矛盾的利用和再创造。人类通过对物质世界的利用和再创造，制造新的矛盾关系，形成新的物质形态。发现与创新构成人类相对于物质世界的解放，是人类自我创造及发展的核心矛盾关系。其代表两种不同的创造性行为。只有对于发现的否定性再创造才是人类创新发展的基点。实践是创新的根本所在。创新的无限性在于物质世界的无限性。创新的哲学要点如下：

（1）物质的发展。物质形态对于我们来说是具体矛盾。我们认识的宇宙与哲学的宇宙在哲学上代表了实践的范畴与意识的范畴两个不同的含义。创新就是创造对于实践范畴的新事物。任何有限的存在都是可以无限再创造的。

（2）矛盾是创新的核心。矛盾是物质的本质与形式的统一。物质的具体存在与存在本身是矛盾的。

（3）人是自我创新的结果。创新是人的自我否定性发展，是人超越自然达成自觉自我的基本路径。人的内在自觉与外在自发构成内在必然与外在必然的差异。创新就是人的自我否定性发展。

（4）创新是人自我发展的基本路径。创新与积累行为构成一个矛盾发展过程。创新是对于重复、简单方式的否定，是对于人类实践范畴的超越。新的创造方式创造新的自我。

（5）认识论认为创新是自我意识的发展。自我意识的发展是自我存在的矛盾面，其发展必然推动自我行为的发展，推动自我生命的成长。

从辩证法的角度说，创新包括肯定和否定两个方面，从而也就包括肯定之否定与否定之肯定。前者是从认同到批判的暂时过程；而后者是一种自我批判的永恒阶段。所以，创新从这个角度来说就是一种"怀疑"，是永无止境的。

［资料来源：陈湘纯，傅晓华.论创新思维的哲学内涵［J］.科研管理，2003，24（01）：10-14.］

三、创新的核心与关键

（一）创新的核心

创新是在人类自身认知提高的基础上对客观世界的一种更新或改造，创新的无限性在于物质世界的无限性。人类能够创新的事物和法则原本客观存在，但思维和认知的局限常常会蒙蔽了人们的眼睛。人脑的正常思维在固定的运作秩序内活动，原有的概念、想象、记忆和经验等使人们不可避免地形成带有反刍、惯性、定向等特点的思维定式。打破这种

大学生创业与创新

思维定式，不断突破和超越原有观念，是取得创新成功的核心因素。

（二）创新的关键

创新是指革除、改变原有的既定看法和思维模式，从新的视角、用新的方法和思维模式得到新的结论或思想观点，从而用于指导新的实践过程。创新植根于客观实际，是在实践中不断总结经验教训，不断将感性认识上升为理想认识，进行理性的认知和概括。一方面指导实践；另一方面促进认识不断深化，是实现创新的关键所在。

练一练

测测你是否已经被自己所掌握的知识束缚住了？

题目：请挪动其中一个数字（0、1 或 2），使"101-102=1"这个等式成立。

注意：只是挪动其中一个数字，只能挪一次，而且不是数字对调。

如果以前没有看到过这道题，相信你是很难"思考"出答案的，因为我们思考问题的方式本身就是受限的——思想是已知的"知识"的产物。

四、创新的特点

创新与发明不同。发明是指通过试验，促成新概念、新设想或新技术的产生，它是一种科技行为。创新本质上是一个经济概念，是将新概念、新设想或新技术转变成经济上的成就。创新具有以下特点。

（一）新颖性

创新不是模仿、再造，它是对现有的不合理事物的扬弃，革除过时的内容，确立新事物。因此，新颖性是创新的首要特点。

（二）目的性

任何创新活动都有一定的目的，它从头到尾贯穿于整个创新过程。创新不仅要知道"是什么""为什么"，还要知道"有什么用，怎样才能产生效益"，所以创新是一个创造财富、产生效益的过程。

（三）变革性

创新是对已有事物的改变和革新，是一种深刻的变革。

（四）超前性

创新以求新为灵魂，具有超前性。这种超前是从实际出发、实事求是的超前。

164

（五）价值性

创新有明显、具体的价值，对经济、社会具有一定的效益。创新可以重新组合生产要素，从而改变资源产出，提高组织价值。对于企业来说，创新利润是最重要、最基础的部分，只有创新利润才能够反映出企业的个性。

（六）风险性

创新可能成功，也可能失败，这种不确定性就构成了创新的风险。因此，在创新过程中，只准成功、不许失败的要求，实际上是不符合实际的。只能通过科学的设计与严格的实施，来尽量降低创新的风险。

（七）动态性

创新是一个动态的过程。在知识经济条件下，唯一的不变就是一切都在变，而且变化得越来越快。因此，任何创新都不可能是一劳永逸的，只有不断地变革和创新，才能适应时代的要求。

五、创新的类型

从不同角度划分，创新的类型很多，主要介绍以下几种。

（一）理论创新

理论创新是指人们在社会实践活动中，对出现的新情况、新问题，做新的理性分析和理性解答，对认识对象或实践对象的本质、规律和发展变化的趋势做新的揭示与预见，对人类历史经验和现实经验做新的理性升华。理论创新是创新活动的核心和精华。

（二）科技创新

科技创新是原创性科学研究和技术创新的总称，是指创造和应用新知识、新技术、新工艺，采用新的生产方式和经营管理模式，开发新产品，提高产品质量，提供新服务的过程。知识社会环境下的科技创新包括知识创新、技术创新和现代科技引领的管理创新。

（1）知识创新的核心是科学研究，是新的思想观念和公理体系的产生。其直接结果是新的概念范畴和理论学说的产生，为人类认识世界和改造世界提供新的世界观与方法论。

（2）技术创新的核心内容是科学技术发明和创造的价值实现。其直接结果是推动科学技术进步与应用创新的良性互动，提高社会生产力的发展水平，进而促进社会经济的增长。

（3）管理创新既包括宏观管理层面上的创新，即社会政治、经济和管理等方面的制

度创新，也包括微观管理层面上的创新。其核心内容是科技引领的管理变革。其直接结果是激发人们的创造性和积极性，促使所有社会资源的合理配置，最终推动社会的进步。

（三）文化创新

文化创新是文化自身新陈代谢、不断发展的过程。它在交流、沟通的过程中传播，在传承、发扬的基础上发展。文化发展的实质就在于文化创新。文化创新的根本目的是推动社会实践发展，促进人类进步，这也是检验文化创新的标准。

六、创新方法

（一）缺点列举法

所谓缺点列举法，就是通过对已有的、熟悉的事物进行深入的分析，在对其缺点一一列举的基础上，找出相应的解决方案，从而完成创新的方法。

缺点列举法可以帮助人们突破"问题感知障碍"，启发人们发现问题，找出事物的缺点和不足，从而有针对性地进行创新和发明。而对于企业来说，如果能站在消费者的立场上，切实解决产品的缺点，就能进一步满足消费者的需求，赢得市场的认可，从而为企业带来可观的经济效益。

（二）综摄法

综摄法是以已知的事物为媒介，将毫无关联、不同的知识要素结合起来，以打开未知世界之门，从而激起人们的创造欲，使潜在的创造力发挥出来，产生众多的创造性设想的方法。综摄法有以下两个基本原则：

（1）变陌生为熟悉（异中求同即异质同化），即在头脑中把给定的陌生事物与以前熟悉了解的事物进行比较，借此将陌生的事物转化成熟悉的事物。

（2）变熟悉为陌生（同中求异即同质异化），即对已有的各种事物，选用新知识或从新的角度来观察、分析和处理，以摆脱陈旧固定的看法的桎梏，产生新的创造构想，即将熟悉的事物转化成陌生的事物看待。

（三）形态分析法

形态分析法是根据形态学来分析事物的方法。其特点首先是将研究对象或问题，分为一些基本组成部分，然后对某一个基本组成部分单独进行处理，分别提供各种解决问题的办法或方案，最后形成解决整个问题的总方案。这时，通过不同的组合关系会得到不同的总方案。每个总方案是否可行，必须采用形态学方法进行分析。形态分析法可分为以下五个步骤：

（1）明确地提出问题并加以解释。

（2）将问题分解成若干个基本组成部分，每个部分都有明确的定义，并且有其特性。

（3）建立一个包含所有基本组成部分的多维矩阵（形态模型），在这个矩阵中应包含所有可能的、总的解决方案。

（4）检查这个矩阵中所有的总方案是否可行，并加以分析和评价。

（5）对各个可行的总方案进行比较，从中选出一个最佳的总方案。

形态分析法最大的优点是对一项"未来技术"（即形态模型中的一个总方案）的可行性分析，缺点是当组合个数过多时，即总方案的个数太多时，可行性研究就比较困难。

（四）信息交合法

信息交合法又称为要素标的发明法、信息反应场法，是一种在信息交合中进行创新的思维技巧，即将物体的总体信息分解成若干个要素，然后将这种物体与人类各种实践活动相关的用途进行要素分解，把两种信息要素用坐标法连成信息标 X 轴与 Y 轴，两轴垂直相交，构成"信息反应场"，每个轴上各点的信息可以依次与另一轴上的信息交合，从而产生新的信息。

信息交合法不但能使人们的思维更富有发散性，应用范围也更广泛，而且这种方法有助于人们在发明创造活动中，不断地强化逻辑思维能力的培养，同时在创造思维、创造教育中，作为教学、培养、培训方法，显得更有系统性、深刻性和实用性。

（五）"5W2H"法

"5W2H"法又称七问分析法。发明者用 5 个以 W 开头的英语单词和两个以 H 开头的英语单词进行设问，发现解决问题的线索，寻找发明思路，进行设计构思，从而提出新的发明项目。"5W2H"的内容如下：

（1）What：是什么？目的是什么？做什么工作？

（2）Why：为什么？为什么要这么做？理由是什么？原因是什么？为什么会造成这样的结果？

（3）When：何时？什么时间开始？什么时间完成？什么时机最适宜？

（4）Where：何处？在哪里做？从哪里入手？

（5）Who：谁？由谁来承担？谁来完成？谁负责？

（6）How：怎么做？如何提高效率？如何实施？方法怎样？

（7）How much：多少？做到什么程度？数量如何？质量水平如何？费用产出如何？

"5W2H"法有助于思路的条理化，杜绝盲目性；有助于全面思考问题，从而避免在流程设计中遗漏项目。

知识拓展

"5W2H"法的重要意义与应用优势

"5W2H"法（图6-1）以简单方便，易于理解，富有一定的启发意义，对活动决策和执行非常有帮助，也有助于在考虑问题时弥补疏漏，因此被广泛用于企业管理和技术活动。

图6-1 "5W2H"法

凡有创造力的人都具有善于提出问题、发现问题和解决问题的能力。众所周知，提出一个好的问题，就意味着解决了一半的问题。提问题的技巧高，可以发挥人的想象力。相反，有些问题提出来，反而会挫伤人的想象力。创造者在设计新产品时，常常以为什么（Why）、做什么（What）、何人做（Who）、何时（When）、何地（Where）、如何（How）、多少（How much）来整体思考，就能有一个较为全面的考量，这就构成了"5W2H"法的总框架。如果我们常用"假如……""如果……""是否……"这样的设问开头，也是一种很好的提问方式。

学会创新，就要先学会提问，善于提问。如果平时不善于提问，那么在创新过程中就会对问题不敏感，看不出毛病，提不出创设性的问题。只有对一个问题追根刨底，才有可能发现新的知识和新的疑问。

如果现行的做法或产品经过七个问题的审核已无懈可击，便可以认为这一做法或产品可取。如果七个问题中有一个答复不能令人满意，则表示这方面有改进余地。如果哪方面的答复有独创的优点，则可以扩大产品这方面的效用。新产品已经克服原产品的缺点，扩大原产品独特优点的效用。

（1）可以准确界定，清晰表述问题，提高工作效率。

（2）有效掌控事件的本质，完全抓住了事件的主骨架，把事件打回原形思考。

（3）简单、方便，易于理解、使用，富有启发意义。

（4）有助于思路的条理化，杜绝盲目性；有助于全面思考问题，从而避免在流程设计中遗漏项目。

［资料来源：庞心宇．运用 5WHY+5W2H 分析法激发学生创新思维［J］．科技创新导报，2014，11（18）：238+240．］

（六）奥斯本检核表法

奥斯本检核表法是指在考虑某一个问题时，先制成一览表，对每项检核方向逐一进行检查，引导主体在创造过程中对照 9 个方面的问题进行思考，以便启迪思路、开拓思维想象的空间，促进人们产生新设想、新方案的方法。

主要面对的 9 大问题：有无其他用途、能否借用、能否改变、能否扩大、能否缩小、能否代用、能否重新调整、能否颠倒、能否组合。

奥斯本检核表法是一种产生创意的方法。在众多的创造技法中，这种方法是一种效果比较理想的技法。人们运用这种方法，产生了很多杰出的创意，以及大量的发明创造。

利用奥斯本检核表法，可以产生大量的原始思路和原始创意。当然，运用此方法时，还要注意以下两个问题：

（1）要与具体的知识经验相结合。这种方法只是提示了思考的一般角度和思路，思路的发展还要依赖人们的具体思考。

（2）要结合改进对象（方案或产品）来进行思考。运用此方法，还可以自行设计大量的问题来提问。提出的问题越新颖，得到的主意越有创意。

奥斯本检核表法的优点很突出，它使思考问题的角度具体化了。它也有缺点，就是它是改进型的创意产生方法，你必须先选定一个有待改进的对象，然后在此基础上设法加以改进。它不是原创型的，但有时候，也能够产生原创型的创意。例如，把一个产品的原理引入另一个领域，就可能产生原创型的创意。

（七）TRIZ 法

TRIZ 是俄文"发明问题解决理论"的词头缩写，是一种系统化的发明问题解决理论，用来帮助发明家通过有系统、有规则的方法来解决发明过程中可能遇到的各种问题。

TRIZ 最核心的理念是创新并不是灵感的闪现和随机的探索，它存在解决问题的一般规律，这些规律和原则可以告诉人们按照什么样的方法和过程进行创新，并对结果具有预测性和可控性。TRIZ 法认为解决创新问题的关键是解决矛盾。

到目前为止，TRIZ 理论被认为是最全面、系统地论述解决发明问题、实现技术创新的理论。解决创新性问题的思路在于它采用科学的问题求解方法，具体办法就是将特殊的问题归结为 TRIZ 的一般性问题，然后运用 TRIZ 带有普遍性的创新理论和工具寻求标准解法，在此基础上演绎形成初始问题的具体解法。这种从特殊到一般的方法，充分体现了科学解决问题的思想，具有可操作性。

（八）六顶思考帽法

六顶思考帽法是一种思维训练模式，是一个全面思考问题的模型。六顶思考帽法是平行思维工具，是创新思维工具，也是人际沟通的操作框架，更是提高团队智商的有效方法。六顶思考帽法是用六种不同颜色的帽子代表六种不同的思维模式，具体如下：

（1）白色思考帽：象征着客观和中立，它收集的是已知的和需要知道的资料与信息。它是寻求纯粹事实和数据的一种简便方法。这些事实和数据以中立而客观的方式提出来，不要加任何解释，只要事实。

（2）黄色思考帽：象征着积极和乐观，它可以帮助人们采用积极、乐观的思维方式。它从正面考虑问题，表达乐观的、满怀希望的、建设性的观点。黄帽思维强调价值与肯定。

（3）黑色思考帽：象征冷静、反思或谨慎。黑帽思维强调逻辑与批判，它以探索事物的真实性、适应性、合法性为焦点，运用负面的分析，帮助人们控制风险。从反面探索，人们可以运用否定、怀疑、质疑的看法，合乎逻辑地进行批判，尽情发表负面的意见，找出逻辑上的错误。

（4）红色思考帽：象征着感觉、预感和直觉。红帽思维强调直觉与感情，可以说是白帽思维的对立面。它是情绪、感觉和思维的非理性方面，不需要解释，不需要给予任何的理由或依据。人们可以表现自己的情绪，还可以表达直觉、感受、预感等方面的看法。

（5）绿色思考帽：象征创新和改变。绿帽思维强调创新与冒险，它寻找更多的可选方案和可能性，从而获得具有创造力的构想，是一种创新思维。它具有创新思考、头脑风暴、求异思维等功能。

（6）蓝色思考帽：用来管理思维过程，对思维过程进行控制，负责控制各种思考帽的使用顺序，它规划和管理整个思考过程，并负责做出结论。蓝帽思维强调系统与控制。

六顶思考帽法的应用步骤如下：

（1）陈述问题（白帽）；

（2）提出解决问题的方案（绿帽）；

（3）评估该方案的优点（黄帽）；

（4）列举该方案的缺点（黑帽）；

（5）对该方案进行直觉判断（红帽）；

（6）总结陈述，做出决策（蓝帽）。

六顶思考帽法是革命性的，因为它把人们从思辨中解放出来，使人们可以理清思考的不同方面，帮助人们把所有的观点并排列出，然后寻求解决之道。

七、创新与创业的关系

现在大多数人认为："创业不是创新，创新也不是创业。创业可能涉及创新，或者也并不涉及；创新可能涉及创业，或者也并不涉及。"

创新是创业的基础。创新是指理论、方法或技术等某一方面的发现、发明、改进或重新组合，它强调开拓性与原创性；创业是一种思考、推理和行动的方法，目的是把握机会，创造性地整合资源，创办新的企业或开辟新的事业，它强调的是通过实际行动获取利益的行为。将创新的思想或成果用于产业或事业中，开创新的领域或新的局面，就是创业。因此，创业是在创新的基础上将创新的思想或成果转化为现实生产力的一种实践活动，即创业是具有创业精神的个体与有价值的商业机会的结合，是开创新事业，其本质在于把握机会，创造性地整合资源、创新和超前行动。

创业是创新的载体和表现形式，是创新的体现和延伸。创业的成败依赖创新教育根基的扎实程度；创新的成效只有通过未来的创业实践来检验。因此，创新与创业内容结构相互融合、相辅相成。将两者有机地结合在一起称为创新创业。创新创业与单纯的创新和单纯的创业都不同，它主要是指基于技术创新、产品创新、品牌创新、服务创新、商业模式创新、管理创新、组织创新、市场创新、渠道创新等方面中的某一点或几点创新而进行的创业活动。因此，创新创业与传统创业的根本区别在于是否有创新因素。创新和创业分别是创新创业的特质和目标。

创新与创业内容虽相似但不能相互替代。创业者只具备创新精神是不够的，它只是为创业成功提供了可能性和必要的准备，如果脱离创业实践，缺乏一定的创业能力，创新精神也就成了无源之水、无本之木。创新精神必须结合创业实践活动最终才可能取得创业的成功。

单元二　创新能力

🔖 思维导图

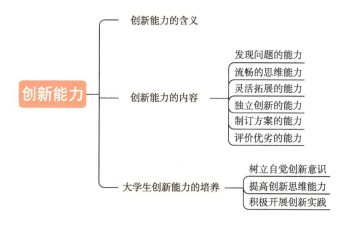

171

2020 年 8 月 24 日，习近平总书记在经济社会领域专家座谈会上的讲话中指出："我们更要大力提升自主创新能力，尽快突破关键核心技术。这是关系我国发展全局的重大问题，也是形成以国内大循环为主体的关键。"

一、创新能力的含义

创新能力是技术和各种实践活动领域中不断提供具有经济价值、社会价值、生态价值的新思想、新理论、新方法和新发明的能力，是经济竞争的核心。

在科学技术飞速发展的今天，创新能力越来越成为一个国家国际竞争力和国际地位最重要的决定因素。

二、创新能力的内容

（一）发现问题的能力

"提出一个问题，往往比解决一个问题更重要，因为解决问题也许仅是一个数学上或试验上的技能而已，而提出新的问题，新的可能性，从新的角度去看旧的问题却需要有创造性的想象力，而且标志着科学的真正进步"［美国物理学家爱因斯坦（Albert Einstein，1879—1955 年）］。要促进创新思维的发展，就要具备发现问题的能力，这样，在提出问题和解决问题时，思维才能活跃起来，思维能力才可能在解决问题的过程中发展起来。

（二）流畅的思维能力

创新能力以思维流畅作为基础。流畅的思维能力使人们遇到问题时思维活动畅通无阻，灵敏迅速，在短时间能对某种事物的用途、状态等做出准确的判断，提出多种解决问题的方法。

（三）灵活拓展的能力

灵活拓展的能力使人们思路开阔，能善于根据时间、地点、条件等的变化，迅速、灵活地从一个思路转移到另一个思路，从一种意境进入另一种意境，从多角度、多方位探索、聚焦并解决问题。

（四）独立创新的能力

将发展独立思考和独立判断的一般能力放在首位。提高创新思维能力必须在思维实践中不迷信前人，不盲从已有的经验，不依赖已有的成果，能够独立地发现问题，独立地思考问题，在独辟蹊径中找到解决问题的有效方法。

（五）制订方案的能力

制订创新方案是创新的核心环节，同时也是关键步骤。创新首先要明确一个方向和目标，只有明确方向，才能制订创新方案，围绕方案努力下去，才可能有创新结果。

（六）评价优劣的能力

创新是一个复杂的过程，在方案的实施中会遇到多种方案，如何选择最优方案，就需要对其进行评价并做出决策，这就要求创新者具备评价能力。

三、大学生创新能力的培养

当今社会的竞争，与其说是人才的竞争，不如说是人的创造力的竞争。培养创新能力，争当创新人才能为即将到来的职业生涯做好准备。大学生创新能力的培养应从以下三个方面入手。

（一）树立自觉创新意识

创新意识是人们对创新及其价值性、重要性的一种认识水平、认识程度及由此形成的对待创新的态度，从而以这种态度来规范和调整自己活动方向的一种稳定精神态势。培养创新意识，个体和组织可以更好地适应和引领变革，并在竞争激烈的环境中取得成功。

创新意识是创新的前提和条件，只有在自觉自愿的创新意识的强力催动下，才可能有创新实践活动的产生。在知识经济时代，创新包括技术创新、制度创新、管理创新、文化创新等，涉及社会生活的方方面面。就大学生个人而言，创新既是前进的动力，又是发展的必经之途。所以，在就业和创业过程中，必须牢固树立创新意识。

1. 激发自身的创造动力

寻找真正感兴趣的学习或工作，或者在现在从事的学习、工作中找到兴趣点；寻找学习、工作中的自我满足点；接受更具挑战性的任务；设立自己的目标，并努力达到目标。通过以上一系列措施，激发自身的创造活力。

2. 保持高涨的创造兴趣

对所学习或研究的事物要有好奇心，好奇心能使人们产生强烈兴趣。能提出问题，说明在思考问题。在学习过程中，自己如果提不出问题，那才是最大的问题。正像爱因斯坦说的那样："我没有特别的天赋，只有强烈的好奇心。"

3. 具有正确的创造情感

创造情感是引起、推进乃至完成创造的心理因素，只有具有正确的创造情感才能使创新成功。

4. 培养坚强的创造意志

创造意志是在创造中克服困难、冲破阻碍的心理因素，创造意志具有目的性、顽强

性和自制性。在日常学习生活中，大学生应培养严谨求实、坚持不懈、一丝不苟的优良品格，才能取得创新的成功。

（二）提高创新思维能力

创新思维能力是可以通过有意识地培养和训练提高的。大学生在学习生活中要注重突破思维障碍，自觉提高创新思维能力，应从以下几个方面入手。

1. 拥有科学怀疑的态度

不要认为被人验证过的都是真理，要用发展的眼光看问题。许多科学家对旧知识的扬弃，对谬误的否定，无不从怀疑开始的。因此，怀疑是发自内在的创造潜能，它激发人们去钻研，去探索。

2. 要有追求创新的欲望

如果没有强烈追求创新的欲望，那么无论怎样谦虚和好学，最终都是模仿或抄袭，只能在前人划定的圈子里周旋。要创新，我们就要坚持不懈地努力，勇敢跳出前人划定的圈子，勇敢面对困难，同时要有克服困难的决心，不要怕失败，要相信，失败乃成功之母。

3. 要有求同存异的观念

创新不是简单的模仿，要有创新精神和创新成果，必须有求异的观念。求异实质上就是换个角度思考，从多个角度思考，并将结果进行比较。求异者往往要比常人看问题更深刻、更全面。

4. 要有积极冒险的精神

创造实质上是一种冒险，因为否定人们习惯了的旧思想可能会招致公众的反对。这种冒险不是那些危及生命和肢体安全的冒险，而是一种合理性冒险。我们要最大限度地挖掘自己的创造潜能，培养自己敢于冒险的精神。

5. 要有永不自满的观念

拥有创造性思维的人是永远不会自我满足的。如果一个人有了一种思想后，就害怕去想另一种可能比这种思想更好的思想，那么这个人会变得自满，停止创造。

6. 要有合理的知识结构

真理永恒不变，我们要用发展的眼光看问题，跳出思维定式和已有知识的束缚，永远行走在寻找真理的路上，从纷繁复杂的表象里，找到真理存在的一角，则为创新。大学生应该努力学习，广泛涉猎，以丰富的知识和广博的学科视野撑起创新思维的翅膀，以不断提高的创新思维能力助推创新能力的起飞。

（三）积极开展创新实践

实践对认识具有决定作用。实践是认识的来源，是认识发展的动力，是认识的最终目的和检验认识正确与否的唯一标准。大学生只有积极投身创新实践，才能培养创新能力，提高创新水平。

1. 在日常学习生活中开展创新实践

创新是一个不断发现问题、解决问题的复杂过程。大学生在日常学习生活中，可在教师引导下，或学生自觉有意识地，本着不唯书、不唯上的科学探索精神，不断发现问题、分析问题、解决问题，在实践中提高创新能力。

2. 注重参加创新创业实践平台练兵活动

目前，各高等院校大力开展创新创业教育活动，他们积极搭建大学生创新创业平台，在夯实基础教育的同时，潜心培育、建设大学生创新实践基地，设立特色鲜明的学科竞赛项目，引导大学生开展创新创业实践。大学生可以在学校积极参加活动，在实践中练兵，培育和提高创新能力。

3. 顺应时代潮流，走向社会开展创新创业实践

知识经济时代，信息技术的发展深刻改变了人们的学习、生活和社会环境。2015年3月2日，国务院办公厅印发《关于发展众创空间推进大众创新创业的指导意见》，指出推进大众创新创业要坚持市场导向、加强政策集成、强化开放共享、创新服务模式。在用户创新、大众创新、开放创新、协同创新的创新2.0新形势下，我国涌现出一大批各具特色的众创空间。知识经济时代良好的政策环境和各种便利的创新要素的支持，为大学生创新实践提供了良好的生态环境。大学生要勇于把握时代脉搏，积极投入大众创业、万众创新的时代洪流中开展创新实践活动。

单元三　创新思维

思维导图

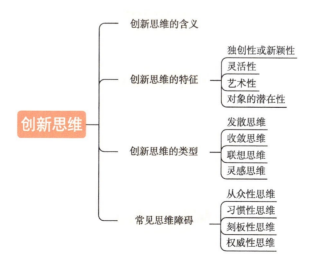

习近平总书记说："创新是民族进步的灵魂，是一个国家兴旺发达的不竭动力，也是中华民族最深沉的民族禀赋，在激烈的国际竞争中，创新者进、创新者强、惟创新者胜。"纵观世界，新一轮科技革命和产业变革正在孕育兴起，在信息技术和"互联网＋"的推动下，我国正形成新一波大众创业、万众创新的新浪潮。大学生应该积极响应时代的召唤，培养创新意识、创新精神，努力成长为创新人才，投入创新创业的时代洪流中。

一、创新思维的含义

创新思维是指以用一种崭新的、独创的方法去解决问题、寻找超越前人理论和实践基础的思维活动过程。通过这种思维能破除陈规，以超常规甚至反常规的方法和视角去思考问题，因地制宜地提出开拓创新的解决方案，从而产生具有开拓性、独特性、有社会意义的思维成果。

微课：创新思维
概述

创新思维的本质在于将创新意识的感性愿望提升到理性探索上，实现创新活动由感性认识到理性思考的飞跃。它具有独创性、超前性、变通性、敏感性的特征。

创新思维是创新的核心和基础，对创新成功有着非同寻常的意义。大量试验表明，进行专门性、创造性思维训练，可以使人们的创造性思维水平提高10%～40%。了解创新思维，掌握创新思维训练方法，对提高人们的创造能力具有重要的意义。

二、创新思维的特征

（一）独创性或新颖性

创新思维贵在创新，无论是思路的选择、思考的技巧、思维的结论等各方面，都要具有"前人未曾企及"的独到之处，在一定范围内具有首创性、开拓性。

（二）灵活性

创新思维的方式、方法、程序、途径等都没有固定的框架。它要求进行创新思维活动的人能积极应变，主动求变，在考虑问题时可以迅速地从一个思路切换到另一个新的思路，从一种场景进入另一种新的场景，多角度、全方位地探索解决问题的新思想、新办法、新模式。

（三）艺术性

创新思维活动是一种开放性极强的思维活动，具有灵活多变的特征。它与人们常说的"想象""直觉""灵感"之类的非逻辑、非常规的思维活动十分相像，具有一定的艺术性，有时让人捉摸不定，不容易模仿、模拟。

（四）对象的潜在性

创新思维活动的对象不是现实的活动和客体，而是基于现存的客体的基础上的一个潜在的、尚未被发现、认识的潜在对象。

三、创新思维的类型

创新思维的类型多种多样，主要介绍以下几种。

微课：创新思维
类型

（一）发散思维

1. 发散思维的概念

发散思维（Divergent Thinking）又称"辐射思维""放射思维""多向思维""扩散思维"或"求异思维"，是指从一个目标出发，沿着各种不同的途径去思考，探求多种答案的思维模式。不少心理学家认为，发散思维是创造性思维最主要的特点，是测定创造力的主要标志之一。

发散思维是大脑在思维时呈现的一种扩散状态的思维模式，比较常见，它表现为思维视野广阔，思维呈现出多维发散状。通过从不同方面思考同一问题，如"一题多解""一事多写""一物多用"等方式，培养发散思维能力。

2. 发散思维的作用

（1）核心性作用。想象是人脑创新活动的源泉，联想使源泉汇合，而发散思维就为这个源泉的流淌提供了广阔的通道。

（2）基础性作用。在创新思维的技巧性方法中，有许多都是与发散思维有密切关系的。

（3）保障性作用。发散思维的主要功能就是为随后的收敛思维提供尽可能多的解题方案。这些方案不可能每个都十分正确、有价值，但是一定要在数量上有足够的保证。

3. 发散思维的特点

（1）流畅性。流畅性就是观念的自由发挥，是指在尽可能短的时间内生成并表达出尽可能多的思维观念及较快地适应、消化新的思想观念。机智与流畅性密切相关。流畅性反映的是发散思维的速度和数量特征。

（2）变通性。变通性就是克服人们头脑中某种自己设置的、僵化的思维框架，按照某一新的方向来思索问题的过程。变通性需要借助横向类比、跨域转化、触类旁通，使发散思维沿着不同的方面和方向扩散，表现出极其丰富的多样性和多面性。

（3）独特性。独特性是指人们在发散思维中做出不同寻常的、异于他人的独特反应的能力。独特性是发散思维的最高目标。

微课：发散思维
与训练

4. 发散思维的类型

（1）立体思维。思考问题时跳出点、线、面的限制，全方位进行思维。

你能想出什么样的立体思维形式？

（1）立体绿化：屋顶花园增加绿化面积、减少占地、改善环境、净化空气。

（2）立体农业、间作：如玉米地种绿豆、高粱地里种花生等。

（3）立体森林：高大乔木下种灌木、灌木下种草、草下种食用菌。

（4）立体渔业：网箱养鱼充分利用水面、水体。

请组成 2 ~ 4 人的小组，采用头脑风暴的方式，围绕某一个关键词，进行立体式、全方位的发散思维思考与讨论。

（2）平面思维。平面思维是指人的各种思维线条在平面上聚散交错，也就是哲学意义上的普遍联系，这种思维更具有跳跃性和广阔性，联系和想象是它的本质。人们通常所说的形象思维属于平面思维的范畴。

我国古代著名人物诸葛亮，擅于用"兵"是众所周知的，一般人可能认为只有"人"才可以当"兵"用，但在诸葛亮的思维中，水、火是"兵"，草、木皆"兵"，更可以借东风以作"兵"用，他可以想到比"人"更多的事物当"兵"来用，这就是平面思维的效果。

一笔画圆心和圆周

请尝试用一支笔、一张纸一笔画出圆心和圆周，如图 6-2 所示。

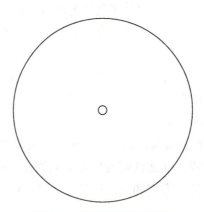

图 6-2　圆心和圆周目标图

（3）逆向思维。逆向思维是悖逆通常的思考方法，即从相反方向思考问题的方法，也叫作反向思维。因为客观世界许多事物之间甲能产生乙，乙也能产生甲。如化学能能产生电能，电能也能产生化学能。据此，意大利科学家伏特（Anastasio Volta，1745—1827 年）

于 1800 年发明了伏特电池；相反，利用电能也能产生化学能，通过电解，英国化学家戴维（Humphry Davy，1778—1829 年）于 1807 年发现了钾、钠、钙、镁、锶、钡、硼七种元素；说话声音的高低能引起金属片相应的振动，相反金属片的振动也可以引起声音高低的变化，美国电学家爱迪生（Thomas Alva Edison，1847—1931 年）在对电话进行改进中，于 1877 年发明制造了世界上第一台留声机。

知识拓展

著名历史故事——司马光砸缸

《宋史·司马光传》中记载了这样一个故事："群儿戏于庭，一儿登瓮，足跌没水中，众皆弃去，光持石击瓮破之，水迸，儿得活。"

故事大意是：有一天，司马光跟几个小伙伴在后院玩耍。有一个孩子淘气，他爬到一口大水缸上，结果失足掉进去了。其他的孩子都吓跑了。就在此时，司马光急中生智，从地上捡起一块大石头，使劲向水缸击去。通过司马光的砸缸行为，水涌出来，小伙伴因此得救了。

司马光砸缸的故事流传至今历史悠久，它的价值影响深远，现代人学习它无不敬佩古人的智慧，从而增强民族自信心和自豪感，而且这个故事留给后人的思维智慧——逆向思维，也是珍贵的文化遗产。

［资料来源：刘玉山. 中国传统故事的数学智慧探究——以《司马光砸缸》为例［J］. 现代职业教育，2020（17）：174–175.］

（4）横向思维。横向思维是相对于传统纵向思维而言的一种思维形式。纵向思维是按逻辑推理的方法直上直下的收敛性思维；而横向思维是当纵向思维受挫时，从横向寻找问题答案。正像时间是一维的，空间是多维的一样，横向思维与纵向思维代表了一维与多维的互补。

（5）多路思维。多路思维是指对一个问题，从不同角度、不同逻辑、不同思维程序，朝着各种可能的方向，多维度思考该问题各种解决方法的思维形式，从而形成多方面、多层次、多因素、多变量的整体认识。

解决问题时不是一条路走到黑，而是从多角度、多方面、多方位思考，这是发散思维最一般的形式（逆向、侧向、横向思维是其中的特殊形式）。例如，以"电线"为蓝本，设想它的各种用途，学生自然地将它和"电、信号"等联系起来，作为导体；也可以将它当作绳用来捆东西、扎口袋等。但如果将电线分成铜质、质量、体积、长度、韧性、直线、轻度等要素再去思考，就会发现电线的用途无穷无尽，如可加工成织针，弯曲做鱼钩，可以做成弹簧，缠绕加工制成电磁铁，铜丝熔化后以铸铜字、铜像，变形加工可以进行文字拼图，做运算符号进行运算等。

（6）组合思维。组合思维是指从某一事物出发，以此为发散点，尽可能多地与另一（一些）事物联结成具有新价值（附加价值）、新事物的思维方式。

5. 发散思维的方法

（1）一般方法。

1）材料发散法——以某个物品尽可能多的"材料"为发散点，设想它的多种用途；

2）功能发散法——从某事物的功能出发，构想出获得该功能的各种可能性；

3）结构发散法——以某事物的结构为发散点，设想出利用该结构的各种可能性；

4）形态发散法——以某事物的形态为发散点，设想出利用某种形态的各种可能性；

5）组合发散法——以某事物为发散点，尽可能多地将它与其他的事物组合成新事物；

6）方法发散法——以某种方法为发散点，设想出利用方法的各种可能性；

7）因果发散法——以某个事物发展的结果为发散点，推测出造成该结果的各种原因，或者由原因推测出可能产生的各种结果。

（2）假设推测法。假设的问题无论是任意选取的，还是有所限定的，所涉及的都应当是与事实相反的情况，是暂时不可能的或是现实不存在的事物对象和状态。由假设推测法得出的观念可能大多是不切实际的、荒谬的、不可行的，这并不重要，重要的是有些观念在经过转换后，可以成为合理的、有用的思想。

（3）集体发散法。发散思维不仅需要用上自己的全部大脑，有时候还需要用上身边的无限资源，可以采取不同的形式，集思广益。

（二）收敛思维

1. 收敛思维的概念

收敛思维（Convergent Thinking）也称为"聚合思维""求同思维""辐集思维""集中思维"，是指在解决问题的过程中，尽可能利用已有的知识和经验，将众多的信息和解题的可能性逐步引导到条理化的逻辑序列中，最终得出一个合乎逻辑规范的结论。

收敛思维也是创新思维的一种形式。它与发散思维正好相反，发散思维是为了解决某个问题，从这一问题出发，想的办法、途径越多越好，总是追求还有没有更多的办法。而收敛思维则是为了解决某一问题，在众多的现象、线索、信息中，向着问题的一个方向思考，根据已有的经验、知识或发散思维中针对问题的最好办法去得出最好的结论和最好的解决办法。

2. 收敛思维的方法

（1）辏合显同法。"辏"，原是指车轮辐集于毂上，后引申为聚集。"辏合显同"就是把所感知到的有限数量的对象依据一定的标准"聚合"起来，寻找它们共同的规律，以推导出最终的结论。从最基本的意义上来讲，虽然"辏合显同"基于对事物特性的"不完全归纳"，带有想象的成分，但它本身也是一种富有创造性的思维活动，因为它把诸多对象聚合起来，所"显示"出来的是一种抽象化的特征，在很多情况下，往往是一种新的特征。

知识拓展

著名的哥德巴赫猜想

1742 年，德国数学家哥德巴赫写信给当时著名的数学家欧拉，提出了两个猜想。其一，任何一个大于 2 的偶数，均是两个素数之和；其二，任何一个大于 5 的奇数，均是三个素数之和。这便是著名的哥德巴赫猜想。

从猜想形成的思维过程来看，主要是"辏合显同"的逻辑作用。我们以第一个猜想为例，"辏合显同"的步骤可表述为下面的过程：

4=1+3（两素数之和）；6=3+3（两素数之和）；

8=3+5（两素数之和）；10=5+5（两素数之和）；

12=5+7（两素数之和）。

这样，通过对很多偶数分解，"两素数之和"这个共性就显示出来了。

（2）求异思维法。如果一种现象在第一场合出现，第二场合不出现，而这两个场合中只有一个条件不同，这一条件就是现象的原因。寻找这一条件，就是求异思维法。

（3）层层剥笋法（分析综合法）。在思考问题时，最初认识的仅仅是问题的表层（表面），也是很肤浅的东西。然后层层分析，向问题的核心一步一步地逼近，抛弃那些非本质的、繁杂的特征，以便揭示出隐蔽在事物表面现象内的深层本质。

（4）目标确定法。平时接触到的大量问题比较明确，很容易找到问题的关键，只需要采用适当的方法，问题便能迎刃而解。但有时，一个问题并不是非常明确，很容易产生似是而非的感觉，将人们引入歧途。这个方法要求我们首先要正确地确定搜寻的目标，进行认真的观察并做出判断，找出其中关键的现象，围绕目标进行收敛思维。

目标的确定越具体越有效，不要确定那些各方面条件尚不具备的目标，这就要求人们对主客观条件有一个全面、正确、清醒的估计和认识。目标也可分为近期的、远期的、大的、小的。开始运用时，可以先选择小的、近期的，熟练后再逐渐扩大。

（5）聚焦法。聚焦法就是人们常说的沉思、再思、三思，是指在思考问题时，有意识、有目的地将思维过程停顿下来，并将前后思维领域浓缩和聚拢起来，以便帮助人们更有效地审视和判断某一事件、某一问题、某一片段信息。由于聚焦法带有强制性指令色彩，其一，可通过反复训练，培养人们的定向、定点思维的习惯，形成思维的纵向深度和强大穿透力，犹如用放大镜把太阳光持续地聚焦在某一点上，就可以形成高热；其二，由于经常对某一片段信息、某一件事、某一问题进行有意识的聚焦思维，自然会积淀起对这些信息、事件、问题的强大透视力、溶解力，以便最后顺利解决问题。

大学生创业与创新

（三）联想思维

1. 联想思维的概念

联想思维（Associative Thinking）是指在人脑内记忆表象系统中由于某种诱因使不同表象发生联系的一种思维活动。联想思维和想象思维可以说是一对孪生姐妹，在人的思维活动中都起着基础性的作用。联想思维是在创新过程中运用概念的语义、属性的衍生、意义的相似性来激发创新思维的方法，它是打开沉睡在头脑深处记忆的最简便和最适宜的钥匙。

微课：联想思维
与训练

2. 联想思维的类型

（1）接近联想。时间或空间上的接近都可以引起不同事物之间的联想，即接近联想。诗歌中有关时空接近的联想的佳句很多，如"春江潮水连海平，海上明月共潮生。滟滟随波千万里，何处春江无月明。"作者将春江、潮水、大海与明月（既相远又相近）联系在一起。

（2）相似联想。从外形或性质上的、意义上的相似引起的联想，都是相似联想，如"春蚕到死丝方尽，蜡炬成灰泪始干。""床前明月光，疑是地上霜。"

（3）对比联想。由事物之间完全对立或存在某种差异而引起的联想，即对比联想（相反特征的事物或相互对立的事物之间所形成的联想）。文学艺术的反衬手法，就是对比联想的具体运用。例如，描写岳飞和秦桧的诗句"青山有幸埋忠骨，白铁无辜铸佞臣。"

（4）因果联想。由于两个事物存在因果关系而引起的联想，即因果联想。这种联想往往是双向的，可以由因想到果，也可以由果想到因。

（5）类比联想。类比联想就是通过对一种事物与另一种（类）事物对比，而进行创新的方法。其特点是以大量联想为基础，以不同事物之间的相同、类比为纽带。根据不同的类比形式可分为多种类比法，下面大致介绍几种：

1）直接类比法：如鱼骨—针、酒瓶—潜艇。

2）间接类比法：如负氧离子发生器。

3）幻想类比法：如第一台电子计算机的诞生。

4）因果类比法：如气泡混凝土。

5）仿生类比法：如抓斗、电子蛙眼、蜻蜓翅痣与机翼振动。

3. 联想思维的训练

联想思维可以在日常生活中培养和自我训练，也可以在教师的指导下进行强化训练。这里说明强化训练的注意事项。在读完题目后，要立即进入题目的情境，设身处地地进行联想。虚拟的情境越逼真，效果就越好。

开始联想后，每联想到一件事物，就填写在题目后的表中，直到不能再想为止，但不要急于求成。一般可用2～3分钟完成一道题目，时间一到，马上转入下一个题目。

练一练

联想思维的训练

（1）在两个没有关联的信息之间，寻找各种联想，将它们联结起来。例如，粉笔—原子弹：粉笔—教师—科学知识—科学家—原子弹。

1）足球—讲台；

2）黑板—聂卫平；

3）汽车—绘图仪；

4）油泵—台灯。

（2）分别在下面每组的字上加同一个字使其组成不同的词。

1）自、察、味、触、幻、感；

2）阔、大、博、东、告、意；

3）具、教、理、士、边、家。

（四）灵感思维

1. 灵感思维的概念

灵感思维（Inspiration Thinking）也称作顿悟，是人们借助直觉启示所猝然迸发的一种领悟或理解的思维形式。其是指经过长时间的思索，问题没有得到解决，但是突然受到某一事物的启发，问题就被一下子解决的思维方法。诗人、文学家的"神来之笔"，军事指挥家的"出奇制胜"，思想战略家的"豁然贯通"，科学家、发明家的"茅塞顿开"等，都是灵感的体现。灵感来自信息的诱导、经验的积累、联想的升华、事业心的催化。

微课：灵感思维
与训练

2. 灵感思维的特点

（1）突发性。灵感往往是在出其不意的刹那间出现，使长期苦思冥想的问题突然得到解决。在时间上，它不期而至，突如其来；在效果上，突然领悟，意想不到。这是灵感思维最突出的特征。

（2）偶然性。灵感在什么时间、什么地点、什么条件下会出现，都有很大的偶然性，很难预测，常常给人以"有心栽花花不开，无意插柳柳成荫"的感觉。

（3）模糊性。闪现式出现的灵感往往转瞬即逝，它所产生的新线索、新结果或新结论常常无法用言语来表述，使人感到模糊不清。

四、常见思维障碍

在现实生活中，为什么越是简单的问题越容易让人掉以轻心，并由

微课：冲破思维
障碍

此出错？因为急于求成的人总是容易首先从自己的经验定势和主观愿望出发，习惯按常规思维办事，进入思维障碍的陷阱。在现实中，人们常见的思维障碍包括以下几项。

（一）从众性思维

从众心理是指放弃独立思考，盲目相信大众，一切跟在他人后面，不出头，不冒尖的心理。例如，学习从众，报考高考的热门专业；消费从众，购买大家都喜欢买的热门商品。殊不知，只有与众不同的想法，才能有与众不同的机会，得到与众不同的收获。

每个人都是独立的个体，也是社会中的一员。作为社会的成员，面对外在的世界，应该通达和顺应，顺应规则、遵从法度，这一切都是可以称作外化的东西。但是一个人之所以成为他自己，更应该是坚持自己的秉性而不随波逐流，有他独特的价值观，有他独特的风格，有一个人内心的秉持。在现实生活中，人们总有一些从众心理，似乎有了不同的意见想法就成了不合群的人，我们怕听到反对的声音，因而放弃自己独特的想法，与此同时也放弃了改变生活的大好时机。只有那些敢于表达他们与众不同想法的人，才能变得与众不同。而创新思维更需要我们打破从众性思维，才能破旧创新。

（二）习惯性思维

习惯性思维即定式思维，是指人们在面对新事物、新问题时习惯用之前的思维方式对其不加分析、不加思考地麻木重复。其主要特征是对问题的思考总是按照第一次的方向和次序进行。习惯性思维对人们解决问题，既有积极作用，也有消极作用。从积极的一面看，习惯性思维可以极大地节约时间和精力，提高人们解决问题的效率；从消极的一面看，习惯性思维容易使人们走进思维的死角，钻牛角尖，不利于问题的解决。对于一个立志于创新的人来说，应打破习惯性思维障碍对其的约束，进一步优化自己做事情的方式和方法，充分发挥主观能动性，以寻求更新、更好的思维方法。

（三）刻板性思维

所谓刻板，是指呆板、机械、缺乏变化。刻板性思维，即指思考的过程中不懂变通，思路单一。人们在解决简单问题时，刻板性思维通常能解决问题。但当问题稍微复杂时，刻板性思维不但无济于事，还会导致错误的发生。刻舟求剑的故事深刻阐述了这个道理。在思维活动中，常常会发生一些新情况，面对新情况应打破刻板，随机应变，迅速作出反应，从而摆脱困境，顺利达到理想目的。

（四）权威性思维

权威常常是在某领域内有力量、有威望、有地位的人，权威之所以成为权威，是因为他们在某领域很有建树，他们的意见和建议能使人们事半功倍，人们常常对学识、能力比自己强的人产生尊敬和崇拜，不敢去质疑他们的观点。这种不敢质疑、过分相信权威将极大地阻碍人们的创新思维，因为他们思考的领域，就只能在权威限定的框架里。爱因斯坦说："因为我对权威的轻蔑，所以命运惩罚我，使我自己竟也成了权威"，这句话也许很好地阐释了人们应该如何面对权威。

练一练

创新思维能力测试

下面是 10 个题目，如果符合自身情况，则回答"是"，不符合则回答"否"，拿不准则回答"不确定"，按照顺序选择分数。

（1）你认为那些使用古怪和生僻词语的作家，纯粹是为了炫耀。（是得 1 分；否得 0 分；不确定得 2 分。）

（2）无论什么问题，要让你产生兴趣，总比让他人产生兴趣要困难得多。（是得 0 分；否得 1 分；不确定得 4 分。）

（3）对那些经常做没把握事情的人，你不看好他们。（是得 0 分；否得 1 分；不确定得 2 分。）

（4）你常常凭直觉来判断问题的正确与错误。（是得 4 分；否得 0 分；不确定得 2 分。）

（5）你善于分析问题，但不善于对分析结果进行综合、提炼。（是得 1 分；否得 0 分；不确定得 2 分。）

（6）你的审美能力较强。（是得 3 分；否得 0 分；不确定得 1 分。）

（7）你的兴趣在于不断提出新的建议，而不在于说服他人去接受这些建议。（是得 2 分；否得 1 分；不确定得 0 分。）

（8）你喜欢那些一门心思埋头苦干的人。（是得 0 分；否得 1 分；不确定得 2 分。）

（9）你不喜欢提那些显得无知的问题。（是得 0 分；否得 1 分；不确定得 3 分。）

（10）你做事总是有的放矢，不盲目行事。（是得 0 分；否得 1 分；不确定得 2 分。）

评价：算一算，你能得几分？

（1）如果得 22 分以上，则说明被测试者有较高的创造思维能力，适合从事环境较为自由、没有太多约束、对创新性有较高要求的职位，如美编、装潢设计、工程设计、软件编程人员等。

（2）如果得 11～21 分，则说明被测试者善于在创造性与习惯做法之间找出均衡，具有一定的创新意识，适合从事管理工作，也适合从事与人打交道的工作，如市场营销。

（3）如果得 10 分以下，则说明被测试者缺乏创新思维能力，属于循规蹈矩的人，做人总是有板有眼，一丝不苟，适合从事对纪律性要求较高的职位，如会计、质量监督员等职位。

大学生创业与创新

❯ 模块小结

　　本模块从创新与创新思维的角度入手，通过这种思维能突破常规思维的界限，以超常规甚至反常规的方法、视角去思考问题，提出与众不同的解决方案，从而产生新颖的、独到的、有社会意义的思维成果。

　　创新能力是技术和各种实践活动领域中不断提供具有经济价值、社会价值、生态价值的新思想、新理论、新方法和新发明的能力，是经济竞争的核心。创新方法包括缺点列举法、综摄法、形态分析法、信息交合法、"5W2H"法、奥斯本检核表法、TRIZ法、六顶思考帽法。同时，大学生创新能力的培养，应从树立自觉创新意识、提高创新思维能力、积极开展创新实践三个方面入手。

　　创新思维具有独创性或新颖性、灵活性、艺术性、对象的潜在性等特点。发散思维又从"立体思维""平面思维""逆向思维""横向思维""多路思维"和"组合思维"等沿着各种不同的途径去思考，探求多种答案的思维。收敛思维在解决问题的过程中，尽可能利用已有的知识和经验，把众多的信息和解题的可能性逐步引导到条理化的逻辑序列中，最终得出一个合乎逻辑规范的结论。在现实中，还存在常见的思维障碍，包括从众性思维、习惯性思维、刻板性思维、权威性思维等。

❯ 模块自测

一、单选题

1.创新（Innovation）起源于拉丁语，它原意有三层含义，下列不属于其含义的是（　　）。

　　A. 更新　　　　　　　　　　　　B. 创造

　　C. 组合　　　　　　　　　　　　D. 改变

2.创新思维的特征不包括（　　）。

　　A. 独创性　　　　　　　　　　　B. 联想性

　　C. 灵活性　　　　　　　　　　　D. 艺术性

3.发散思维的作用不包括（　　）。

　　A. 核心性作用　　　　　　　　　B. 基础性作用

　　C. 保障性作用　　　　　　　　　D. 激励性作用

4.下面不属于与"收敛思维"概念相似的是（　　）。

　　A. 聚合思维　　　　　　　　　　B. 求同思维

　　C. 集中思维　　　　　　　　　　D. 联想思维

5.下面不属于灵感思维的特点的是（　　）。

　　A. 关联性　　　　　　　　　　　B. 突发性

　　C. 偶然性　　　　　　　　　　　D. 模糊性

二、多选题

1. 创新的特点包括（   ）。

    A. 目的性   B. 变革性

    C. 超前性   D. 价值性

    E. 风险性

2. 创新的类型包括（   ）。

    A. 理论创新   B. 科技创新

    C. 文化创新   D. 风格创新

    E. 反向创新

3. 创新方法有（   ）。

    A. 缺点列举法   B. 综摄法

    C. 信息交合法   D. 形态分析法

    E. "5W2H" 法

4. 创新能力可以细化为（   ）。

    A. 发现问题的能力   B. 流畅的思维能力

    C. 灵活拓展的能力   D. 独立创新的能力

    E. 制订方案的能力

5. 发散思维的特点是（   ）。

    A. 流畅性   B. 关联性

    C. 变通性   D. 独立性

    E. 独特性

三、思考题

1. 什么是创新思维？

2. 创新思维具有哪些特征？

3. 灵感思维具有哪些特点？

4. 创新能力包括哪些内容？

5. 什么是 "5W2H" 法？

▶ 综合实训

创造力测试：威廉斯测试法

实训目的： 帮助你了解自己的创造力。

实训步骤： 1. 在表 6-1 的句子中，如果发现某些句子所描写的情形很适合你，则请你在答案纸上 "完全符合" 的表格内打 "√"；

            2. 若有些句子仅是在部分时候适合你，则在 "部分符合" 的表格内打 "√"；

3. 如果有些句子对你来说，根本是不可能的，则在"完全不符合"的表格内打"√"。

实训成果： 威廉斯创造力倾向测试共有50题，包括冒险性、好奇性、想象力、挑战性四项；测试后可得四种分数，加上总分，可得五项分数。分数越高，创造力水平越高。

表 6-1　威廉斯创造力倾向测试

序号	内　容	完全符合	部分符合	完全不符合
1	在学校里，我喜欢试着对事情或问题做猜测，即使不一定都猜对也无所谓			
2	我喜欢仔细观察我没有看过的东西，以了解详细的情形			
3	我喜欢听变化多端和富有想象力的故事			
4	画图时我喜欢临摹他人的作品			
5	我喜欢利用旧报纸、旧日历及旧罐头盒等废物来做成各种好玩的东西			
6	我喜欢幻想一些我想知道或想做的事情			
7	如果事情不能一次完成，我会继续尝试完成，直到成功为止			
8	做功课时我喜欢参考各种不同的资料，以便得到多方面的了解			
9	我喜欢用相同的方法做事情，不喜欢去找其他新的方法			
10	我喜欢探究事情的真假			
11	我不喜欢做许多新鲜的事情			
12	我不喜欢交新朋友			
13	我喜欢一些不会在我身上发生的事情			
14	我喜欢想象有一天能成为艺术家、音乐家或诗人			
15	我会因为一些令人兴奋的念头而忘记了其他的事情			
16	我宁愿生活在太空站，也不喜欢生活在地球上			
17	我认为所有的问题都有固定的答案			
18	我喜欢与众不同的事情			
19	我常想知道他人正在做什么			
20	我喜欢故事或电视节目所描写的事情			
21	我喜欢和朋友分享我的想法			
22	如果一本故事书的最后一页被撕掉了，我就自己编造一个故事把结局补上去			

续表

序号	内　　容	完全符合	部分符合	完全不符合
23	我长大后，想做一些他人长大从来没想过的事情			
24	尝试新的游戏和活动，是一件有趣的事情			
25	我不喜欢太多的规则限制			
26	我喜欢解决问题，即使没有正确的答案也没关系			
27	有许多事情我都很想亲自去尝试			
28	我喜欢没有人知道的新歌			
29	我喜欢在班上同学面前发表意见			
30	当我读小说或看电视时，我喜欢把自己想象成故事里的人物			
31	我喜欢幻想200年前人类生活的情形			
32	我常想自己编一首新歌			
33	我喜欢翻箱倒柜，看看有些什么东西在里面			
34	画图时，我很喜欢改变各种东西的颜色和形状			
35	我不敢确定我对事情的看法都是对的			
36	对于一件事情先猜猜看，然后看是不是猜对了，这种方法很有趣			
37	玩猜谜之类的游戏很有趣，因为我想知道结果如何			
38	我对机器有兴趣，也很想知道它里面是什么样子，以及它是怎样转动的			
39	我喜欢可以拆开的玩具			
40	我喜欢想一些点子，即使用不着也无所谓			
41	一篇好的文章应该包含许多不同的意见和观点			
42	为将来可能发生的问题找答案，是一件令人兴奋的事			
43	我喜欢尝试新的事情，目的只是想知道会有什么结果			
44	玩游戏时，通常是有兴趣参加，而不在乎输赢			
45	我喜欢想一些他人常常谈过的事情			
46	当我看到一张陌生人的照片时，我喜欢去猜测他是怎样一个人			
47	我喜欢翻阅书籍及杂志，但只是知道它的内容是什么			
48	我不喜欢探询事情发生的各种原因			
49	我喜欢问一些他人没有想到的问题			
50	无论在家里或在学校，我总是喜欢做许多有趣的事情			

注意：每题都要做，不要花太多的时间去想。所有的题目都没有"正确答案"，凭你读每一句子后的第一印象作答。虽然没有时间限制，但应尽可能地以较快的速度完成，越快越好。切记，凭你自己的真实感觉作答，在最符合自己的情形上打"√"。每题只能打一个"√"

结果统计：

1.冒险性：包括（1）、（5）、（21）、（24）、（25）、（28）、（29）、（35）、（36）、（43）、（44）共11题。其中（29）、（35）为反向题目。记分方法分别为：正向题目，完全符合3分，部分符合2分，完全不符合1分；反向题目：完全符合1分，部分符合2分，完全不符合3分。

2.好奇性：包括（2）、（8）、（11）、（12）、（19）、（27）、（33）、（34）、（37）、（38）、（39）、（47）、（48）、（49）共14题。其中（12）、（48）为反向题目，记分方法同前。

3.想象力：包括（6）、（13）、（14）、（16）、（20）、（22）、（23）、（30）、（31）、（32）、（40）、（45）、（46）共13题。其中（45）题为反向题目。记分方法同前。

4.挑战性：包括（3）、（4）、（7）、（9）、（10）、（15）、（17）、（18）、（26）、（41）、（42）、（50）共12道题。其中，（4）、（9）、（17）题为反向题目，记分方法同前。

模块七
创意与创意思维

> "创意是源源不绝的。你用得越多，就拥有得越多。"
>
> ——马娅·安杰卢（Maya Angelou，1928—2014 年）

📝 学习目标

知识目标：

1. 熟悉创意的理论和原理；
2. 熟悉创意思维的概念；
3. 掌握创意思维开发的原则与过程；
4. 掌握创意思维的特征；
5. 掌握创意思维开发方法。

能力目标：

1. 能够具有创意的能力和自觉性；
2. 能够运用创意识别创业机会；
3. 能够运用创意思维开发方法选择创业项目。

素养目标：

1. 培养精益求精、追求创意的工匠精神；
2. 培养勇于探索、勇于创新的创业精神；
3. 培养大学生思考问题的全面性和前瞻性。

👤 模块导入

拆包裹"拆"出的超级市场

相信有网购经验的小伙伴应该都明白那种快递到手后撕开的一瞬间的快乐，但是问题来了：你收到快递，纸箱子是怎么打开的？用手撕、用牙咬、用刀戳？

被透明胶带缠裹成"木乃伊"的快递纸箱，一直令网购族很烦恼，而中国电商用

于包装的胶带长度，每天可绕地球一周，废弃胶带在土壤中的降解速度极慢，又会污染环境。

就在国内电商突飞猛进，快递纸箱对环境的破坏愈演愈烈时，一位名叫邢凯的人，毅然辞掉了年薪百万的产品经理工作，走上了自主创业的道路。当时的淘宝发展如日中天，邢凯不出意外地走上了开网店这条创业之路。36岁的他，凭借这家淘宝店，早早就实现了年入千万，但是随着订单的增长，邢凯又有了新的烦恼，就是每天发货都要用胶带打包，实在是麻烦。

同时，一些商家为了商品在运输途中减少磕碰，往往会在纸箱里放报纸、泡沫，这种"粽子式"包装，让既作为商家，又作为消费者的邢凯，很是不满意。

纸箱已经存在了100多年，但一直都没有发生太大的改变。每天有无数人都利用拉链打开衣服，为什么没有人想到将拉链应用到纸箱上去呢？

就是这样一个突发奇想，让他研发出了拉链纸箱，也就是"一撕得"。

这个纸箱的外观看上去跟普通箱子没什么两样，但是，这个纸箱外部没有任何胶带，只有一个贴合在纸箱上的纸质拉链，轻轻一拉，纸箱便能打开，里面商品随即浮现在你眼前。

正是这样一个小小的改变，让他在物流界名声大噪，同时，还给他带来了源源不断的收入。也正如此，他放弃了经营多年的淘宝店，开启了自己崭新的篇章，也就是创办纸箱公司。

如今，靠着1元不到的"一撕得"纸箱，邢凯一年卖出了高达6亿元的销售额！而邢凯能利用小小的快递纸箱做出上亿元的销售额，背后是有一定原因可循的。

首先，采用的是差异化战略。

几乎所有纸箱厂商清一色采用胶带打包方式时，邢凯却打破常规，率先开创了拉链撕开快递盒的先河。对于渴求方便、找不到剪刀或钥匙的消费者来讲，那可简直是一大福音。

另外，邢凯公司旗下的"一撕得"纸箱采用的完全是可回收绿色材料，可以循环使用，这样就大大提高了纸箱的二次使用效率，同时促进了对环保事业的贡献。

最重要的是，面对当下屡见不鲜的暴利快递运输带来的快递损毁事故，"一撕得"的纸箱破损率只有传统快递箱的万分之三左右，这也是邢凯能不断获得回头客户的重要原因。

其次，价格非常亲民。

在"一撕得"刚刚面世的时候，唯品会是最先向邢凯抛出橄榄枝的。

这样大的企业找上门来，邢凯当然是非常开心的。可是没过多久，噩耗却突然传来了：唯品会将放弃与"一撕得"的合作。

难道是"一撕得"的产品不够好吗？当然不是，就是因为"一撕得"的产品实在是太好了，导致产品价格不可避免高于同行。

虽然一个纸箱多了仅仅只有1毛钱，但像唯品会这样的巨头，一年下来的订单量多达上亿，这意味着仅纸箱成本就会多出上千万元。

于是，邢凯大梦惊醒，从这件事中，他才知道降低纸箱价格是未来必须解决的问题。

最终，通过对成本的不断优化，对纸箱结构工艺的不断改进，"一撕得"单价从3元变成了1元，与普通纸箱价格几乎无异，而许多客户也因此纷至沓来。

最后，能合理利用各种资源。

要知道，如果光自己做纸箱生产这门生意，那可就太狭隘了。

以纸箱为核心，与全国厂家进行合作，做全国乃至全世界的生意，才是最有想象力的。

因此，邢凯并不单单只是自己生产纸箱，他还与全国1 500多家厂家共同合作，采用一体化的纸箱生产方式，将这个盘子无限放大。

但你以为邢凯的纸箱梦只有这些吗？如今，他还在包装箱上做起了广告。通过收集商家和广告主的数据，找出适合广告主的推广方案，让快递盒通过创意广告，变成可循环利用的物品，变得更有价值。

因此，用服务取代产品，用差异化增加产品辨识度，用资源打通上下游渠道，正是邢凯做到行业尖端不为人知的秘诀！

分析思考

创业其实不分行业，也不受市场限制，生活中处处都充满商机，只要你敢于思考，勇于创意，无论哪里，都会成为你闪耀的舞台。当今社会，创意和创新已成为重要的生产力和核心竞争力。创意和创新的本质是改变现状，创造新的价值，解决新的问题。而创意思维，是人们在遇到学习、生活和工作中的新问题时，能够运用想象力、创新性思考和跨学科思考的方法与策略来解决问题的思考方式。创意和创意思维是推动社会进步、解决问题、培养人才和增加个人竞争力的重要因素。因此，在学习和工作中应该积极探索并运用创意思维方法，学会跨学科思考，敢于创新和冒险，以此推动社会的进步。

单元一 创意基础

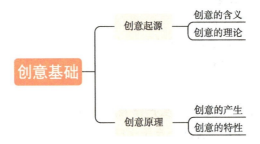

思维导图

创意基础
- 创意起源
  - 创意的含义
  - 创意的理论
- 创意原理
  - 创意的产生
  - 创意的特性

创意是创业者的一个初步设想，好的创意有可能转变成商业机会，商业机会如果能被创业者加以把握，就有可能变成巨大的财富。在人类历史的发展进程中，我们发现许多伟大的创意：古埃及人建造了金字塔，蔡伦发明了造纸术，福特发明了汽车，爱迪生发明了电灯、电话等，这些创意对人类历史的发展产生了重大影响。因此，对于大学生而言，掌握创意思维方法，激发创意构想，不仅十分有必要，而且可以将创意构思从理论和实践上变成可能。

一、创意起源

（一）创意的含义

微课：创意起源

创意是创造意识或创新意识的简称，亦作"意"。它是指对现实存在事物的理解及认知所衍生出的一种新的抽象思维和行为潜能。在我国的典籍中，对"创意"二字记载的文献有：汉代王充《论衡·超奇》，"孔子得史记以作《春秋》，及其立义创意，褒贬赏诛，不复因史记者，眇思自出於胸中也。"宋代程大昌《演繁露·纳粟拜爵》，"秦始皇四年，令民纳粟千石拜爵一级，按此即晁错之所祖效，非错剏意也。"

在一个人人都坚信地球是方的、大海是由乌龟驮起的年代中，哥伦布提出："地球是圆的。从自己居住的地方向西航行，可以到达神秘的东方。"于是，他发现了新大陆。创意来源于生活的积累。创意的创新要求创意者深入观察生活、积累资料，全面涉猎多学科知识，提高知识素养，处处留心，事事思考，日积月累，厚积薄发。

想一想

创意的关键在于创造，创造既是一个过程也是一种成果，创造可分为三种，即发现、发明、发展。

194

发现——有中出新；

发明——无中生有；

发展——创新完善。

请思考：创意和创造的关系是什么？

微课：创意概述

创意是主体的意与客体的象相结合的产物。客体的表象是感性认识的产物，不具备理性的内容，表象可分为回忆性表象和想象性表象。当表象转化为人们的意象，即意念、意绪、情感等深深地印在人们的脑海里时就变成意象。这个由表象向意象的转化过程完成后，进一步进行创造性思维，就可以形成创意。这种创意一旦作用于创业策划或其他有关领域，且具有可实现性，就可以形成别具一格的创业方案。

创意表现在思维活跃、不因循守旧、不盲从、富于创意性和批判性、具有敢于标新立异、独树一帜的精神和追求。只有具备强烈的创新意识，才能倾心于创意，敢想前人没有想过的事情，敢创前人不曾创成的事业。

（二）创意的理论

创意是与生俱来的，还是后天练就的？是无心偶得的，还是勤奋所赐的？关于创意的产生有许多理论和学术，影响较大的有以下几种。

1. "魔岛"理论

"魔岛"理论起源于古代水手的传说。茫茫大海，波涛汹涌，海中岛礁，不可捉摸。当水手们想躲开它时，它偏偏出现了；当水手们想寻找它时，它却迟迟不肯露面，消隐得无影无踪。因此，水手们称这些岛为"魔岛"。实际上，"魔岛"是珊瑚岛，没有珊瑚年复一年的积累，是生长不出来的。

创意的产生，有时也像"魔岛"一样，在创业者的脑海中，悄然浮现，神秘不可捉摸。"魔岛"理论认为，创意和"魔岛"一样，在人类的潜意识中，也要经历无数次的孕育、努力和培养，才能最终获得。如果想获得好的创意，就必须像水手那样出海探索，可能这次空手而归，但也许下次就大有收获了。也就是说，创意必须通过努力才能得到。

"魔岛"理论还强调"发明"，也就是"现代管理之父"彼得·德鲁克（Peter F. Drucker，1909—2005年）所说的"聪明的创意"，即创意是生成的、独创的，而不是模仿的。

2. 天才理论

与"魔岛"理论的立意角度正好相反，天才理论推崇天才，强调创意是靠天才而获得的。世界上的确存在着不少天才，如孙武的《孙子兵法》是天才之谋，曹植的《七步诗》是天才之作，还有其他众多的天才之想、天才之举、天才之功、天才之学、天才之用，举不胜举。在这些人身上，"勤能补拙"的格言并不适应。天才理论认为，创意并不需要苦苦求索，天才天生就有这方面的突出才能。

3. 迁移理论

迁移理论认为，创意是一种迁移。所谓迁移，就是用观察此事物的办法观察彼事物，用不同的眼光去观察同一个现象，即采取移动视角的办法分析问题。通过视角的迁移，人们可以很简单地创造出众多新鲜的、交叉的、融合的、异化的、裂变的、创新的事物，这就是创意产生的成因。自然科学里的转基因研究、社会科学中的交叉学科和边缘学科的出现，实际上都是学者迁移观察的结果。在创业实践中，许多杰出的创业创意都源于这类的"再认识"。

4. 变通理论

创意有时只是"概念的一扭"，通过一种新的方式去理解，或是换一个角度去观察，换一个环境去应用，就能产生一个新的创意，这就是创意的变通理论。

某种事物的功效作为一种能量，在一定的条件下是可以转换的，例如，用于战争的兵法，经过变通可用于经济，这是一种观念的嫁接；原本属于动物本能的保护色，经过变通，可用于军队的迷彩服，这是功能的变通；民用产品可以用于军需，军需产品也可以转为民用，这是能量与功效的传递和延伸。显然，上述各种能量的转换、功能的变通对创业创意的产生是极有启示性的。同样，知识的用途可以被拓宽，例如，心理学应用于管理，产生了管理心理学，成为管理者必备的知识；军事谋略应用于商战，使精明的商人懂得韬略；公关策略引入政界，成为竞选的有力武器等。对创业来说，创意就需要这种变通，创意就产生于这种变通。"改变用途"是创意的重要源泉。创业者应该善于运用这种思路，通过改变对象的用途，赋予创业以新奇和独创。

5. 元素组合理论

在自然界，元素通过组合可以形成各种各样的新物质，创意也可产生于元素组合，即创业者可以通过研究各种元素的组合而获取新的创意，这就是元素组合理论。创业者不能墨守成规，必须不断尝试和揣测各种组合的可能，并从中获得具有新价值的创意。元素组合不是简单地相加，而是在原有基础上的一种创造。能够产生创意的元素包罗万象，可以是实际的，也可以是抽象的，可以是现实存在的，也可以是虚构想象的。电视可以论斤出售、冰激凌可以油炸、外墙涂料可以人喝等，都是一些超越常人思维习惯与方向的元素组合。

二、创意原理

（一）创意的产生

微课：创意原理

创业的过程离不开好的创意，无论是在开发产品、建立项目上，还是营销策划、广告宣传上，创意都是我们永恒不变的主题。从事广告行业的人常常会说："创意是广告的灵魂，是给广告赋予精神与生命的活动。"从事产品开发的人通常会说："关键是有好的创意。"然而，在日常生活中，好的创意并不多见。需要拿出创意时，有的人苦思冥想、绞尽脑汁，花了很长时间也未能想出一个好的创意，而有的人可能在一盏茶、一顿饭、一支烟的工夫中便能想出一个极好的创意。因此，创意总是可遇不可求的，它就好比空中的楼阁，表面上看着高不可攀，但有些人通过一些巧妙的方法便能触手可及。

　　拿出创意不是一件简单的事情，创意需要灵感，也需要方法。很多时候，人们对生活的理解和洞察及平时积累的经验和知识都能帮助人们想到好的创意。另外，创意总是会与生活中的新鲜事物挂钩，与集体的智慧挂钩。

练一练

　　"和田十二法"是人们在观察、认识一个事物时，可以考虑的十二个方面，是一种培养创意思维的技法。

　　"加一加"——加高、加厚、加多、组合等；

　　"减一减"——减轻、减少、省略等；

　　"扩一扩"——放大、扩大、提高功效等；

　　"变一变"——改变形状、颜色、气味、音响、次序等；

　　"改一改"——改掉缺点、缺憾，改变不便或不足之处；

　　"缩一缩"——压缩、缩小、微型化；

　　"联一联"——原因和结果有何联系，将某些似乎不相干的东西联系起来；

　　"学一学"——模仿形状、结构、方法，学习先进；

　　"代一代"——用其他的材料代替，用其他的方法代替；

　　"搬一搬"——换个地区、换个行业、换个领域，移作他用；

　　"反一反"——能否把次序、步骤、层次颠倒一下；

　　"定一定"——定个界限、标准，能提高工作效率。

　　请思考：如何利用"和田十二法"对创业项目的产品进行创意设想？

　　产品创意、广告创意与创业者的创业大计息息相关，总体来说，创意包含两个重要元素：第一，创意来源于生活，而又高于生活。就像艺术一样，创意需要亮点，而这种亮点总是在受到生活的启发之后才能得到。来源于生活的创意才是最能让人亲近、最被人需要的创意。第二，创意需要人们发挥想象。想象能给创意插上翅膀，让创意打破常规，不受拘束，以全新的姿态展现在人们面前。一般来说，创业者在策划广告时，要分清因果、掌握主次，不能因创意而创意，而要因想象、灵感而创意。

微课：如何拥有创意

　　一般来说，创意的产生需要遵循以下五个步骤：

　　（1）收集原始资料、数据，包括待解决问题的全部资料、数据和平时积累的一般性知识。

（2）认真研究分析资料、数据，找出这些资料、数据之间的内在联系并开始产生不完整的构思。

（3）深思熟虑，让知识、信息和经验在你的脑海里融会贯通。不要急于求成，要有一个创造的过程。

（4）实际产生创意，有可能是突然出现的，也有可能是经过再思考后慢慢形成的。

（5）听取不同意见，完善创意方案以使其能够实际应用。一个优秀的创业者会十分注重培养自己的好习惯，当他们发现自己对某一事物产生兴趣时，就会在第一时间寻找这些事情创意的源头，这样就能养成一种触类旁通的习惯。例如，创业者需要做一个跑车的创意，但是该创业者既没开过跑车，也没坐过跑车，那么，这时他应该怎么办呢？创业者虽然不太了解跑车，但却喝过高档的红酒。同样是奢侈品，创业者根据人们对红酒的品位去触类旁通，揣摩那些名流人士对于跑车的要求与期待，这就是一种很好的创意习惯。对于那些苦于没有门路的创业者来说，养成这种创意习惯对其发展企业和研发产品是非常有帮助的。总体来说，创意是需要人们去体验、尝试、感悟和积累的。每种人生都是独一无二的创意，体验不同的人生就可能发现不同的创意。这不仅对创业者来说有意义，对每个人来说，这都是一种意义。

（二）创意的特性

创意是一种创新，是一种思想创新、思路创新、市场创新或模式创新等。只有通过创意，才能发现潜在商机，才能形成有价值的创业项目。创意是具有创业指向同时具有创新性甚至原创性的想法，是将问题或需求转化成逻辑性的架构，让概念物象化或程序化，而不是单纯的奇思妙想。有价值的创业项目源自创意的产生，而有价值潜力的创意一般具有以下特性。

1. 新颖性

创意的新颖性可以是技术的创新、解决方案的创新。它有领先性，在一定程度上能加大被模仿的难度。例如，不少创业者在选择创业时会关注国家政策优先支持的领域，这就是在寻找领先性的项目。没有新颖性的想法不仅无法吸引投资者和消费者，而且对创业者本人也不具有激励和刺激的作用。

创业故事

沉浸式体验"红色剧本杀"

玩"剧本杀"已经是当下年轻人社交的一种新形式，大家呼朋唤友，在沉浸式享受剧情推理的乐趣的同时，增进相互之间的友谊。因此玩"剧本杀"在年轻人当中一时风靡。如果将红色资源嵌入"剧本杀"，让参与者在红色剧情的发展、悬疑推理中，深刻了解革命历史，体会先辈们的革命精神，又会是一种什么样的体验？经过一年多的不断努力，来自南开大学的张登彬和他的创业团队，找到了他们的答案。

张登彬是南开大学马克思主义学院党的建设专业的一名硕士研究生，曾经是南开大学青年马克思主义理论研究中心、红色记忆宣讲团、博士生讲师团等多个理论社团和宣讲团队的负责人，也是南开大学创业项目"红传思政"的创始人。组织团队成员学习、研究、宣讲是他生活里不可或缺的重要部分。可他也观察到，无论自己下多大的功夫"备课"，台下的大学生听众虽然看上去坐得端正、听得认真，却时常难以真正融入，这令出生于革命老区的他感到很是惋惜。

想让红色文化出圈，关键是要抓住年轻人的兴趣点。比起讲课，年轻人更喜欢听故事，追求新奇和潮流。抓住这一兴趣点，张登彬和团队成员瞄准了时下潮流游戏"剧本杀"，引进了多个红色主题剧本，并利用专业知识进行改编，借助"红色剧本杀"迅速推出了"红色沉浸式党史学习教育"业务。

经过4个多月的精心打磨后，他们的第一部原创作品——《天津呼叫》新鲜出炉。历史的电波穿越时空，讲述着筚路蓝缕的风云往事。为了还原历史场景，在创作的过程中，团队成员一起查阅了大量史料，走访了平津战役纪念馆、中共中央北方局旧址及天津电话四局旧址等，力图还原当时斗争的紧迫场面，重现战争年代的硝烟弥漫，塑造革命先烈的崇高信仰，增强剧本的真实感和代入感。为了突出"剧本效应"，团队设计剧本时，采用"抽丝剥茧"的方法，让故事情节丝丝相扣。"在剧中，大家穿越时空感受先烈遗志，努力不负先烈嘱托。这也是'红色剧本'沉浸式主题教育的应有之义。"张登彬说。

作品一经推出就引起了社会强烈的反响，并收到了来自北京的剧本游戏行业知名公司的认可和邀约，双方已就《天津呼叫》的联合策划、发行签订了协议，后续将围绕"呼叫"这一核心，以天津作为历史背景，打造从"烽火狼烟"到"万物互联"的系列红色剧本，表达"通信"在不同历史时期的重要意义和中华民族的优秀品质。

下一步，张登彬将设计和开发红色沉浸式党员教育培训基地，"红色资源是我们党领导中国人民在革命斗争和建设实践中所形成的伟大革命精神与宝贵财富，伟大精神历久弥新，革命薪火代代相传。我们要做的，就是用青年人的视角解读红色文化，让有意义的事情变得有意思，让更多人铭记革命历史、传承红色基因。"

（资料来源：津门教育 https://mp.weixin.qq.com/s/MVaDaoBeLy9BKWe0RC6Deg.）

2. 真实性

具有现实意义和实用价值的创意才是有价值的创意。其最简单的判断标准，即是否有助于企业开发出可以把握机会的产品或服务，而且市场上有对该产品或服务的真实需求，或可以找到让潜在消费者接受该产品或服务的方法。

3. 价值性

创意的根本是价值特征。创意的价值要靠市场检验，好的创意需要进行市场测试。同时，好的创意必须给创业者带来价值，这也是创业动机产生的前提，创意与点子不同，区别

在于创意具有创业指向。进行创业的人在产生创意后很快甚至同时就会把创意发展为可以在市场上进行检验的商业概念。商业概念既体现了顾客正在经历的，也是创业者试图解决的各种问题，也体现了解决问题所带来的顾客利益和获取利益的手段。例如，帮助高尔夫球手把打丢的球找回来是一个创意，容易把球打丢是实际存在的问题，而有人试图解决这个问题，在高尔夫球内安置一个电子小标签，开发手持装置搜索打丢的球则是解决问题的手段。

单元二　创意思维

思维导图

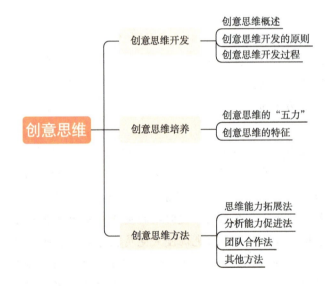

微课：创意思维开发

一、创意思维开发

（一）创意思维概述

思维是人脑对现实事物间接的、概括的加工形式，对客观事物本质属性和内在联系的概括与间接反映。思维是人的特质之一，是由复杂的脑机制所赋予的，对客观的关系联系进行着多层加工，揭露事物内在的、本质的特征，是认识的高级形式。

创意思维是思维主体在未受到思维习惯（包括自身思维习惯和社会思维习惯）束缚下对外在世界的呈现或对已存在的经验、知识、理念进行思考，从而形成独特的、新颖的新观念、新知识、新理论的过程。创意思维是人类思维的高级心理活动过程，有以下两层含义：

（1）它是一种高于其他思维之上的独立思维、超常规思维、形象思维等的综合性思维。

（2）它是对一切存在的旧思维进行革命性的改革和更新。

创意思维与一般思维的本质不同，创意思维不仅能够揭示事物的本质和事物之间的常规性活动轨迹，而且能够提供新的、具有社会价值的思维产品。

常规性思维是遵循现有的思路和方法进行思维，重复常人过去已经进行的思维过程，所能解决的是实践中经常重复出现的问题，思维的结论属于已有知识的范围。而创意思维是反映事物本质属性和内、外在有机联系，具有新颖性的一种可以物化的高级思维心理活动。创意思维是努力探索世界尚未认识的规律，所解决的是实践中出现的新情况和新问题，从而为人的实践活动开拓新领域。

知识拓展

有助于创意思维培养的建议

（1）多了解、接触一些发明创造的过程，从中学到如何灵活地运用知识进行创造；

（2）破除对名人、权威怀有的神秘感和对权威的敬畏，克服自卑感；

（3）不要强制人们接受单一模式，这不利于发散性思维；

（4）要能容忍不同观念的存在，容忍新旧观念之间的差异，有比较，才会有鉴别、有取舍、有发展；

（5）要养成广泛的兴趣、爱好，这是创造的基础；

（6）增强对周围事物的敏感，训练挑毛病、找缺陷、寻差异的能力；

（7）消除埋怨的负面情绪，鼓励积极进取的批判性和建设性的意见；

（8）表扬为追求科学真理不避险阻、不怕挫折的冒险求索精神；

（9）奖励各种新颖、独特的创造性行为和成果；

（10）经常做分析、演绎、综合、归纳、放大、缩小、联结、分类、颠倒、重组和反比等练习，把知识融会贯通；

（11）培养对创造性成果和创造性思维的识别能力；

（12）培养以事实为根据的客观性思维方法；

（13）培养开朗态度，敢于表明见解，乐于接受真理，勇于摒弃错误；

（14）不要讥笑看起来似乎荒谬怪诞的观点，这种观点往往是创造性思考的导火线；

（15）鼓励大胆尝试，勇于实践，不怕失败，认真总结经验。

（二）创意思维开发的原则

在现实生活中，我们头脑每时每刻都会遇到如潮水般涌来的信息，其中有各类新产生的思想观念和需要解决的问题等。头脑在处理这些信息时一般是依靠思维定式进行"自动

应答"，也就是头脑在筛选信息、分析问题、做出决定时，自觉或不自觉地沿着以前所熟悉的方向和路径进行思考，而不是另辟新路。要想另辟新路，必须遵循批判原则、反思原则、自由原则和开放原则。

1. 批判原则

毕加索（Pablo Picasso，1881—1973年）曾说过：创造之前必先破坏。创意是在批判地继承的基础上进行的，它需要广博的知识来支撑。但是，如果只是机械地照搬他人的知识，就会失去创意思维能力，只有进行批判性吸收，取其精华去其糟粕，才不会成为知识的俘虏。

（1）要改变从众型思维定式，这就要破除从众障碍。思维上的"从众定势"，满足了个人的归属感和安全感的需要，消除了孤单和恐惧等有害心理，降低了为人处世的风险系数，避免了特立独行时所可能面对的被排斥、被惩罚的结果。当然，也就产生了缺乏创意思维能力的消极结果。

（2）要改变权威型思维定式，这就要破除权威障碍。来自各种教育的权威定势使人们逐渐地适应以专家、权威或书本的是非为是非。常以权威的思想和观点来论证自身观点的合理性和正确性，甚至产生权威泛化和神圣化的特点；或者是把个别在专业领域的权威，不恰当地扩展到社会生活的其他领域内，成为一切领域的权威；或者是认为在权威自身的专门领域中，其理论、思想和观点都是绝对正确的真理。为了具有并保持创意思维的能力，就要时刻警惕权威型思维定式的局限。只有尊重权威，而不迷信权威，才能打破权威型思维定式，保持头脑的灵活和思维的创新。

2. 反思原则

反思原则是指创意主体要具有自省反思、自我批判的精神。如果一个人只是破除从众型思维定式和权威型思维定式，而一味坚持只有自己的观点是不可怀疑的，这就又到了另一个极端，陷入"夜郎自大"的思维定式之中，这样也会丧失创意思维能力。我们要深入改变自以为是的思维定式，破除主观经验障碍，才能拥有创意思维能力。

（1）创意主体要突破自身的惯性思维定式。人们都会依赖自己的思维程序或固定的思维框架去处理问题，这样的方法虽然可以降低风险，但也削弱了大脑的想象力。个人经验的有限性是创意思维的桎梏。这是因为，由多次重复的经验形成的习惯至少会有两个局限性：第一，时空的局限性。任何习惯总是在一定的时空范围内产生和形成的，而往往也就适应于一定的时空范围。第二，主体的局限性。每个人的能力总是有限的，对于自身经验之外的现象往往视而不见，失去创新的机会。

（2）创意主体还要突破自我中心的自负思维定式。在日常的思维活动中，人们总是自觉或不自觉地按照自己的观念、站在自己的立场、用自己的价值标准去思考他人乃至整个世界，由此产生了自负思维定式。由此导致的结果是因每个人都只是以自我为中心，导致人际沟通产生困难；因每个人都以自身标准为标准，使人们之间的相处发生困难。因此，创意主体要善于反省自身，跳出自我中心的限制，学会换位思考，倾听他人的意见和观点，甚至可以从攻击性的批评意见中寻找建设性的意见。

3. 自由原则

创意思维是一种以人脑为物质器官的主动地处理复杂信息的过程，而人脑则是迄今为止所发现的世界上最为精密和复杂的"仪器"，要保持人脑的高效运转，在思考和探索问题时，必须使人脑处于轻松、自由的思维状态，既要排除各种思维定式的制约，又要去除急功近利、恐惧失败和缺乏自信等不良情绪的影响。

遵循自由原则就要做到以下三点：

（1）要不断地利用外在的和自身的各种信息给予自己积极的暗示。积极的暗示能够开发头脑中的思维潜能，提高创意思维能力。

（2）要保持良好的精神状态。主体应能够随时感受来自生活的各种刺激，从光明的角度对待各种信息，以宽容的心态对待他人，从而使自我感觉处于自由自在的状态。

（3）要针对自身的实际情况，寻找适用于自己的有效方法，如经常训练自己、诱发潜能、活跃思维、增强直觉、创造联想、丰富想象、获得灵感等。

4. 开放原则

人是世界的人，与世界上的所有事物都存在着千丝万缕的联系。人是社会的人，与社会生活中的人与事也存在着不可分割的联系。因此，要具有创意思维，就要求人脑从封闭的体系中解放出来，保持一种流畅的开放状态，加强人与自然、人与人之间的信息沟通与交流，促进思维的发展。掌握了信息，就会把握住机遇，就会获得发展的机会，信息是大自然的资源。实际生活中处处充满着信息，善于观察生活的人，总能产生创意思维的成果。信息贫乏，产生新创意的可能自然就少。在信息社会里，看一个企业的事业发达与否、兴旺与否，很重要的一个标志就是获得信息量的能力高低。

无分别接受信息刺激是开放原则的核心所在。只有从客观世界获取了丰富的、大量的、足够的信息，并对信息进行分类、叠加、扩散、转换，才能激发创意思维。缺乏广博的知识积累，尤其是缺乏与创造性地解决具体问题相关的知识，就很难创造性地分析和处理有关知识，进而产生新观念就成了空谈。

拓展知识

"神奇胶水"，点沙成土

在土地荒漠化问题日益严重的当下，若想将黄沙漫漫的沙漠变成土壤厚实的土地，有什么好办法呢？如果加些胶水，把松散的沙子粘起来，就能化为结实的土壤。这听上去仿佛是孩童的天真创想。

而重庆交通大学的易志坚教授和他的团队就发明了这样的"胶"：一种植物性的纤维黏合材料，将其加入沙土中，就可以赋予沙土"万向结合约束"的属性，沙土便具有了像正常土壤一般的功能。在这个科研团队驻内蒙古乌兰布和的试验田中，添加了黏合剂的土地里，西瓜、西红柿等不适于种植在荒漠的作物也获得了丰收，可见这种技术在治沙工程中具有广阔的应用前景。尽管存在成本等现实问题，以沙变田暂时还无

法大量复制推广，但这项技术的出现就已经是重大的进步。

用胶水把土壤粘起来，这样仿佛异想天开的创意，可以通过科学研究得以实现。而很多重要成果的发明，也离不开创意火花的碰撞。

请思考：还有哪些创意性的科学发明创造？

（三）创意思维开发过程

微课：创意思维产生

整个创意思维过程由四个连续的阶段组成，分别是准备阶段、酝酿阶段、迸发阶段和确认阶段。

1. 准备阶段

准备阶段处于创意初期，在这个环节创意人员需要完成很多具体工作，包括进行创意项目说明与一系列的调查研究。另外，这个阶段还涉及采取多种多样的方法对要解决的问题进行更深入的了解，并形成初步思考，对整个项目如何运作形成模糊的概念。

创意人员可以直接与制作产品或提供服务的一线工作人员沟通，取得第一手信息。在交流过程中，创意人员可以发现很多有关"问题"的有趣信息。这些妙趣横生的信息很可能会促成原创理念的诞生。这个理念很大程度上可以成为一套创意方案的核心部分。

除此之外，准备阶段还涵盖了对日常生活和行为的研究。这些日常行为可能与我们原本手头上亟待解决的创意问题没有直接关联，却可提供崭新视角，起到无心插柳柳成荫的效果。这些原本稀松平常的事情可能触动看待周围世界的方式，影响人们处理问题的方法。

总体来说，准备阶段就是创意人员从各个角度为走进"问题"做好准备，寻找灵感的阶段。人们需要不断为创意供给养分，不断地从各种源头、各种途径收集信息。如果意图找到既独树一帜又可给人惊喜的解决方案，做好充分的创意准备是取得成功不可或缺的必要条件。

2. 酝酿阶段

在完成准备工作后就需要拉开一段距离重新审视整个创意项目，采用顺其自然的态度等待其慢慢孕育成熟。如果创意人员一直盯着一张空空如也的稿纸，就会发现获取灵感似乎遥遥无期，甚至感到越竭尽全力，灵感越难以获得。灵感通常于脑海里瞬间乍现，具有不期而至的特点。在这种情况下最好的解决方法就是放松心情，可以用慢跑、洗澡、看报或喝咖啡等方式调节情绪。正如"退一步海阔天空"，在处理问题时后退一步，可以给予自己更多的创意空间。当再次回到创意问题上时，很可能带来全新视角。

3. 迸发阶段

迸发阶段是指想法与理念最终成型的那一刻。大多数业内人士也称这一时刻为灵感绽放的时刻。通常情况下，想法总是不期而至，也会稍纵即逝，创意人员需要找到某种方法，在这些想法浮现在脑海中时及时捕捉它们，并且记录在案。这样，稍后才能利用充足的时间探寻这些想法的潜力，看看它们到底能不能成为解决问题的合适方案。

4. 确认阶段

构思的最后一个阶段是对想法进行确认。创意人员需要从发散性思维过渡到聚合性思维，衡量这些想法的质量和深度，判断这些想法是否具有与整个创意解决方案紧密的契合度。

在整个创意思维过程中，需要注意一个关键点——当想法和理念在脑海中浮现的时刻，不要在每个想法上花费太长的时间或投入太多的精力将其深化，也不要绞尽脑汁地想弄明白每个想法到底合不合适。发散性思维阶段的基本特征要求创意人员尽可能将逻辑和理性抛开，像孩童一样天马行空地释放自己的想象力和创造力。除此之外，要在最短的时间内将脑海中的创意思维提炼出来并落实于笔头。

创意思维过程是一个冒险并快乐的过程。从问题出发，像孩童般天马行空快乐地联想，制造新奇而原创的关联和想象；将现有理念或想法集中在一起，可以将在正常情况下看似毫无关联的元素组合创造出新形态，这是整个创意过程中最为根本又是最冒险的环节。突破思维定式固然辛苦，但获得原创性创意的快乐是创意思维过程中所有辛苦的奖赏。

二、创意思维培养

（一）创意思维的"五力"

创意开发是一个循序渐进的过程。它需要大量的创意思维训练，同时要兼具一些必备的素质与能力。创意开发通常所应具备的素质能力可以概括为五个方面，即包容力、观察力、想象力、持续力和表达力，如图 7-1 所示。

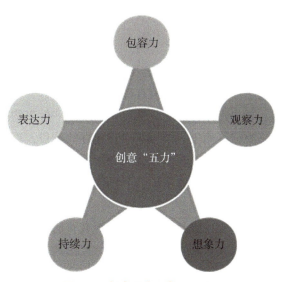

图 7-1　创意开发必备"五力"

1. 包容力

包容力是指一个人能够接受不同的意见、见解和习惯。创意是一个复杂的多学科、跨领域综合作用的过程，需要我们带着宽广的胸怀打开全景视野，站在不同的角度与知识体系上去思考问题的各种可能。带着"有色眼镜"或者仅凭个人喜好去判断、分析问题，结果只能造成思维局限与思想狭隘。正所谓"海纳百川，有容乃大"，善于兼收并蓄，汲取不同观点，听取各方意见，尤其是相反的意见，是创意必备能力素养中最核心的能力。

2. 观察力

观察力是指大脑对事物的观察能力。创意离不开观察，只有运用观察才能获得鲜明、生动、具体的感性认识，积累丰富的感性经验，通过抽象概括达到理性认识。敏锐的观察力可以使我们避免受表面现象的迷惑，而真正地看到事物的本质和变化的趋势，可以使一个人变得更加睿智、严谨，发现许多人所不能发现的事物。

创业人物

"数码试衣"创意引来 2 亿元多风投

重庆的陈富云为服装业想到一个名为"数码试衣"的智能互联化营销模式，帮助其实现"以销定产"大大降低库存积压，由此引来一家英国风投公司的 2 000 万英镑（相当于人民币 2.22 亿元）先期投资。

在陈富云的试衣店里，智能终端机两秒钟后即可完成对客户人体 4 800 个坐标点的精确测量，并按客户要求合成个性化服装。下单前，通过宽六米、高三米的高清晰仿真视频系统，客户试穿的效果可像照镜子一样显示出来。

（资料来源：应届毕业生网 https://www.yjbys.com/chuangye/gushi/jingyanfangtan/331866. html.）

3. 想象力

想象力是人在已有形象的基础上，在头脑中创造出新形象的能力。想象力起源于细胞的无规则运动，后不断进化，与生存、繁殖有密切关系。

想象力的思维过程：首先运用想象力创造希望实现的一件事物的清晰形象，接着不断地将注意力集中在这个思想或画面上，给予它以肯定性的能量，直到最后它成为客观的现实。想象力的伟大是我们人类能比其他物种优秀的根本原因。因为有想象力，我们才能创造发明，发现新的事物定理；如果没有想象力，我们人类将不会有任何发展与进步。

4. 持续力

人们总是看到创意带来的惊人结果，却往往忽视其背后漫长艰辛的努力。创意是一个连续的过程，需要注入持续的热情与兴趣，需要持之以恒的动力与行为习惯，否则再好的灵感、再好的想法，在实现的道路上也会半途而废、无疾而终。在创意实践活动中，限制持续力最大的障碍就是狭隘的功利主义与得失观念，认为某些想法纯属无稽之谈、不切实际，花费再多时间精力也是徒劳一场，不值得、不划算。正是这种狭隘的思想才导致我们想象力的枯竭，致使创造性思维无法持续发挥。所以我们要随时怀有一颗有准备的心，利用上述所讲到的创意思维技法，去观察、去体会、去感悟、去思考生活中遇到的每个细节，并把它作为一种行为习惯持续下去。

5. 表达力

表达力，简而言之，就是利用外部行为（语言、表情、肢体动作等）将思想表达出来的能力。它反映的是人驾驭语言的能力。人在进行创意活动时，对一些电光石火的想法总会有一种模糊不清、难以言状的感觉，如果没有娴熟的表达能力将抽象的思维转化成为具体的语言，这些思维瞬间的"火花"总是稍纵即逝、时不再来。娴熟的表达力建立在广泛的知识储备与经验积累的基础之上，一个良好的创意需要他人理解、被大众所认可，没有娴熟的表达能力，势必会付诸东流。

（二）创意思维的特征

1. 创意思维具有独创性

创意思维的独创性表现在突破上。面对矛盾冲突，独辟蹊径寻求解决办法，是对条条框框、落后观念的抛弃，只有抛弃了他人司空见惯和墨守成规的想法，才会有独树一帜的见解和创新的产生。许多科学家和艺术家都是因为懂得否定与抛弃，才推动了人类文明进程的发展。没有思考中的创新就没有行动中的创意。例如，荷兰科学思维版画大师埃舍尔（Maurits Cornelis Escher，1898—1972 年），专门从事木版画和平版画创作，他从阅读的数学著作中获得巨大的灵感，在工作中经常直接用平面几何和射影几何的结构，这使他的作品深刻地反映了非欧几里得几何学的精髓。

微课：创意思维特征

2. 创意思维具有联系性

创意思维的展开都会与事物的横向、纵向、逆向产生联系，这种联系越深入，就越会对事物的发明与创新产生更大的作用。

当创意思维的展开与事物的纵向发生联系时，应该思考是否要更进一步深入，这种深入往往会给人们带来意想不到的结果。当创意思维的展开与事物的横向发生联系时，这个过程往往是发现一种现象，那么根据它的特点进行的横向联想与比较，将给事物带来变化的结果。当创意思维的展开与事物的逆向发生联系时，这个过程是思维站在了事物的对立面或反面开展的思考，这时的创意思维是对事物原有状态的否定、重新审视和分析事物。创意思维的展开与事物的横向、纵向、逆向之间产生的联系是相互制约、相互影响、相互联系的。

3. 创意思维具有多解性

创意思维的目的是寻求解决问题的方法，但创意思维不是一道 1+1=2 的算术题，创意思维具有多解性，也就是说创意思维最终寻求到的解决方式是不相同的，问题的解决有很多的方式方法。所以，创意思维就是尽量多地提出设想，寻求多种答案来扩大设计的选择空间，最终以最优化方案实施。

4. 创意思维具有超前性

由于站的高度、角度、视野、寻求方向等的改变，创意思维被公众认同的成果都具备超前的意识形态，这个过程往往显示为从思维逻辑的中断到思想的飞跃。创造者的意识会因为某个思绪或外因的触发而产生飞跃的变化，从而孕育出新的观点、新的思路、新的方案，使问题豁然开朗。

5. 创意思维具有综合性

创意思维的过程是一个反复探索的过程。创意思维所应用的思维方式也是多种多样的，最终的结果是综合性的体现。因此，思维形式和心理活动的集合就呈现出综合性的特征，这是创意思维的主体。

三、创意思维方法

创意的来源存在很多方面，创意的方法也各式各样，创意本身需要灵感，更需要日常的观察、积累、分析和联想。根据创意产生方式的不同，可以将创意思维方法分为思维能力拓展法、分析能力促进法、团队合作法等。

微课：创意思维方法

（一）思维能力拓展法

创造性思维是一种求新的、无序的、立体的思维。它是人类思维的一种高级形式。创造性思维在创意开发过程中处于中心和关键的地位，创意开发的思维方法是对创造性思维的综合运用。思维能力拓展法主要包括以下几种方法。

1. 类比创意开发法

类比法就是选择两个对象或事物（同类或异类），对它们的某些相同或相似性进行考察比较。类比创意开发法是富有创造性的创意技法，有利于人的自我突破，其核心是从异中求同，或同中见异，从而产生新知，得到创造性成果。它在人们认识世界和改造世界的活动中具有重大的意义。历史上，许多重大的科学发现、技术发明和文学艺术创作，都是运用类比创意开发法得到的硕果。类比创意开发法主要是运用不同的类比方法进行创意开发，包括直接类比、拟人类比、因果类比、荒诞类比、对称类比、象征类比、结构类比和综合类比。

2. 移植创意开发法

根据移植内容不同，可将移植方法分为原理性移植、方法性移植、结构性移植、功能性移植和材料移植。原理性移植是指把科学原理与技术原理移植到某一新领域的方法。方法性移植是指把某一领域的技术方法有意识地移植到另一领域而形成创造的方法。结构性移植是指把某一领域的独特结构移植到另一领域而形成具有新结构的事物。功能性移植是指把某一技术所具有的独特技术功能以某种形式移植到另一领域。材料移植是指通过材料的替换达到改变性能、节约材料、降低成本的目的。

水果篮变猫窝，夕阳变朝阳

为了传承竹编，2016 年，90 后女子刘霞冰从广东辞职回乡重拾传统竹编技艺，并融入现代设计理念，把竹编制品做成网店畅销品。最开始，网店只售卖水果篮、菜篮等传统的编织用品。在一次直播中，有网友指出她身后露出一个角的簸箕，说这个产品适合做猫窝。这条评论得到了很多网友的赞许，之后刘霞冰每次开直播，都会被网友催问"有没有猫窝？"。

问的人多了，还有人给了不少设计意见，如可以加个架子，做成双层猫窝。直播到半夜还没结束，她只好答应网友的意见，试着做一个看看。

第二天，刘霞冰跟父亲交流了一下，家人都没见过猫睡在篮子，也没想到宠物市场有如此大的魅力。在网友的催促下，他们一起找师傅研究猫窝的造型，在直播间展示第一件样品后，就有一两百人下单。

第三天，网友给出好评，竹编的猫窝是天然制品，原生态的味道猫咪很喜欢，夏天用更凉快，还适合磨爪子。

渐渐地，她原本普通的竹编网店被更多人关注到，销量最好的猫窝售价从 70 元到 200 元不等，店也成了做竹编猫窝的网红店。

（资料来源：新京报官微 https://baijiahao.baidu.com/s?id=1755360017847497845&wfr=spider&for=pc.）

3. 模仿创意开发法

模仿创意开发法包括功能性模仿、结构性模仿、形态性模仿、仿生性模仿和综合性模仿。功能性模仿是指从某一功能的要求出发来模仿类似的已知事物。例如，从傻瓜相机的功能特征模仿开发出傻瓜计算机、傻瓜汽车等。结构性模仿是指从结构上模仿已有事物的结构特点并为己所用。例如，双层火车的创意可能来源于双层汽车，而双层汽车的构思则是对双层居室的模仿。形态性模仿是指对已知事物的形状或物态进行模仿而形成新事物的方法。例如，军人穿的迷彩服就是对大自然的模仿。仿生性模仿是指模仿事物产生运作的原理、技术、力学、控制、信息或化学等方面特性而形成新事物的方法。例如，电子警犬就是对狗鼻子灵敏度的信息仿生。综合性模仿是一种全面系统的模仿。

4. 组合创意开发法

组合创意开发法的最基本要求是各组成要素必须建立某种关系，成为一个系统整体，否则只能是杂乱堆放的混合物。组合创意开发多种多样，几乎覆盖人类生活的各个领域，主要包括材料组合、结构组合、方法组合、原理组合、功能组合和技术组合。例如一种半导体复合材料施加直流电后会产生热量转移，即将半导体片一端的热量传导到另一端，当热端实施冷却后，冷端会源源不断地向热端补充热量。这种半导体材料已经在低温或亚低温设备中应用，但多数用的仅是制热或制冷一个方面。倘若将它的两端分别连接两个相互隔离的容器，便可制成一个加热、一个制冷的食品箱。

5. 逆向创意开发法

逆向创意开发法是一种与原有事物、思路相反的思维方法。在正向思维难以突破的情况下，逆向思维常常会收到柳暗花明的效果。例如，在洗衣机正朝着大容量、大功率方向发展时，海尔洗衣机开发出"小神童"洗衣机。它以体积小、省水、省电的特点，满足了洗衣量少、轻、勤的需要。尽管逆向思维法创意是在已有产品或创意的前提下进行的，但只要反向发现产品功能与社会需求的契合点，就能不失时机地开发出新的产品。

知识拓展

逆向思维趣味应用

我国古代有这样一个故事，一位母亲有两个儿子，大儿子开染布作坊，小儿子做雨伞生意。每天这位老母亲都愁眉苦脸，天下雨了怕大儿子染的布没法晒干；天晴了又怕小儿子做的伞没有人买。一位邻居开导她，叫她反过来想：雨天，小儿子的伞生意做得红火；晴天，大儿子染的布很快就能晒干。逆向思维使这位老母亲眉开眼笑，活力再现。

在创业的路上，更需要逆向思维，逆向思维可以创造出许多意想不到的人间奇迹。

6. 转移创意开发法

转移创意开发法就是转换解决问题的重点途径的方法，也就是一种另谋它途的思考方法。

(二) 分析能力促进法

分析能力促进法可分为问题分析法、需求分析法和属性分析法。

1. 问题分析法

问题分析法主要是从问题产生创意，主要可分为发现问题和定义问题两个步骤。

（1）发现问题。发现问题是解决问题的第一阶段，也是创意开发的起点。首先要找到问题所在，其次要确立需要实现的目标，最后寻得解决问题的方法。比较成熟的问题分析方法是 SWOT 分析法。

（2）定义问题。定义问题的方法包括二次定义技术和要素分析技术。二次定义技术旨在利用对问题的再次定义来尽量避开对问题的固有成见和思维束缚，力图获得不同于首次问题描述的可能定义。要素分析技术是指通过分析者对问题的重要因素属性加以分析，以及对不同纬度的分析达到从整体到局部的思考。要素分析技术比二次定义技术更有助于缩小选择的范围和整合与问题相关的信息，也有助于获取新的信息。

2. 需求分析法

需求是创新的外在推动力。采用需求分析法时，创意开发者应首先设法把需要满足的需求全部列出来，在罗列需求过程中发现前所未知的需求。常用的需求分析法有应需开发法和用户法。

（1）应需开发法。应需开发法是指根据社会的某种需求来开发新产品。创意开发者既可以通过寻求不同个性和爱好、不同地区和民族、不同年龄和经济收入人群、特殊人群的不同需求来激发创意，也可以寻求更加健康和安全的需求，以及更省时、省力、方便的需求来激发创意；创意开发者不仅可以从满足人们物质上的需求中激发想法，还可以从满足人们精神和心理上的需求中获取灵感。

（2）用户法。用户法是指从用户反映的意见中获得智慧。用户的意见反映了用户的需求，尽可能满足用户的需求，不仅是企业的职责，还是推动企业创新产品、改善经营管理的原动力。利用好用户的意见反馈，可以使企业积极地把握用户的需求，为用户量身定做适合的产品，推动产品创新。

3. 属性分析法

属性分析法主要是指运用列举法将事物的属性一一列出，再采用自由关联的方法，对所列出的属性进行配对考察，激发新创意的方法。属性分析法强调使用者在创造的过程中观察和分析事物或问题的特性或属性，然后针对每项特性提出改良或改变的构想。

（三）团队合作法

1. 头脑风暴法

头脑风暴法又称为脑力激荡法，是最为人所熟悉的创意思维策略。该方法强调集体思考，侧重互相激发思考，鼓励参与者在规定时间内尽可能多的想象出不同的观点，并从中引发新颖的构思。头脑风暴法虽然主要以团体方式进行，但在个人思考问题和探索解决方法时也可以使用。

头脑风暴法的基本原则如下所述：

（1）自由畅谈。参加者不应该受任何条条框框限制，放松思想，让思维自由驰骋，从不同角度、不同层次、不同方位，大胆地展开想象，尽可能地标新立异，与众不同，提出独创性的想法。

（2）延迟评判。头脑风暴法必须坚持当场不对任何设想做出评价的原则，一切评价和判断都要延迟到会议结束以后才能进行，这样做一方面是为了防止评判约束与会者的积极思维；另一方面是为了集中精力先开发设想，影响创造性设想的大量产生。

（3）禁止批评。禁止批评是头脑风暴法应该遵循的一个重要原则，参加头脑风暴会议的每个人都不得对他人的设想提出批评意见，因为批评对创造性思维无疑会产生抑制作用，同时，发言人的自我批评也在禁止之列。有些人习惯于用一些自谦之词，这些自我批评性质的说法同样会破坏会场气氛，影响自由畅想。

（4）追求数量。头脑风暴会议的目标是获得尽可能多的设想，追求数量是它的首要任务，参加会议的每个人都要抓紧时间多思考，多提设想，至于设想的质量问题，自可留到会后的设想处理阶段去解决，在某种意义上，设想的质量和数量密切相关，产生的设想越多，其中的创造性设想就可能越多。

大学生创业与创新

知识拓展

头脑风暴法的操作流程

（1）确定议题。根据工作实际内容确定好议题，明确议题需要讨论的具体内容，以及通过议题确定需要达成的目标。

（2）确定人员和时间。议题确定后，可根据议题所涉及的相关人员，邀请参加会议并告知会议时间。

（3）记录会议内容。会上引导参会人员根据议题集思广益，畅所欲言，并安排人员记录所提出的想法观点，可借助思维导图进行观点记录。

（4）方案整合。根据收集到的大量观点进行整合，从中筛选出可行方案并进行后续评估，确定最可行的方案。

（5）达成目标。最后将确定的方法或方案应用到工作中进行实践总结。

2. 德尔菲法

德尔菲法又称专家调查法，是依据系统的程序采用匿名发表意见的方式，即团队成员之间不得互相讨论，不发生横向联系，只能与调查人员发生关系，可以反复地填写问卷，以集结问卷填写人的共识及收集各方意见，用来构造团队沟通流程，应对复杂任务难题的管理技术。德尔菲法吸收专家参与预测，充分利用专家的经验和学识，并且采用匿名或背靠背的方式，能使每位专家独立自由地做出自己的判断，而且预测过程经过几轮反馈，使专家的意见逐渐趋同。德尔菲法能发挥专家会议法的优点，即能充分发挥各位专家的作用，集思广益，准确性高，并能把各位专家意见的分歧点表达出来，取各家之长，避各家之短。

3. 讨论法

讨论法可分为三三两两讨论法和六六讨论法。三三两两讨论法可归纳为每两人或三人自由成组，在三分钟时限内，就讨论的主题互相交流意见及分享，三分钟后再回到团体中做汇报。六六讨论法是以脑力激荡法作为基础的团体式讨论法。此方法是将大团体分为六人一组，只进行六分钟的小组讨论，每人一分钟，然后回到大团体中分享及做最终的评估。

（四）其他方法

1. 心智图法

心智图法是一种刺激思维及帮助整合思想与信息的思考方法，也可以说是一种观念图像化的思考策略。此法主要采用图志式的概念，以线条、图形、符号、颜色、文字、数字等各样方式，将意念和信息快速地以上述各种方式摘要下来，成为一幅心智图。结构上，该方法具备开放性及系统性的特点，让使用者能自由地激发扩散性思维，发挥联想力，又能有层次地将各类想法组织起来，以刺激大脑做出各方面的反应，从而得以发挥全脑思考的多元化功能。

2. 分合法

分合法是《分合法：创造能力的发展》一书中指出的一套团体问题解决的方法。此法主要是将原不相同也无关联的元素加以整合，产生新的意念、面貌。分合法利用模拟与隐喻的作用，协助思考者分析问题以产生各种不同的观点。

3. 曼陀罗法

曼陀罗法是一种有助于扩散性思维的思考策略，利用一幅九宫格图，将主题写在中央，然后把由主题所引发的各种想法或联想写在其余的八个圈内，此法也可配合"七何检讨法"从多方面进行思考。

4. 强制关联法

强制关联法是指在考虑解决某一个问题时，一边翻阅资料性的目录，一边强迫性地将在眼前出现的信息和正在思考的主题联系起来，从中得到构想。

5. 创意解难法

创意解难法是美国学者提出的"创意解难"（Creative Problem Solving）教学模式，所倡导的是脑力激荡法及其他思考策略。此模式重点在于解决问题的过程中，问题解决者应以有系统、有步骤的方法，找出解决问题的方案。

6. 相似诱发法

相似诱发法是人们通过一个已知事物的原理、过程、方法，推衍另一具有相似特性的未知事物，从而可以引发对另一产品新的创意的方法。例如，人的血液与植物的叶绿素在特征上有着惊人的相似，原子运动与天体运动反映了微观运动与宏观运动的雷同。

❯ 模块小结

本模块主要介绍了创意的含义及理论基础，讲解了创意如何产生；并介绍了什么是创意思维，创意思维开发的原则和过程；创意思维培养的"五力"及创意思维的特征；同时，本模块还着重学习了思维能力拓展、分析能力促进、团队合作等创意思维开发的方法。

❯ 模块自测

一、单选题

1.（　　）是对现实存在事物的理解以及认知所衍生出的一种新的抽象思维和行为潜能。

A. 联想　　　　　　　B. 创意　　　　　　　C. 独创　　　　　　　D. 新颖

2. 创意的产生，有时也像"魔岛"一样，在创业者的脑海中，悄然浮现，神秘不可捉摸依据的是（　　）。

A. 天才理论　　　　　　　　　　　B. 迁移理论

C. 魔岛理论 　　　　　　　　　　　　D. 变通理论

3. 创意开发通常所应具备的素质能力可以概括为五个方面，即包容力、观察力、（　　　）、持续力和表达力。

A. 注意力　　　　　B. 记忆力　　　　　C. 想象力　　　　　D. 创造力

4. （　　　）就是选择两个对象或事物（同类或异类），对它们的某些相同或相似性进行考察比较。

A. 类比法　　　　　B. 分析法　　　　　C. 假设法　　　　　D. 倒推法

5. 三三两两讨论法可归纳为每两人或三人自由成组，在（　　　）时限内，就讨论的主题互相交流意见及分享。

A. 一分钟　　　　　B. 两分钟　　　　　C. 三分钟　　　　　D. 五分钟

二、多选题

1. 创意思维开发要想另辟新路，必须遵循的原则有（　　　）。

A. 批判原则　　　　　　　　　　　　B. 反思原则

C. 自由原则　　　　　　　　　　　　D. 开放原则

E. 统一原则

2. 七问分析法（"5W2H"法）中的2H是指（　　　）。

A. How　　　　　　　　　　　　　　B. How long

C. How soon　　　　　　　　　　　　D. How many

E. How much

3. 创意思维的特征有（　　　）。

A. 独创性　　　　　　　　　　　　　B. 联系性

C. 多解性　　　　　　　　　　　　　D. 超前性

E. 综合性

4. 模仿创意开发法包括（　　　）。

A. 功能性模仿　　　　　　　　　　　B. 结构性模仿

C. 形态性模仿　　　　　　　　　　　D. 仿生性模仿

E. 综合性模仿

5. 头脑风暴强调集体思考，侧重互相激发思考，头脑风暴要遵循（　　　）。

A. 自由畅谈　　　　　　　　　　　　B. 延迟评判

C. 控制时间　　　　　　　　　　　　D. 禁止批评

E. 追求数量

三、思考题

1. 创意的关键在哪里？

2. 产生的创意的价值性体现在哪些方面？

3. 创意思维开发过程是什么？

4. 在创意思维培养上应该具备哪些能力？

5. 你觉得创意思维开发方法中哪个方法更适合你，为什么？

◆ 综合实训

情景模拟： 小义是某高校的一名男生，希望利用课余时间进行创业。经过仔细考虑，他觉得虽然消费者对微商的信任度正逐渐减低，但如果有好的创意和点子，在微信平台上开店并非不能赚钱，而且做微商成本低，时间自由，正好适合他这样的学生进行创业。

实训过程： 请大家分组为小义的创业项目出谋划策，包括：

（1）经营什么有创意的产品，使其从众多微商经营的产品中脱颖而出？

（2）如何进行创意营销，将经营的产品推广出去？

（3）除微信平台外，还有哪些网上平台适合小义在其上进行创业？

实训结束后，根据表 7-1 进行评分。

表 7-1　创意活动评分表

评分标准	分值	得分	备注
创业点子的可实施性	25		
产品创意	25		
营销创意	25		
其他	25		
总分	100		

参考文献

[1] 李家华. 创业基础 [M]. 北京：北京师范大学出版社，2013.

[2] 赵延忱. 民富论——创造企业的基本规律 [M]. 2 版. 北京：中央编译出版社，2013.

[3] 汪戎. 创业基础——大学生创业理论与实务 [M]. 北京：高等教育出版社，2014.

[4] 林强，马超平. 大学生创业实务 [M]. 大连：大连理工大学出版社，2012.

[5] 马雅红. 大学生创新创业教育基础与能力训练 [M]. 北京：北京理工大学出版社，2016.

[6] 李时椿，常建坤. 创业基础 [M]. 北京：清华大学出版社，2013.

[7] 张兵仿. 大学生创业基础教程 [M]. 北京：时事出版社，2016.

[8] 郑晓燕. 创业基础案例与实训 [M]. 成都：西南财经大学出版社，2014.

[9] 蔡剑，吴戈，王陈慧子. 创业基础与创新实践 [M]. 北京：北京大学出版社，2015.

[10] 杨秋玲，王鹏. 创业基础 [M]. 北京：北京理工大学出版社，2018.

[11] 李燕. 创业基础 [M]. 北京：北京理工大学出版社，2018.

[12] 张兵. 大学生创新创业基础 [M]. 北京：高等教育出版社，2016.

[13] 吴亚梅，龚丽萍. 大学生创新创业教程 [M]. 重庆：重庆大学出版社，2018.

[14] 胡楠，郭勇. 大学生创新创业指导 [M]. 北京：人民邮电出版社，2017.

[15] 秦立栓，孙桂生. 大学生创新创业理论与实践指导 [M]. 北京. 经济科学出版社，2018.

[16] 李丹丹，李立威. 大学生互联网＋创新创业优秀案例选辑（第二辑）[M]. 北京. 中国经济出版社，2023.

[17] 张云生. 大学生创新创业与就业指导 [M]. 北京. 北京交通大学出版社，2021.

[18] 李明慧. 大学生创新创业理论与技能指导 [M]. 成都：四川大学出版社，2021.

[19] 周子卜，郭龙. 契机·市场·灵感——关于大学生创新创业项目的市场营销策略 [M]. 成都：四川大学出版社，2022.

[20] 丁昶，王栋. 设计思维下的大学生创新创业教程 [M]. 武汉：武汉大学出版社，2020.